기독교문서선교회 (Christian Literature Center: 약칭 CLC)는 1941년 영국 콜체스터에서 켄 아담스에 의해 시작되었으며 국제 본부는 미국 필라델피아에 있습니다.
국제 CLC는 59개 나라에서 180개의 본부를 두고, 약 650여 명의 선교사들이 이동도서차량 40대를 이용하여 문서 보급에 힘쓰고 있으며 이메일 주문을 통해 130여 국으로 책을 공급하고 있습니다. 한국 CLC는 청교도적 복음주의 신학과 신앙서적을 출판하는 문서선교기관으로서, 한 영혼이라도 구원되길 소망하면서 주님이 오시는 그날까지 최선을 다할 것입니다.

평행법에 의한
시편 제4권(90-106편) 해석

Interpreting the Book IV of Psalms (Psalm 90-106) by Parallelism
Written by Suk Peter Choi
All rights reserved.
Korean Edition Copyright ⓒ 2021 by Christian Literature Center, Seoul, Korea.

평행법에 의한 시편 제4권(90-106편) 해석

2021년 7월 30일 초판 발행

지 은 이 | 최 석

편　　 집 | 박경순
디 자 인 | 박성숙
펴 낸 곳 | (사)기독교문서선교회
등　　 록 | 제16-25호(1980. 1. 18.)
주　　 소 | 서울특별시 서초구 방배로 68
전　　 화 | 02-586-8761~3(본사) 031-942-8761(영업부)
팩　　 스 | 02-523-0131(본사) 031-942-8763(영업부)
이 메 일 | clckor@gmail.com
홈페이지 | www.clcbook.com
송금계좌 | 기업은행 073-000308-04-020 (사)기독교문서선교회
일련번호 | 2021-69

ISBN 978-89-341-2292-0 (94230)
ISBN 978-89-341-2290-6 (세트)

이 책의 저작권은 저자와 (사)기독교문서선교회가 소유합니다.
신저작권법에 의하여 한국 내에서 보호받는 저작물이므로 무단 전재와 무단 복제를 금합니다.

평행법에 의한
시편 제4권(90-106편)
해석

Interpreting the Book IV of Psalms (Psalm 90-106)
by Parallelism

최 석 지음

차 례

머리말   6

제1부 평행법의 원리   8
    제1장 텍스트 언어학(Text Linguistics)   9
    제2장 히브리 시의 특징: 평행법   14

제2부 한 텍스트로서 시편 제4권(90-106편)   59
    제1장 시편 89편 다윗 언약의 회복을 위한 기도   64
    제2장 시편 90편 인생의 덧없음과 슬픔과 고통에 대한 탄식과 기도   80
    제3장 시편 91편 주는 우리의 보호자   87
    제4장 시편 92편 높이 계신 여호와를 찬양   92
    제5장 시편 93편 여호와의 영원한 다스림을 찬양   97
    제6장 시편 94편 하나님의 공의를 구함   103
    제7장 시편 95편 왕 되신 여호와와 그의 행사를 찬양   109
    제8장 시편 96편 여호와 우주적 통치의 찬양을 권함   115
    제9장 시편 97편 여호와의 의로운 통치를 기뻐함   124
    제10장 시편 98편 여호와의 구원과 의로운 심판을 바라보며 찬양   131

제11장	시편 99편 여호와의 거룩하심과 의로운 심판을 찬양	138
제12장	시편 100편 여호와의 왕 되심과 그의 선하심을 찬양하고 감사함	147
제13장	시편 101편 사랑과 공의로 통치하리라는 왕의 서약	153
제14장	시편 102편 고난 가운데 기도와 확신	161
제15장	시편 103편 여호와의 사랑과 자비를 찬양	172
제16장	시편 104편 여호와의 창조 질서와 풍요를 찬양	183
제17장	시편 105편 이스라엘 역사 가운데 나타난 여호와의 행사	199
제18장	시편 106편 이스라엘 역사 가운데 백성의 범죄와 하나님의 은총	214

참고 문헌   232

머리말

이 책은 시편 해석을 위한 신학교 교재로 사용하기 위해 쓰였다. 최근에 성경 해석학이나 히브리어 시에 관한 이론이 많이 발전했음에도 이에 걸맞는 서적이 보이지 않아서 안타까웠다. 따라서 필자가 오래전부터 구상해 오던 내용을 『평행법에 의한 시편 제4권(90-106편) 해석』이라는 제목으로 출판한다.

필자의 해석 방법은 텍스트 언어학을 기초로 한다. 텍스트는 저자와 독자 사이 의사소통이 일어나는 가장 작은 단위다. 예를 들자면 시편의 한 절이나, 시 한 편이나, 제4권(90-106편)이나, 시편 전체가 하나의 텍스트가 될 수가 있다. 텍스트 언어학은 다양한 문법을 사용하여 어떤 텍스트가 하나의 의미를 지닌 텍스트라는 것을 밝힌다. 그런데 필자의 방법론이 독특한 것은 시편이 시기 때문에 텍스트 언어학의 문법으로 히브리어 평행법을 사용함에 있다.

필자는 시편의 한 구절 한 구절이 결속력과 일관성을 지닌 하나의 텍스트로 결합되는 과정을 보일 것이다. 그리고 그 개개의 시편이 주변의 시편과 어떤 연관성을 가지고 서로 융합되고 통합되는가를 조사할 것이다.

필자의 목적은 히브리어 평행법의 발전된 이론을 독자들에게 소개함으로써 독자들이 히브리어 시의 생생함과 역동성을 느끼게 하는 것이다. 필자는 시편 제4권의 시를 해석할 때, 해석 자체가 목적이 아니라 평행법을 실제 해석에 어떻게 적용하는지 보이고자 한다. 이를 위해 성경 원문은 되도록 문자적으로 번역했으며, 어순 역시 원문을 그대로 따르려고 노력했다. 왜냐하면, 같은 단어를 서로 다른 한국어 단어로 번역하면 원문에 내재한 평행법을 놓칠 수 있기 때문이다. 단수나 복수 그리고 남성과 여성의 단어들을 문자적으로 번역하다 보니, 한국어 문법에는 어색한 점도 없지 않다.

이 책은 히브리어에 관한 기본적 지식이 있음을 전제로 쓰였다. 만일 원어나 신학에 익숙하지 않다면 이 책의 첫 부분에 나오는 방법론은 건너뛰고 각 시편의 번역과 구조와 해석을 먼저 즐기기 바란다.

이 책이 나오기까지 필자에게 새로운 방법론을 만들어 내도록 도움을 준 미국 트리니티신학교의 리처드 E. 에버벡(Richard E. Averbeck) 교수님과 윌리엄 A. 밴게메렌(William A. VanGemeren) 교수님께 감사드린다. 이 책을 교정해 주신 신재희 목사님과 전우현 목사님께 감사드리며, 이 책을 출판해 주신 기독교문서선교회(CLC) 대표 박영호 목사님께 감사드린다. 필자에게 항상 기쁨과 놀라움을 선사하는 외동딸 신아에게 감사한다. 신아로 인해 이 책도 쓸 수 있었다.

주께 감사와 영광을 돌리며 이 책은 필자를 늘 지지해 주시고 기도해 주시는 아버지 최기채 목사님과 어머니 김길자 사모님께 바친다.

제1부
평행법의 원리

제1장 • 텍스트 언어학(Text Linguistics)
제2장 • 히브리 시의 특징: 평행법

제1장

텍스트 언어학(Text Linguistics)

이제까지 시편은 찬양시, 탄식시, 감사시, 제왕시, 시온시, 즉위시, 교훈시 등의 장르를 중심으로 해석되어 왔다. 이러한 장르 중심의 해석은 양식 비평에서 나온 것이다. 양식 비평이란 시편에서 다양한 문학적 양식(Form)을 규정하고, 그러한 양식을 형성하고 사용했던 공동체 삶의 정황(Form)을 찾는 것이다.

이것의 가장 큰 약점은 제한된 본문(Text)을 가지고 원저자의 말이나 그가 처한 삶의 정황을 찾을 수 있다는 가정에 있다. 그러나 양식 비평가들 가운데 어떤 시에 관하여 규정하는 장르가 서로 일치하지 않고, 그들이 제시한 당시 삶의 정황은 제사와 예배 공동체 외에 별다른 것은 없다. 양식 비평의 또 다른 약점은 텍스트의 권위가 원저자의 기록에 가까울수록 더 크다고 생각한 것이다. 복음서로 예를 들면 제자들이 복음서들을 기록했는데, 복음서들 내에 예수께서 당신의 입술로 직접 선포한 말씀들은 더 권위가 있다고 주장하는 것과 같다.

정말 그러한가?

필자는 "모든 성경은 하나님의 감동으로"(딤후 3:16) 되었다는 말씀대로 성경의 권위는 우리에게 최종적으로 전달된 성경에 있다고 믿는다. 양식 비평의 결과 이전에 문서 비평[1]에서 성경 본문을 나눈 것을 더 세분하여

---

1 문서 비평은 구약성경을 J(여호와) 문서, E(엘로힘: 하나님) 문서, D(신명기) 문서 그리

성경 본문 자체가 무엇을 의미하는 것인지 전혀 알 수 없게 되었다. 이러한 약점을 극복하기 위해 오늘날 성경 본문을 부분이 아니라 전체적으로 보며, 그 의미를 파악하려고 노력한다. 필자는 이 시대 흐름에 편승하며 성경을 통합적으로 보는 데 텍스트 언어학(Text Linguistics)이 좋은 도구가 될 수 있다고 생각한다.

텍스트 언어학에서 텍스트란 의사 전달이 이루어지는 가장 기본 단위다. 이것은 도로 표지판이나 광고 전단지와 하나의 그림부터 시작해 연설이나 기록된 책이나 일련의 책들이 하나로 구성된 전집 모두 텍스트임을 의미한다. 그런데 편의상 한 문장 이상, 시편의 경우에는 한 절 이상을 텍스트로 규정한다. 예로 들어 시편의 한 절, 시 한 편, 제4권, 시편 전체가 하나의 텍스트며, 더 나아가 신구약성경도 하나의 텍스트라 볼 수 있다. 성경(텍스트)은 "하나님"(저자)께서 "우리 사람들"(독자)에게 우리가 "믿어서 구원을 얻도록"(목적) "예수 그리스도를 통하여 나타난 하나님의 사랑"(의미, 혹은 주제)을 전한다. 이런 의미에서 신구약성경 66권을 하나의 성경이라 말할 수 있다.

텍스트 언어학의 연구 과제는 텍스트 내 발생하는 의사소통의 성격을 밝히고 그러한 근거가 되는 순서와 구조를 보이는 것이다. 로버트 드 보그란데(Robert de Beaugrande)와 볼프강 U. 드레슬러(Wolfgang U. Dressler)는 텍스트가 하나의 텍스트로서 인정받을 수 있는 일곱 가지 요소를 밝혔다. 그것은 결속성(Cohesion), 일관성(Coherence), 의도성(Intention), 수용성(Acceptability), 정보성(Informativity) 그리고 텍스트 상호연관성(Intertextuality)이다.[2] 필자는 이들 중 다음 네 가지를 가장 중요하게 여기며 이에 대해 간략하게 설명을 하려고 한다.

고 P(제사장) 문서로 나눈다.

2   Robert-Alain de Beaugrande and Wolfgan Ulrich Dresser, *Introduction to Text Linguistics* (London and New York: Longman, 1981), 3-10.

1) 결속성(Cohesion)

이는 텍스트의 외적 요소들(즉 단어, 구, 절, 문장, 문장 구조)이 서로 어떻게 연결되어 있는가를 살핀다. 이것은 사회적으로 누구나 공감해야 하기에 문법에 많이 의존한다. 그래서 우리는 문법적 측면에서 대명사, 정관사, 접속사, 대치나 생략 등을 통해 테스트의 결속력을 살펴본다.

2) 일관성(Coherence)

이것은 텍스트의 내면(즉 개념이나 의미 혹은 주제)이 효과적 의사소통을 이루기 위해 어떻게 서로 연결되고, 관련되며, 사용되는가를 살펴본다. 다시 말해 이 단계는 문법 이상의 의미들이 어떻게 연관되는가를 조사한다. 예를 들어 텍스트 내에 어떤 의미는 다른 것의 이유나 원인, 결과나 목적으로 서로 연관될 수 있다. 또한, 텍스트의 내용들이 시간이나 논리 순서에 따라 배열될 수도 있다.

3) 의도성(Intention)

이것은 저자가 자신의 의도와 구체적 계획을 독자에게 전달하기 위해 위의 살펴본 결속성과 일관성을 사용하는 것이다. 이 저자의 의도는 그가 반복하는 단어와 절 혹은 문장을 통해 알 수 있다. 때로는 저자가 일부러 어떤 사실에 대해 생략하거나 침묵하는 것을 통해 알 수 있다. 이러한 저자의 의도를 우리는 텍스트 의미라 규정한다. 하지만 독자들은 저자의 지식과 전달 능력에 따라 이 의미를 잘 수용할 수도 있고 수용하기 어려울 수도 있다. 하지만 텍스트 의미에 독자는 관여하지 않는다.

성경 해석에서 저자는 자신이 무엇을 전달하는지 분명히 알고 기록하기에 그의 의도가 곧 성경 본문의 의미다. 만일 우리가 성경 저자가 자신이 알지도 모르는 내용을 저술하였다거나 그의 의도와 하나님의 의도가 다르다고 말한다면 우리에게 바른 성경 해석의 기준이나 원리란 있을 수 없다.

4) 텍스트 상호연관성(Intertextuality)

이는 텍스트가 하나 이상 있을 때 서로의 연관성을 살피는 것으로 우리가 보았던 한 텍스트의 의미나 지식이 다른 텍스트를 이해하는 데 활용되는 것과 관계된다. 예를 들자면 시편에 기록된 창조 기사들을 창세기에 나오는 기사들과 비교하여 차이점과 유사성을 살피는 것이다. 필자는 이런 면에서 개별 시편 해석에서 해당 시와 전후 시편들과의 관계와 더불어 시편 4권 전체와의 연관성을 밝힌다. 때로 시편에 대한 신약의 저자들의 언급이 있으면 그것도 시편 해석을 위해 참조한다.

텍스트 언어학은 다음과 같이 텍스트의 세 가지 차원을 연구 대상으로 삼는다.

첫째, 통어론(Syntactics)은 단어와 문법과 문장 구조에 대해 연구한다.

둘째, 의미론(Semantics)은 기본적 개념이나 논리적 혹은 시간적 요소들이 어떻게 텍스트에 결합되어 있는가를 살핀다. 이 부분에서 장르나 은유적 표현들이 매우 중요한 연구 대상이다.

셋째, 실용론(Pragmatics)은 텍스트가 쓰여진 당시의 독자들이 아니라, 현재 독자들의 상황, 목적, 필요성, 가능성에 어떻게 사용될 수 있는지 살피는 것이다. 성경 해석으로 말하자면 성경 본문의 의미를 오늘 우리 상황에서 적용하는 것이다.

텍스트 언어학은 이미 성경 연구에 사용되고 있기에 필자가 시편에 관해 새로운 해석 방법을 내놓는 것은 아니다. 필자의 해석이 새로운 것은 텍스트 언어학에는 확실히 정해지지는 않은 다양한 텍스트 문법이 있는데 필자는 시편 해석에 평행법을 텍스트 언어학의 문법으로 사용한다는 점이다. 평행법은 히브리 시를 규정하는 가장 특징적으로 오늘날 받아들여지고 있고 많은 진보를 가져왔다. 필자는 이러한 발전된 평행법을 철저하게 시편 해석에 사용한다.

제2장

히브리 시의 특징: 평행법

　국어사전은 시를 "문학의 한 장르, 자연이나 인생에 대하여 일어나는 감흥과 사상 따위를 함축적이고 운율적 언어로 표현한 글"이며, "형식에 따라 정형시와 자유시, 산문시로 나누며, 내용에 따라 서정시와 서사시, 극시로 나누는 것"으로 정의한다(국립국어원). 여기서 중요한 하나는 함축성이고 다른 하나는 운율이다. 함축적이라는 것은 생각을 간결하게 표현한다는 것이다. 특별히 많은 내용을 간결하게 표현하기 위하여 비유적 언어들을 사용한다. 운율은 음의 높고 낮음과 길고 짧음과 동일한 음이나 비슷한 음을 반복함으로 만들어 낸다.
　이와 같은 정의에도 사실상 시와 산문의 경계는 모호한 면이 있다. 하지만 우리는 시와 산문을 구별된 장르로 보는 사회적 규약을 가지고 있다. 그러나 히브리 시는 오늘 우리의 시와 비록 유사한 면이 있지만 많은 면에서 차이가 있기 때문에 이와 같이 정의될 수 없다. 히브리 시를 특징짓는 것이 무엇인가를 살펴보기 위해, 먼저 히브리 시와 산문 사이의 차이점을 고려해 보고 전통적으로 히브리 시의 특징들로 생각했던 것들에 대해 살펴보자.
　장르는 문학적이자 사회적인 하나의 약속이다. 그러므로 우리는 신문의 보도를 대할 때와 소설을 읽을 때, 그 내용의 사실성에 대해 서로 다른 관점의 기대를 가지고 읽는다. 장르는 구조나 내용, 분위기나 배경의 유사점에 따라 구별되어 있다. 장르는 우리가 단어 연구나 문법이나 문장 구조에서 알 수 없었던 많은 부분을 이해할 수 있게 한다. 따라서 우리는 장르의 구분을 통해서도 올바른 해석 가능성에 접근할 수 있다.

성경에는 비유, 복음서, 예언서, 편지 등의 다양한 장르가 있으나, 가장 넓은 범위의 장르는 역시 시와 산문 두 종류다. 구약의 산문에는 역사서나 율법서 등이 있고, 시는 시편과 지혜서와 선지서 등이 있다. 히브리 시를 다루기 전에 룻기를 예로 들어 산문(스토리)의 주요 특징들을 살펴보고자 한다. 뒤에 밝히겠지만 히브리 시의 가장 대표적 특징은 평행법(Parallelism)이고 룻기는 평행법이 잘 나타나 있어 시로 보는 경향도 있으나 필자는 룻기를 시적 산문으로 본다.

첫째, 산문(스토리)에는 사건 구성(Plot)이 있다.

사건은 전개되고 긴장으로 고조되며 결론으로 마친다. 룻기는 나오미가 룻과 함께 모압에서 베들레헴으로 돌아오며 시작되고(발단), 룻과 보아스의 만남으로 진행되며(전개), 과연 이 두 사람이 결혼에 이를 수 있을까 하는 긴장을 불러일으키고(절정), 이를 해소함으로 결론에 이른다(결말).

둘째, 산문에는 등장 인물이 있고, 이들 행동에 의해 이야기가 구성된다.

룻기에서 주인공(Protagonist)은 나오미와 룻과 보아스이며 이에 대립되는 인물(Antagonist)은 오르바와 이름 없는 기업을 무를 자다. 룻기에서 주인공은 룻과 보아스다. 룻은 이방인이요 여인이며 가난한 자다. 이에 반해 보아스는 유대인이며 남자며 부자다. 룻은 하나님과 시어머니에 대한 신실한 사랑(헤세드)을 끝까지 버리지 않았다. 유대인 보아스 역시 친족에 대한 의무를 다해서 하나님과 하나님의 백성에 대한 신실한 사랑을 보였다.

이와 대립되는 인물 오르바는 이방 여인이며 또 한 사람은 이름 없는 유대인 남자다. 오르바는 하나님과 시어머니에 대한 신실한 사랑을 버렸으며 유대인 남자 역시 친족에 대한 의무를 포기했다. 그의 이름이 등장하지 않는 것은 유대인으로서 이방인보다 비난 받을 일을 행했기 때문이다.

여기서 저자가 보여 주려는 바는 하나님은 그의 신실한 사랑('헤세드')을 유대인이든, 이방인이든, 남자든, 여자든, 부자든, 가난한 사람이든 관계

없이 하나님과 하나님의 백성을 끝까지 사랑('헤세드')하는 사람들에게 베푸신다는 것이다.

등장 인물을 돋보이게 하는 배역(The Foil)들이 있는데 룻기 1장(히브리 성경에 따름)과 4장에 나오는 동네 여인들이다. 이 여인들은 나오미의 초라한 모습을 보며, "이이가 나오미냐?"(וַתֹּאמַרְנָה הֲזֹאת נָעֳמִי) 그리고 여인들이 말했다 '이이가 나오미냐?'[룻 1:19])라고 말한다. 나오미에게 수치심을 안겨준 것이다. 그런데 4장에서 보아스와 룻이 결혼하여 아들을 낳으니 다시 등장하여 나오미를 칭송한다.

> 찬송할지로다 여호와께서 오늘날 네게 기업 무를 자가 없게 아니하셨도다 이 아이의 이름이 이스라엘 중에서 유명하게 되기를 원하노라 (룻 4:14).

셋째, 산문의 특징에 사건의 공간적 배경(Setting)이 있다.

룻기 1장에서 모압에서 베들레헴으로 가는 길과 베들레헴 성이 배경이며, 2장과 3장은 주로 보아스의 밭에서 사건이 일어나며, 4장에서 다시 베들레헴 성이 중심이 되고 있다. 비록 산문의 주요 특징은 아니지만, 우리는 사건의 시간적 배경에 대해서도 살펴 보아야한다.

저자는 **본문의 시간적 배경**이 사사 시대라고 말하고 있다. 이를 통해 우리는 이스라엘 역사의 가장 암울한 시대에 어떻게 평범한 나오미 가정을 통하여 하나님의 역사를 이루시는 가를 알 수 있다. 우리가 또 한 가지 생각해 보아야 할 것은 저자가 실제 독자들에게 이 글을 전달하는 시점이다.

다시 말해 본문의 시간적, 공간적 배경과는 다른 **저자**와 룻기를 저자에게 전달 받았던 **독자가 처한 배경**이 있다는 것이다. 룻기 마지막에 이새와 다윗을 언급한 것으로 보아 이 글이 쓰여진 때는 최소한 다윗 이후 솔로몬의 시대였을 것이다.

저자는 왜 그 당시에 룻기를 써야 할 필요성을 느꼈을까?

당시 유대인 주위에는 많은 이방인이 있었다. 다윗의 용사들 중에 헷사람 우리아 같은 사람들처럼 이방의 용병들이 있었고, 기드온 족속들은 성전에서 물을 긷고 장작을 패는 역할을 맡아 성전의 주변을 거닐고 있었다. 그런데 율법에 가나안 족속들을 진멸하라고 했기 때문에 당시 이스라엘 사람들은 이 이방인들을 어떻게 대할 것인가에 관한 신학적 문제에 직면해 있었다.

더구나 율법에서(예. 신 23:3) 암몬과 모압 족속 사람들은 하나님의 총회에 영영히 들어오지 못할 것이라 했는데, 모압 여인이 다윗 왕의 가계에 있었다는 것은 그들이 반드시 해결해야 할 신학적 문제였다. 하나님의 총회란 이스라엘 예배 공동체로 이스라엘 민족 공동체보다는 더 좁은 범위의 공동체를 의미한다.

저자는 이러한 상황에서 룻의 경우를 들어 이스라엘 공동체가 어찌 하나님과 이스라엘 백성에게 신실한 사랑을 보인 자를 사랑하지 않을 수 있냐며 도전한다. 율법의 모든 계명 중에 하나님에 대한 사랑과 이웃에 대한 사랑이 최고의 법이고 가장 우선하는 법이다.

성경에서 때로 이 최고의 법을 위하여 하위의 법을 어긴 것이 용납되며 심지어 칭찬을 받는다. 예를 들어 라합은 자신의 백성을 배반하고 정탐꾼을 숨겨주고 속였지만 하나님께는 믿음의 행위로 받아들여졌다.

또 한 가지 배경 가운데 우리는 **정경적 맥락**에서 성경을 보아야 한다. 여기서 정경 중 하나는 우리 기독교인들의 정경이고 또 하나는 유대인의 정경이다. 먼저 유대인 정경 내 룻기의 위치를 파악해 보는 것도 유익한 일이다. 유대인 정경에 룻기가 성문서에 속해 있고 잠언 바로 뒤에 위치한다. 따라서 유대인 정경은 잠언 31장의 여호와를 경외하는 지혜로운 여인의 대표적 예로 룻을(나오미 포함) 들고 있는 것이다.

더군다나 잠언 31장에 현숙한 여인(אשת חיל)에 관해 말하고 있는데, 아스말에 이 단어가 동일하게 등장하는 것은 매우 흥미가 있다. 룻기 3: 11에 "내 딸아 두려워 말라 내가 네 말대로 네게 다 행하리라 네가 현숙한 여인(אשת חיל)인 줄을 나의 성읍 백성이 다 아느니라"라고 하였다.

우리 기독교 정경에는 사사기 뒤에 위치한다. 사사기 저자는 사사기의 암울한 상황의 원인이 "그때에 이스라엘에 왕이 없으므로 사람이 각각 그 소견에 옳은 대로 행하였기"(삿 17:8; 21:25) 때문이라고 반복하여 강조한다. 룻기에서 바로 그 시대에 엘리멜렉 즉 "나의 하나님이 왕이시다"라고 이름하는 자가 나온다. 이 이름 자체가 바로 사사기의 혼란의 원인에 대하여 설명해 준다.

즉 사사 시대에 진정한 왕과 사사는 여호와 하나님이셨다는 것이다. 그런데 그 시대의 사람들이 왕을 왕으로 대접하지 않고 자기 스스로 왕이 되어 마음대로 행하였기에 이런 무질서와 혼란의 시대를 맞이 하게 되었다는 것이다. 여호와가 왕이라는 사실은 이미 기드온이 자신과 자신의 후손들이 이스라엘 백성들을 다스리지 않고 여호와께서 다스릴 것이라고 말한 것에서도 증명된다(삿 8:23).

따라서 사사기에서 은연 중에 여호와와 그의 대리로 통치하실 왕에 대한 기대가 나타나 있다. 그리고 이러한 기대가, 룻기 4장의 마지막 부분에서 보아스 가계 마지막에 다윗까지 나오는 것으로 보아, 룻기에서도 여전히 계속되고 있다. 이 왕에 관한 소망은 마태복음 1장에서 다윗의 후손인 예수께서 오셔서 우리를 위해 온전히 기업을 물어 주실 때야 비로소 이루어지는 것이다.

넷째, 산문의 특징에 작가의 관점(Writer's Point of view)이 있다.

저자는 내레이터를 통하여 독자가 사건과 등장 인물들을 어떻게 이해할 것인가를 가르쳐 준다. 성경의 많은 부분이 3인칭 전지적 작가의 관점으로 쓰였으며, 우리는 이를 통해 하나님의 관점을 느낄 수 있다. 룻기 1장에서 저자의 관점을 엿볼 수 있는 구절이 있다. 나오미는 자신을 보고 소동하는 베들레헴의 여인들에게 말한다.

나를 나오미라 칭하지 말고 마라라 칭하라. 이는 전능자가 나를 심히 괴롭게 하셨음이니라. 내가 풍족하게 나갔더니 여호와께서 나로 비어(רֵיקָם) 돌아오게 하셨느니라 (룻 1:20, 21).

나오미 말에 의하면 그녀의 고난은 자신의 죄에 의한 보응이기에, 이제 여호와의 사랑이 그녀에게는 떠났다는 것이다. 많은 주석가가 나오미 고난의 원인에 대해 집중하지만, 저자 자신은 나오미 고난의 원인에 대해서 별로 관심이 없다. 다만 "내가 남편과 자식들 그리고 재산을 풍족하게 지니고 모압으로 떠났는데 이제 아무도 아무것도 없이 되돌아 왔다"라는 나오미 말에 대해 22절에서 이렇게 담담하게 기록한다.

나오미가 모압 지방에서 그 자부 모압 여인 룻과 함께 되돌아 왔는데(룻 1:22).

여기서 저자는 나오미에게 다음과 같이 질문하고 있는 듯하다.

잠깐만요 나오미 씨!
여호와께서 당신으로 비어 돌아오게 하셨다고요?
그렇다면 당신 뒤를 졸졸 따라오는 룻은 누구입니까?
룻은 당신을 끝까지 사랑해서 가족과 친척, 민족을 버리고 당신과 함께 오지 않았나요?
여호와께서 당신의 고난 가운데도 사랑을 변치 않으시고 룻을 주시지 않았나요?[3]

---

3 룻기의 하나님의 사랑과 십자대구 구조에 관하여 다음을 참조하라. Ernst R. Wendland, "Structural Symmetry and its Significance in the Book of Ruth", in *Issues in Bible Translation*, ed., Philip C. Stine (London, New York, and Stuttgart: United Bible Societies, 1988), 30-63을 참고하라.

나오미는 룻이 보아스 집에서 얻어온 양식을 보고서야 비로소 여호와의 변함없는 사랑을 확신하게 된다. 나오미는 룻기 2: 20에서 말한다.

> 여호와의 복이 그 [보아스]에게 있기를 원하노라 그 [여호와]가 생존한 자와 사망한 자에게 (그의) 은혜(חַסְדּוֹ)를 베풀기를 그치지 아니하는도다(룻 2:20).

여기서 은혜라고 우리 말에 번역한 히브리어는 룻기 1:8에 "선대"라고 번역되었으며, 룻기 3:10에서 "인애"라고 번역되었는데 룻기의 신학적 주제를 담고 있는 가장 중요한 단어로 "변함없는 사랑"('헤세드')을 의미한다. 앞서 나오미가 모압 지방에서 "비어"(וְרֵיקָם)) 돌아왔다는 말에 대하여 저자는 그녀에게 반론을 제기하듯이 보아스로 하여금 룻이 시어머니에게 "빈손으로"(וְרֵיקָם) 돌아가지 말라고 한다. 이는 하나님께서 룻을 통하여 나오미에게 공급하심을 보여 주는 것이다.

후에 4장에서 룻이 보아스와 결혼해서 오벳을 낳은 후, 베들레헴 여인들이 룻은 나오미에게 일곱 아들보다 더 귀한 자부라고 칭송하였다. 이를 통해 우리는 여호와께서 나오미에게 고난을 허락하셨지만, 여호와의 변함없는 사랑은 그녀를 떠나지 않았으며, 오히려 더 큰 축복으로 역사하셨음을 보게 된다. 이와 같이 성경에서 등장인물이 어떤 대사를 말하였다고 해도 그것이 저자의 관점과 다른 경우가 있음을 발견한다. 그러므로 성경의 어떤 한 구절을 그 자체만 보아서는 안되고 전체의 문맥 속에서 그 의미를 찾아야 한다.

이제 히브리 시에 관하여 살펴보자. 히브리 시 특징 중 하나는 산문에 비해 짧다는 것이다. 이 짧음을 위해 여러 가지 방법들이 사용되는데 그 중 하나는 접속사를 거의 사용하지 않는 것이다. 시편 96:10은 "진실로 세계가 굳게 세워져 있다. 그것이 움직이지 않을 것이다"라고 되어 있다. 이것이 산문이라면 "진실로 세계가 굳게 세워져 있다 그리고 그것이 움직이지 않을 것"이기 때문에 우리는 "진실로 세계가 굳게 세워져 있어서

[그 결과] 그것이 움직이지 않을 것이"라고 이해할 것이다.

다음으로 생략법은 히브리 시를 짧게 하는 역할을 한다.[4]

예를 들어 시편 96:3을 보자.

A: 선언할 지어다   B: 그 나라들 중에 그의 영광을
B': 모든 백성 중에 그의 기이한 행사들을   A': (   )

סַפְּרוּ בַגּוֹיִם כְּבוֹדוֹ בְּכָל-הָעַמִּים נִפְלְאוֹתָיו

여기서 비록 두 번째 줄에서 "선언할 지어다"가 생략이 되었지만 우리는 평행되는 문맥에 따라 이를 보충할 수 있다. 그런데 "그 나라들"은 다른 형용사가 수식하고 있지 않는 반면 뒤의 "그 백성들"에는 "모든"이라는 단어가 수식하고 있다. 비슷한 단어에 수식어가 있고 없고가 대조를 이루며, 이와 같은 평행관계를 통해 앞의 "그 나라들" 역시 "모든 나라"를 의미함을 알 수 있다. 이런 경우에 "모든"이라는 형용사는 "이중의 역할"(double duty)을 하고 있는 것이다. 또한, 앞 구절에서 "그의 영광은"이라는 추상 명사는 뒤에 "그의 기이한 행사들"이라고 구체화 되었다. 이렇게 해서 시편 96:3은 함축적으로 기술한다.

지금까지 히브리 시의 특징으로 짧음에 대해 기술했다. 하지만 "짧음"을 시의 특징으로 삼기에는 너무 모호하며, 이것을 히브리어 시만의 특징으로 볼 수 없다. 왜냐하면, 모든 시는 감정의 고양과 함께 함축성을 지니고 있기 때문이다. 더구나 필자가 강조하는 유일한 히브리 시의 특징인 평행법 내에서도 생략법은 다루어 질 수 있기에 다음의 가능한 특징을 살펴보겠다.

한때 히브리 시에 특징적으로 소위 말하는 산문 불변화사들이 적게 나타난다는 주장이 있었다. 히브리어에서 산문 불변화사들이란 정관사

---

4 시에서 생략(Ellipsis)은 두 번째 행에서 주된 요소 하나를 제외하는 경향을 가지고 있다. 이는 독자가 첫 번째 행에서 그 요소를 찾아서 이해할 것을 기대하고 있기 때문이다. 여기서 생략은 주로 동사에 적용된다.

"그"(The, הַ), 관계사 "~하는 것"(That, אֲשֶׁר), 직접 목적어임을 가르치는 전치사(히브리어 אֵת, 영어에 없으나 우리말에 ~을[를]과 같은 조사가 목적격임을 가르쳐 준다)를 말한다. 이들은 시에도 나타나지만 산문에 보다 많이 나온다. 그래서 데이비드 노엘 프리드맨(David Noel Freedman)은 전통적으로 산문 불변화사로 여겼던 이 세 요소 사용을 통계낸 것을 기반으로 시와 산문을 구별하는 방법을 고안했다. 그는 먼저 성경의 각 장에서 이 세 가지 산문 불변화사들의 수를 세고 총 단어 수를 나눔으로 다음과 같은 결론을 도출하였다.

> **첫째**, 각 장에서 산문 불변화사가 전체 단어 수의 5퍼센트 미만이면 거의 확실하게 시에 속한다.
> **둘째**, 각 장에서 산문 불변화사가 전체 단어 수의 15퍼센트 이상이면 분명히 산문에 속한다.
> **셋째**, 각 장에서 산문 불변화사가 전체 단어 수의 5-10퍼센트면 산문보다는 시에 가깝고, 이런 경우 선지서에 많이 나타난다.
> **넷째**, 각 장에서 산문 불변화사가 전체 단어 수의 10-15퍼센트면 시보다는 산문에 해당한다.[5]

그런데 이 산문 불변화사 통계법은 성경의 각 장을 한 단위로 계산하기 때문에 각 장 내 시와 산문을 구별하기 위해 또 다른 방법을 필요로 한다. 에스겔 26장을 예로 들어본다. 모든 단어 중 세 가지 산문 불변화사는 8.80퍼센트다. 이런 관점에서 이 장은 산문보다 시에 해당한다. 필자 역시 이 부분이 시라는 점에서 동의하지만 '비블리아 헤브라이카'(*Biblia Hebraica*)에서 이 장을 산문으로 보고 '비블리아 헤브라이카 슈튜트가르텐

---

5   David Noel Freedman, "Another Look at Biblical Hebrew Poetry", *Directions in Biblical Hebrew Poetry,* Elaine R. Follis, ed. (Sheffield: JSOT Press, 1987), 17.

시아'(*Biblia Habraica Stüttgartensia*)에서 에스겔 26:17b-18만을 시로 본다.

그런데 이 부분을 통계 내어 보면 산문 불변화사는 25.9퍼센트로 분명히 산문에 해당한다. 지금 주장하려는 바는 소위 말하는 산문 불변화사가 시와 산문을 구별할 수 있는 기준으로써 타당하지 않다는 것이다. 우리는 시와 산문을 구별하기 위해 또 다른 어떤 것을 필요로 한다.

다음으로 운율(Meter)과 리듬(Rhythm)을 살펴보자. 운율과 리듬은 학자들에 따라서는 함께 보기도 하고 구별하기도 한다. 여기서 운율과 리듬을 구별하자면 운율은 동일한 글자 수를 반복하여 일정하게 배열하는 방식으로 나타내는 음수율이 있다. 우리의 시조가 대표적으로 이런 음수율을 지니고 있다.

    태산이 높다하되 하늘 아래 뫼이도다 (3-4-3-4)
    오르고 또 오르면 못 오를리 없건마는 (3-4-3-4)
    사람이 제 아니 오르고 뫼만 높다 하여라 (3-6[5]-4-3).

또한, 첫머리에 같은 음을 반복하거나(두음법), 마지막에 같은 음을 반복하여(각운법) 음의 반복을 통해 운율을 이루는 음운율이 있다. 리듬의 경우 음이 진행할 때 어떤 질서가 있음을 의미한다. 리듬은 장, 단 혹은 악센트의 유무, 셈과 여림을 반복함으로 얻어지는 것이다.

우리나라의 민요도 이런 특징들이 나타난다. 예를 들어 세마치 장단은 "덩 덩 따 쿵 따/ 덩 덩 따 쿵 따"와 같이 반복하여 리듬을 만들어 낸다. 존 가미(John Gammie)는 "음율은 어떤 일정한 질서 가운데 있는 시간을 요구하지만, 리듬은 변하는 질서 가운데 되풀이 된다"라고 했다.[6]

히브리 시의 운율에 관해 학자들 간 다양한 의견이 제시되어왔다. 제임스 L. 쿠걸(James L. Kugel)은 운율에 관해 "운율이 전혀 발견되지 않았는데,

---

6 John Gammie, "Alter versus Kugel". *Biblical Review* 5 (1989), 32.

그것은 존재하지 않기 때문이"라 했다.[7] 그런데 프리드맨은 "운율과 더불어 리듬은 히브리 시의 근본적 특징이"라 했다. 따라서 그는 평행법을 단지 문체상 도구일 뿐이라고 폄하하였다. 그는 시인이 운율 요구를 따라 평행된 표현들을 사용하여 한 줄을 채웠다고 했다.[8]

그는 히브리 시 운율을 분별하기 위하여 음절 수를 계산하는 방법을 창안했다. 이제까지는 주로 강조된 음절 수를 세는 방법을 사용해 왔는데, 이 방법은 현실적으로 사용하기에 어려움이 많았다. 그래서 프리드맨은 여러 줄이나 연과 같은 더 큰 단위들에서 총 음절수를 세는 방법을 만들었으며, 이것이 현재 사용하고 있는 다른 어떤 절차보다도 음율의 구조에 대한 신뢰할 만한 모습을 보여 준다고 주장하였다.[9]

그는 예레미야애가 1-5장과 시편 25, 34, 145편과 잠언 31장의 이합체 시들(행이나 연의 첫째 단어를 알파벳 순서대로 시작하여 구성한 시들)의 음절수를 계산하여 시들에서 평균 줄의 길이가 매유 규칙적이라는 것을 밝혀냈다. 하지만 이러한 결과를 히브리 시 전체에 일반화시키기는 어렵다. 이합체 시는 그 자체가 다른 시보다 더 규칙적이기 때문이다. 따라서 그의 음절수 계산법을 시편 1-4장과 같은 불규칙적 시에는 적용할 수 없다. 프리드맨의 방법에 따라 시편 1편 각 절의 음절수를 분석해 보면 34(1절), 22(2절), 39(3절), 17(4절), 22(5절), 19(6절)이다.

그의 주장과 달리 평균 줄의 길이가 규칙적이지 못한 것을 알 수 있다. 이제 학자들의 일반적 경향은 히브리 시 특징을 음율 보다는 리듬에서 찾으려고 한다.[10] J. 케네쓰 쿤츠(J. Kenneth Kuntz) 또한 음율보다 리듬을 선호하여 "히브리 시에서 강조된 음절에 의해 보장된 리듬의 균형은 결코 우연

---

7 James L. Kugel, *The Idea of Biblical Poetry: Parallelism and its History* (New Heaven: Yale University, 1981), 301.
8 Freedman, *Pottery, Poetry, and Prophecy* (Winona Lake: Eisenbrauns, 1980), 37.
9 *Ibid.*, 42과 그의 "Pottery, Poetry, and Prophecy: An Essay on Biblical Poetry". JBL 96/1(1977), 11.
10 Gammie, "Alter versus Kugel", 32.

히 생긴 것이 아니다. 히브리 성경의 시들은 들려진 시들에서 소리의 반복을 더 진지하게 받아들일 때 더 명확하게 이해할 수 있다"라고 하였다.[11]

우리는 히브리 시에서 리듬이 중요한 역할을 한다는 사실에 동의할 수는 있다. 하지만 우리가 마소라 텍스트(Masoretic Text)의 엑센트 표시에 의존하는 한, 아무리 마소라가 신뢰할 만하더라도, 히브리 성경에 리듬으로 접근하는 것은 현실적으로 어렵다. 그러므로 필자는 히브리 시에서 음율이나 리듬의 특징을 아델 베를린(Adele Berlin)과 같이 평행법 내 행이나 절에서 음성적 유사성을 살펴보는 것이 훨씬 현실적이라고 본다.[12]

다음으로 비유적 언어에 관해 고찰하고자 한다. 우리가 히브리 시적 문체에 대하여 이야기할 때, 구약성경의 비유적 언어를 무시할 수 없다. 그런데 이 비유적 언어는 성경의 산문에서도 매우 중요한 역할을 하고 있기 때문에 이 역시 유일한 시의 특징은 아니며 단지 이것에 의한 시와 산문과의 구별은 정도의 문제다.

비유적 언어는 직유(Simile), 은유(Metaphor), 의인법(Personification), 환유법(Metonymy) 등이 있고 이는 뒤에 설명하고자 한다. 이 비유적 언어의 중요성에 대하여, 쿤츠는 비유적 언어를 숙련되게 사용함으로 이스라엘 시인들은 우리로 하여금 하나님과 인간과 세계에 관하여 어떤 감정과 통찰에 사로잡히게 했다고 말했다.[13] 비유나 은유는 두 개의 전혀 다른 성격을 지닌 것을 어떤 공통 특징을 통하여 서로 연결을 시키는 것이다. 그런데 이 과정에서 우리는 우리가 과거에 경험하고 알았던 내용에서 벗어나 새로운 경험의 세계를 인식하게 된다. 이것을 은유적 과정(Metaphorical Pro-

---

11　J. Kenneth Kuntz, "Biblical Hebrew Poetry in Recent Research, Part 1". *Currents in Research: Biblical Study* (1998), 60.
12　참고. Adele Berlin, *The Dynamics of Biblical Parallelism* (Bloomington: Indiana University, 1985), 103-26.
13　Kuntz, "Recent Perspectives on Biblical Poetry", *Religious Studies Review* 194 (October 1993), 326.

cess)이라 부른다.[14]

이 세 단계의 과정은 다음과 같다.

(1) 무력화(Destabilization)
(2) 모방(Mimesis)
(3) 변화와 재정립(Transformation and Restabilization)

첫째, 무력화로서 은유적 과정은 모순적 내용으로 시작한다.
주체(Tenor)는 만일 문자적으로 받아들인다면 분명히 잘못된 것으로 보이는 방식으로 시작한다. 예를 들어 "내 마음은 호수요"라는 문장은 잘못된 것 같이 보이지만 이는 저자와 독자 사이에 대화를 이끄는 하나의 전략이다. 이 과정에서 은유에 대하여 우리의 사고에 충격과 해체를 느끼면서 그 의미의 세계로 들어가는 것이다.

구약에서 하나님을 주로 아버지, 왕, 목자라는 남성의 이미지로 비유한다. 하지만 구약 내 하나님을 여성으로 묘사하는 경우도 있다. 예를 들어 이사야 49:14-15을 보자.

> 오직 시온이 이르기를 여호와께서 나를 버리시며, 주께서 나를 잊으셨다 하였거니와 여인이 어찌 그 젖 먹는 자식을 잊겠으며 자기 태에서 난 아들을 긍휼히 여기지 않겠느냐 그들은 혹시 잊을지라도 나는 너를 잊지 아니할 것이라 (사 49:14-15).

---

14 은유적 과정에 대하여, Leo G. Perdue, *The Collapse of History* (Minneapolis: Fortress Press, 1994), 202-04을 참고하였으며, 그 외 Frederick Ferré, "Metaphors, Modeéls, and Religion", *Soundings* 51 (1968), 327-45; Paul Ricoeur, "The metaphorical Process", *Semia* 4 (1975), 75-106과 그의 The Rule of Metaphor (Toronto: University of Toronto Press, 1977), 199을 참고하라.

또 이사야 66:11에 이렇게 말한다.

> 너희가 젖을 빠는 것같이 그 위로하는 품에서 만족하겠고 젖을 넉넉히 빤 것같이 그 영광의 풍성함을 인하여 즐거워하리라 (사 66:11).

그 이유는 여호와께서 "어미가 자식을 위로함 같이" 그 백성을 위로할 것이기 때문이다 (사 66:13).

우리는 여기서 여호와를 젖 먹이는 여인으로 묘사하는 것을 발견한다. 이것은 기존의 여호와에 대한 기존 관념을 파괴하는 것이다. 그런데 이 말씀들을 통하여 우리는 젖 먹이는 여인의 끊을 수 없는 자기 자식에 대한 사랑을 하나님의 사랑과 연관 시키게 된다. 이러한 모방의 과정을 거쳐 우리가 기존에 알았던 관념, 즉 "하나님=남성, 아버지"라는 도식이 파괴되고 하나님은 성을 초월해 계신 분이라는 새로운 세계를 창출한다.[15]

이상에서 본 것처럼 비유적 언어는 함축적 언어를 통해 시에 지대한 공헌을 한다. 그런데 비유라는 것은 두 단어 사이에 상호연관성을 항상 고려하는 것이기에 평행법의 영역 내에서 이것도 다룰 수 있다. 베를린은 "부분적으로 상당하는 것(equivalence)으로부터 평행법은 전체적으로 상당하는 것이라는 암시를 준다. 이런 면에서 평행법은 하나의 은유"라고 하였다.[16] 베를린이 제시한 예들을 살펴보기로 한다. 잠언 26:9을 보자.

> 가시가 술 취한 자의 손에 들어갔다. 그리고 잠언이 미련한 자의 입에 [들어갔다] (잠 26:9).[17]

---

15 하나님에 대한 여권주의적 해석에 대하여, Phyllis Trible, *God and the Rhetoric of Sexuality* (Philadelphia: Fortress, 1977)을 참고하라.

16 Adele Berlin, *The Dynamics of Biblical Parallelism* (Bloomington: Indiana University Press, 1985), 100.

17 [   ]의 내용은 히브리어 원문에 없다는 말.

두 병렬된 줄은 문법적으로 상당하다. 그런데 의미적으로도 상당하다는 것은 쉽게 이해하기 어렵다. 서로 상당한 "가시"와 "잠언"이 의미상 어떤 연관이 있는지 알기 어렵기 때문이다.

그런데 이 절을 "~하는 것은 마치 ~과 같다"라는 직유법처럼 이해하면 의미가 분명해진다. 즉 이 절을 "가시가 술 취한 자의 손에 들어간 것은 잠언이 미련한 자의 입에 들어가는 것과 같다"라고 이해할 수 있다. 가시는 술 취한 사람의 손에 들어가면 자신의 몸이 상해도 의식하지 못할 뿐 아니라 다른 사람에게 횡포를 부려서 상처를 입히게 된다. 마찬가지로 잠언이 미련한 자의 입에 들어가도 자신에게 유익이 되지 않고 다른 사람에게도 해를 입히게 된다는 말이다.[18] 시편 125:2을 보자.

> 예루살렘을 산들이 [그것을][19] 둘러싼다. 그리고 여호와가 그의 백성들을 둘러싼다 (시 125:2).

여기에도 예루살렘은 그의 백성에 대한 은유도 아니고 여호와도 산들과 일치되는 것도 아니다. 하지만 이 절을 비유적으로 산들이 예루살렘을 둘러싸고 보호하는 것같이 여호와가 그의 백성들을 보호한다는 것으로 이해할 수 있다.[20]

따라서 필자는 평행법을 히브리 시의 최고 특징으로 보며, 앞으로는 평행법에 대하여 주로 살펴볼 것이다. 더구나 베를린의 『성경적 평행법의 역동성』(The Dynamics of Biblical Parallelism)은 평행법을 히브리 시의 문법적 차원까지 끌어 올려 놓았다. 이후 평행법에 관한 기술은 그의 책을 편역하는 정도에 불과하다.

---

18 Adele Berlin, The Dynamics of Biblical Parallelism, 100.
19 (   )의 내용은 히브리어 원문에 있으나 번역할 필요가 없다는 말.
20 Ibid., 101.

평행법에 대해 정리하기 전에 비유적 언어들에 대해 기술하고자 한다. 문학적 지식과 소양을 가져야만 성경을 더욱 잘 이해할 수 있기 때문이다.

1) 은유(Metaphor)와 직유(Simile)

은유는 직유와 대조되어 암유(暗喩)라고도 한다. 원 관념은 숨기고 보조 관념만 드러내어 표현하려는 대상을 설명하는 것이다. 예를 들어 김동명의 시 "내 마음은 호수요, 그대 저어 오오"에서 원 관념(Tenor)은 "마음"이고 보조 관념(vihecle)은 호수다. 반면에 직유는 "~같은, ~처럼, ~인양" 등으로 직접적 표현한 것이다. 예를 들어 서정주의 "내 누님같이 생긴 꽃이여"는 대표적 직유법이다.

2) 환유법(Metonymy)과 제유법(Synecdoch)

환유법이란 왕관을 왕 대신에 사용하는 것 같이 서로 관련된 것을 통하여 의미를 전달하는 것으로 자주 의인법과 연관된다. 시편 7:10에서 "나의 방패는 마음이 정직한 자를 구원하시는 하나님께 있도다"에서 여호와의 보호하심이 방패로 나타나는 것이 환유법이다. 이와 같이 환유법은 어떤 특성을 가지고 전체를 표현한 것이다.

반면에 제유법은 부분을 가지고 전체를 표현한 것이다. 예를 들어 시편 8:3의 "주의 손가락으로 만드신 주의 하늘과 주의 베풀어 두신 달과 별들을 내가 보오니"에서 "주의 손가락"은 주의 능력을 말하는 제유법이다.

다시 한번 환유법과 제유법을 구분하자면 같은 우리나라 국토에 대하여 말할 때 "비단에 수를 놓은 듯한 아름다운 산천"이라는 뜻의 금수강산이라고 부르는 것은 환유법이다. 한편 이상화의 "빼앗긴 들에도 봄이 오는가"에서 "들"은 국토의 일부이지만 전체를 말하기에 제유법이다.

3) 돈호법(Apostrophe)

문장 도중에 불쑥 사람이나 물건의 이름을 부르는 것으로 물건을 부를 때는 의인법과 연관된다(민중에센스 국어사전). 예를 들어 노래를 찾는 사람들의 "솔아 솔아 푸르른 솔아!"도 돈호법으로 볼 수 있다. 시편 2:10에 "그런즉 군왕들아 너희는 지혜를 얻으며 세상의 관원들아 교훈을 받을지어다"는 일종의 돈호법이다.

4) 합성어(Merism)

이것은 몇 가지 명사구를 나열하여 전체를 표현하는 것이다. 예를 들어 "태초에 하나님이 천지를 창조하시니라"(창 1:1)에서 "천지"라는 우주의 한 부분을 나열하여 하나님께서 온 우주를 창조하셨다는 것을 말하는 것이다. 또한, "선악을 알게 하는 나무의 실과"에서 선과 악을 합하여 포괄적으로 "지식 자체"를 말한다. 참고로 창세기에서 하나님께서 인간이 지식 자체를 얻는 것을 금하신 것이 아니라 하나님을 떠나서 독립적 지식을 얻는 것을 하나님은 원치 않으신다.

> 그가 [어떤] 사람도 그들을 억압하지 못하게 하셨으며, 그들을 인하여 왕들을 꾸짖으셨도다(시 105:14).

여기서 [어떤] 사람과 왕들은 합성어로 모든 사람을 의미한다.

5) 중언법(Hendiadys)

이것은 두 표현이 하나로 이해될 수 있는 비유법의 하나다. 예를 들어 시편 107:10(사람이 흑암과 사망의 그늘에 앉으며, 곤고와 쇠사슬에 매임은)에서

"흑암"과 "사망의 그늘"은 중언법으로 "곤고"와 "쇠사슬에 매임"과 평행을 이루어 인생의 극심한 고통을 말한다.

> 여호와는 나의 빛이요 나의 구원이시니 내가 누구를 두려워 하리요 여호와는 내 생명의 능력이시니 내가 누구를 무서워하리요(시 27:1).

여기 "빛"과 "구원"은 "생명의 능력"과 평행을 이루었으며 여호와의 구원이 주는 기쁘고 활기찬 상황을 묘사하고 있다.

이제 평행법에 대해 기술하고자 한다. 위에서 히브리 시를 결정짓는 특징으로 몇 가지를 살펴보았는데 현재 히브리 시의 독특한 특징을 보여 주는 것이 평행법이라는 사실은 학자들의 동의를 얻고 있다. 그리고 평행법의 이론 역시 많은 진보를 가져왔다.

성경 히브리어 시의 현대적 연구의 창시자라고 불리우는 R. 로쓰(R. Lowth)는 히브리어 시에서 평행법이 가장 중요한 역할을 한다고 주장하였다.[21] 로쓰는 동의적, 반의적, 종합적이라는 평행법에는 세 가지의 종류가 있다고 주장하였다. 아직까지도 많은 사람이 그의 이론을 따라 평행법을 제시하고 있는데 이제 앞으로 보게 될 것이지만 그의 평행법 이론처럼 단순하게 구별하는 것은 무리가 있다.

다음으로 평행법의 이론에 공헌한 사람은 쿠걸이었다. 그는 역설적으로 평행법을 히브리 시의 근본적 특징으로 여기지 않았는데 평행법은 시에서뿐만 아니라 산문에서도 종종 발견되기 때문이다. 쿠걸은 히브리 시를 "작문과 작문 사이에 혹은 심지어 같은 장르 내에도 결합하고 강렬함을 주는 데 사용한 고양된 효과들의 복합체"라고 모호한 정의를 한다.[22] 하지만 그는 평행법에 관해 발전적 이론을 제시했다.

---

21 Kuntz, "Biblical Hebrew Poetry, Part 1", 33.
22 Kugel, *The Idea of Biblical Poetry*, 94.

첫째 연보다는 둘째 연이 항상 첫째 연보다는 더 많은 것을 제시해 준다는(A is so, and what's more, B) 것이다.[23] 당시엔 이 이론이 발전적이었지만 사실 평행법에서 둘째 연이 반드시 더 많은 지식을 전달해 주는 것은 아니다. 앞의 시편 96:3처럼 둘째 연의 동사가 생략된 경우도 있고 반드시 앞부분과 통합해야만 이해할 수 있는 구절들도 많다.

앞으로 기술할 평행법을 살펴보면 평행법이 그렇게 단순하지 않다는 것을 이해할 것이다. 베를린의 『성경적 평행법의 역동성』은 히브리어 평행법에 대한 이해를 한 차원 높였으며, 평행법을 현대인이 문법적 차원에서 분석할 수 있도록 기여한 책으로 볼 수 있다. 베를린은 "평행법의 본질을 한 가지 것과 다른 것과의 연관성"으로 보았으며, 기존의 두 연이나 세 연 내 연관성을 찾기 보다는 로만 야콥슨(Roman Jakobson)의 이론을 따라 본문(Text) 내 연관성을 찾았다.[24]

여기서 본문이라는 것은 하나의 의미를 전달하는 단위로 한 단어부터 여러 권으로 계속되는 책들까지를 말한다. 하지만 편의상 시에서 본문은 적어도 두 줄 이상의 문장으로 규정한다. 이와 같이 베를린이 평행법을 문장과 문장에서 본문의 영역까지 연장시켜 히브리 시의 이해를 한층 발전시켰다. 베를린은 평행법을 다음과 같이 도식화 한다.[25]

단계	평행법의 양상		
	문법적	단어-의미론적	음운론적
단어	형태론적 상응 혹은 대조	단어의 쌍들	음운의 쌍들
줄 (문장) 혹은 절	구문적 상응 과/혹은 대조	줄들 사이 의미적 관계	줄들 사이 음운의 쌍들

23　Berlin, *Biblical Parallelism*, 58.
24　*Ibid.*, 2-3.
25　*Ibid.*, 29.

베를린은 성경의 평행법에 다음의 세 가지 양상이 있다고 한다.

    (1) 문법적(Grammatical) 양상
    (2) 단어-의미론적(Lexical-semantic) 양상
    (3) 음운론적(Phonological) 양상

먼저 문법적 평행법은 형태론적 단어 단계(Morphologic)의 평행법과 평행이 되는 줄들 사이의 구문론적(Syntactic) 평행법이 있다. 형태론은 단어의 가장 기초적 구성 성분인 형태소[26]부터 단어의 단계에 이르기까지 문법을 다루는 것이다.

이 형태론적 평행법도 크게 두 가지로 나눌 수 있다.

첫째, 상응하는 단어가 서로 다른 단어 군에 속하는 경우(예를 들어 명사와 동사)
둘째, 동일한 단어 군(예를 들어 명사면 명사, 동사면 동사) 속하는 경우

서로 다른 단어 군에 속한 평행법에서 다른 단어 군에 속한 명사와 대명사, 명사 혹은 대명사와 관계절, 전치사구와 부사, 명사 상당구와 동사가 서로 상응하거나 대조를 이루면서 쌍을 이루는 것을 조사한다. 동일한 단어 군에 속한 평행법에서 동일한 단어 군에 속하여 시제나 어형 변화(히브리어 동사의 경우 강의형, 재귀형, 사역형 등)나 성(남성, 여성), 수(단수, 복수, 쌍수), 격(주격, 소유격, 목적격), 한정사 등이 서로 상응하거나 대조를 이루면서 쌍을 이룬 것을 살펴본다.

---

26 형태소라는 것은 어떤 의미를 내포하는 가장 작은 단위를 말한다. 예를 들어 "하늘은 스스로 돕는 자를 돕는다"를 형태소로 나누면 "하늘, 은, 스스로, 돕-, -는, 자, 를, 돕-, -는-, -다"로 나눌 수 있다.

1) 문법적 양상

(1) 형태론적 평행법(Morphologic Parallelism)

① 다른 단어 군에서의 형태론의 쌍들

㉮ 명사/대명사

찬양하라 여호와를 수금으로
열 줄 비파로 노래하라 그를 (시 33:2).
הוֹדוּ לַיהוָה בְּכִנּוֹר בְּנֵבֶל עָשׂוֹר זַמְּרוּ־לוֹ

여기서 "여호와"라는 명사가 평행되는 줄에서 "그"라는 대명사로 대치되어 서로 상응하면서 한 쌍을 이루고 있다.

㉯ 명사/대명사/관계절[27]

그가 보냈다 모세[와], 그의 선지자.
아론을, 그가 택하셨던 (바) (시 105:26).
שָׁלַח מֹשֶׁה עַבְדּוֹ אַהֲרֹן אֲשֶׁר בָּחַר־בּוֹ

여기서 두번째 줄은 "그가 보냈다"라는 문장이 생략되어 있다. 만일 여기서 "그의 선지자" 같이 명사를 사용하였다면 "그의 택한 자"라고 했을 것이다. 하지만 관계 대명사와 함께 "그가 택하셨다"는 절을 사용하고 있다. 참고로 우리말 개역개정 성경의 "그리하여 그는 그의 종 모세와 그

---

27 베를린은 이것이 관계대명사이지만 시에서 관계대명사가 자주 생략이 되고, 여기에 실제 주어와 동사를 포함한 절을 이루고 있기에 관계절이라고 부른다(Ibid., 144).

제1부 제2장 히브리 시의 특징: 평행법 35

의 택하신 아론을 보내시니"라는 번역에서 어떤 시적 요소를 발견하기가 어렵다.

기억하소서 여호와여 우리에게 일어난 일을
우리의 수치를 살펴 보소서(애 5:1).
זְכֹר יְהוָה מֶה־הָיָה לָנוּ הַבִּיטָה וּרְאֵה אֶת־חֶרְפָּתֵנוּ

여기서 "우리에게 일어난 일"은 관계절이며 이에 상응하는 "우리의 수치"는 명사다.

㉰ 전치사구/부사

내가 송축하리 여호와를 언제나(at all times)
항상(always) 그를 찬양함이 내 입에 있도다(시 34:2).
אֲבָרֲכָה אֶת־יְהוָה בְּכָל־עֵת תָּמִיד תְּהִלָּתוֹ בְּפִי

평행하는 구절에서 전치사구인 "언제나"(at all times)가 부사인 "항상"(always)과 상응한다.

값 없이 너희가 팔렸더니
돈 없이 너희가 구속되리라(사 52:3).
חִנָּם נִמְכַּרְתֶּם וְלֹא בְכֶסֶף תִּגָּאֵלוּ

여기서 부사 "값 없이"가 전치사구 "돈 없이"(without money)와 상응을 이룬다.

㉮ 명사상당어/동사구

이는 당신은 오 여호와여! 온 땅 위에 지극히 높으신 자시며
지극히 높임을 받으셨음이니이다 모든 신 위에 (시 97:9).

כִּי־אַתָּה יְהוָה עֶלְיוֹן עַל־כָּל־הָאָרֶץ מְאֹד נַעֲלֵיתָ עַל־כָּל־אֱלֹהִים

첫 번째의 "지극히 높으신 자"라는 히브리어는 여기서 형용사로 보어 역할(명사상당어구)을 하거나, "지존자"라는 하나님에 대한 칭호(명사)로도 볼 수 있다. 이 단어가 평행을 이루는 둘째 줄에서 "높다"라는 같은 어원을 가진 동사구로 설명되고 있다.

여호와가 가까이 계시고 마음이 상한 자에게
심령이 통회하는 자를 구원하시도다 (시 34:18).

קָרוֹב יְהוָה לְנִשְׁבְּרֵי־לֵב וְאֶת־דַּכְּאֵי־רוּחַ יוֹשִׁיעַ

여기서 "가까이 계시다"는 형용사로 보어 역할을 하는 명사상당어이며 "구원하시다"라는 말은 동사다. 이 평행을 통해 보여 주는 것은 여호와의 함께하심이 곧 구원이라는 것이다. 명사상당어구와 동사 사이에의 상응은 때로 명사절과 동사절 사이 상응과 구별되지 않기에, 뒤에 구조적 평행에서 더욱 자세히 다루어진다. 형태론적 평행과 구조적 평행은 같은 문법적 평행에 속하기에 이것을 함께 다룰 수 있다.

② 동일한 단어 군에서 형태론적 쌍들

단어의 쌍들은 명사들과 명사들, 동사들과 동사들과 같은 단어 군에서 더 많이 발견된다. 그런데 여기에도 단어들은 형태론적으로 반드시 동일할 필요는 없다. 단수들은 복수들과 평행을 이룰 수 있고, 완료형들은 미완료형들과 평행을 이룰 수 있다. 다음의 예들을 살펴보자.

㉮ 시제의 대조

히브리어에서 완료와 미완료 사이의 평행은 매우 잘 알려져 있으며 광범위한 현상이다. 이것은 동일한 어원으로부터 나온 동사들에서 나타난다.

여호와가 홍수 때에 좌정하셨으며
좌정하시리라 여호와가 왕으로 영원히 (시 29:10).

יְהוָה לַמַּבּוּל יָשָׁב וַיֵּשֶׁב יְהוָה מֶלֶךְ לְעוֹלָם

여기서 "앉다"라는 히브리어 동사는 첫번째 줄은 완료형(qal)이며 두 번째 줄은 미완료형(qal)이다.

이제는 다른 어원들로부터 나온 동사의 완료와 미완료의 평행에 대해 살펴보자.

나는 허망한 사람과 함께 거하지 아니하였으며,
위선자들과 함께 가지 아니하나이다 (시 26:4).

לֹא־יָשַׁבְתִּי עִם־מְתֵי־שָׁוְא וְעִם נַעֲלָמִים לֹא אָבוֹא

여기서 "거주하다"라는 완료형(qal)과 "가다"라는 다른 동사의 미완료형(qal)이 서로 상응을 이루고 있다. "거주하다"와 "가다" 사이 문법적으로 완료와 미완료의 대조를 이루지만 의미 면에서 머무르는 것과 가는 것은 행동의 진행에 발전을 보여 주고 있다. 이런 의미론적 평행에 대해서 뒤에 자세히 다룰 것이다.

㉯ 어형 변화(conjugation)의 대조

이것은 동일한 어원이나 다른 어원들에서 나온 동사들이 서로 다른 어형 변화를 이루면서 서로 상응하거나 대조를 이루며 의미 쌍을 이루는 것을 말한다. 히브리어에서 어형에는 보통형(*qal*), 수동형(*niphal*), 강조형(*piel*), 사역형(*hiphl*), 재귀형(*hitpael*) 등이 있다.

> 들지어다 오 문들아 너희 머리들을
> 들려질지어다 오 영원한 문들아(시 24:7).
>
> שְׂאוּ שְׁעָרִים רָאשֵׁיכֶם וְהִנָּשְׂאוּ פִּתְחֵי עוֹלָם

여기서 "들지어다"는 능동 명령형(*qal*)이며 이에 상응하는 "들려질지어다"는 수동 명령형(*niphal*)이다.

> 그의 어머니가 위로하는 사람처럼
> 그렇게 나 자신이 너희를 위로하며
> 예루살렘에서 너희가 위로를 받을 것이다(사 66:13).
>
> כְּאִישׁ אֲשֶׁר אִמּוֹ תְּנַחֲמֶנּוּ כֵּן אָנֹכִי אֲנַחֶמְכֶם וּבִירוּשָׁלַם תְּנֻחָמוּ

여기서 첫 번째와 두 번째의 "위로하다"라는 동사는 능동 강조형(*piel*)이며, 세 번째의 동일한 어원의 동사는 수동 강조형(*pual*)이다.

베를린은 "형태론적 평행에 있어서 다른 시제의 형태를 취하거나 다른 어형 변화를 할때 동일한 어원을 사용하는 것이 전혀 다른 어원을 사용하는 것보다 좀더 시적 효과가 있다. 왜냐하면, 이것이 성경 수사학에서 매우 빈번하게 사용하는 음율의 일치와 언어의 유희를 창출해 내기 때문"이라고 말한다.[28]

---

28 Berlin, *Biblical Parallelism*, 40.

다 인칭 변화

이제까지 히브리어 평행법에서 인칭의 변화를 하나의 독립된 시적 도구로 보아 왔었다. 그런데 여기에 베를린의 공헌은 앞에서 언급했던 형태론적 평행법 내에서 이를 다루는 것이다. 다음의 예를 들 수 있다.

그가 그의 다락방들로부터 산들에 물을 주시니,
당신의 행사들의 열매로 땅이 흡족하도다 (시 104:13).
מַשְׁקֶה הָרִים מֵעֲלִיּוֹתָיו מִפְּרִי מַעֲשֶׂיךָ תִּשְׂבַּע הָאָרֶץ

과거 시 이론에 의하면 둘째 구절은 돈호법으로 이해될 것이다. 물론 돈호법은 맞지만 이것은 히브리 시에서 자주 반복되는 인칭 변화다. 앞의 3인칭 대명사인 "그"가 뒤에서 2인칭 대명사인 "너"로 바뀌었다. 이러한 변화를 통하여 시의 아름다움을 추구하고 있다.

라 성의 대조

우가릿 문서와 성경에서 종종 남성 명사에 남성 단어가 여성 명사에 여성 단어가 사용되는 경우가 있다.[29] 예를 들어 보자.

화가 있으리로다 모압이여! 망하였도다 그모스의 백성이여!
이는 네 아들들이 포로(남성)로, 네 딸들이 포로(여성)로 사로잡혔도다 (렘 48:46).

אוֹי־לְךָ מוֹאָב אָבַד עַם־כְּמוֹשׁ כִּי־לֻקְּחוּ בָנֶיךָ בַּשֶּׁבִי וּבְנֹתֶיךָ בַּשִּׁבְיָה

이는, 보라, 주 만군의 여호와께서 예루살렘(여성)과 유다(남성)로부터 공급(남성)과 공급(여성), 곧 모든 음식의 공급(남성)과 모든 물의 공급(남성)을 제거하실 것임이로다 (사 3:1).

---

29 Berlin, *Biblical Parallelism*, 41.

כִּי הִנֵּה הָאָדוֹן יְהוָה צְבָאוֹת מֵסִיר מִירוּשָׁלַ͏ִם וּמִיהוּדָה
מַשְׁעֵן וּמַשְׁעֵנָה כֹּל מִשְׁעַן־לֶחֶם וְכֹל מִשְׁעַן־מָיִם

이와 같이 성을 일치시켜서 대조하는 것은 드물고, 많은 경우에 주변의 단어들과 성에 대해서 일치시키지 않고 형태론적 상응을 위하여 성을 대조한다.[30] 다음의 예들을 보자.

보라 여호와의 회오리 바람(여)이 분노 중에 일어나며 맹렬한 회오리 바람(남)이 회오리치며 악인들의 머리 위에 회오리치리라(렘 23:19).

הִנֵּה סַעֲרַת יְהוָה חֵמָה יָצְאָה וְסַעַר מִתְחוֹלֵל עַל רֹאשׁ רְשָׁעִים יָחוּל

하나님께 합당한 제사들은 상한(여) 영이라 상하고(남) 깨어진(남) 마음을, 오! 하나님, 당신이 멸시치 아니하시리이다(시 51:17).

זִבְחֵי אֱלֹהִים רוּחַ נִשְׁבָּרָה לֵב־נִשְׁבָּר וְנִדְכֶּה אֱלֹהִים לֹא תִבְזֶה

㉯ 수의 대조

어떤 단어들은 사전적 이유로 인하여 항상 복수로 쓰이나 단수 취급을 하고(예. 생명, 물, 하늘), 집합 명사로 단수 취급하기도 한다(예. 나라). 그러나 이러한 사전적 이유가 아니더라도 형태론적 평행을 위해 단수와 복수가 쌍을 이루는 경우가 있다. 때로 같은 어근의 단어가 단수와 복수로 함께 나오기도 한다.[31]

어찌하여 그의 병거가 더디 오는가,
어찌하여 그의 병거들의 덜커덕 소리들이 늦어지는가(삿 5:28 하).

---

30 Berlin, *Biblical Parallelism*, 41.
31 *Ibid.,* 45.

(그 외 명사의 예. 욥 6:15; 시 80:6; 잠 14:12; [16:25]; 아 1:3)

מַדּוּעַ בֹּשֵׁשׁ רִכְבּוֹ לָבוֹא מַדּוּעַ אֶחֱרוּ פַּעֲמֵי מַרְכְּבוֹתָיו

누가 이것(여성 단수)을 들었느냐,
누가 이것들(복수)을 보았느냐(사 66:8 상).
(그 외 대명사의 예: 욥 10:13, 12:9, 18:21; 렘 5:9; 애 5:16)

מִי־שָׁמַע כָּזֹאת מִי רָאָה כָּאֵלֶּה

(너는) 기억하라 옛적의 날들을
(너희들은) 생각하라 옛 세대들의 연들을
(너는) 물으라 네 아비에게, 그가 네게 대답할 것이요
[물으라] 네 장로들에게, 그들이 네게 말할 것이라(신 32:7).
(그 외 동사의 예: 호 5:5하; 사 2:4)

זְכֹר יְמוֹת עוֹלָם בִּינוּ שְׁנוֹת דּוֹר־וָדוֹר שְׁאַל אָבִיךָ וְיַגֵּדְךָ זְקֵנֶיךָ וְיֹאמְרוּ לָךְ

하반절의 "아비"와 "장로들"은 형태론적 평행을 위하여 단 복수를 대조한 것은 아니다. 하지만 형태론적 단 복수의 대조가 과거의 하나님의 역사를 경험한 세대들이 다음 세대들에게 그것을 일러준다는 내용을 더욱 강조해 준다. 이와 같이 단 복수의 대조가 이것을 사용하는 구절의 의미에 영향을 미칠 수 있다.

내가 짧은(단수) 순간 너를 버렸으나
큰(복수) 긍휼로 너를 모을 것이요(사 54:7).

בְּרֶגַע קָטֹן עֲזַבְתִּיךְ וּבְרַחֲמִים גְּדֹלִים אֲקַבְּצֵךְ

단수와 복수가 형태론적 대조로 쓰였고 여호와의 징계의 짧음과 긍휼의 크심을 강조하기 위해 쓰였다.

그리고 악인들의 뿔들(여성 쌍수)을 다 꺾고

의인의 뿔들(여성 복수)을 높이리라(시 75:10).

וְכָל־קַרְנֵי רְשָׁעִים אֲגַדֵּעַ תְּרוֹמַמְנָה קַרְנוֹת צַדִּיק

여기서 "악인들"(복수)와 "의인"(단수) 대조되었고 "뿔들"에서 쌍수와 복수가 대조되었다. 성경에 종종 "악인"은 복수로 기록하고 "의인"은 단수로 기록하는데 이것은 의인이 상대적으로 악인에 비해 적음을 나타낼 수가 있다. 예를 들어 시편 1:1-3에서 "의인"은 단수요, 4-5절에서 "악인들은" 복수로 기록되어 있다.

ⓑ 한정어의 대조

히브리어에서 명사의 경우 한정어다.

(1) 앞에 한정사가 있을 때 나타난다.
(2) 소유격 접미사가 붙을 때 나타난다.
(3) 명사와 명사가 연계되어 한 명사가 다른 명사를 수식할 때 나타난다.

그런데 히브리 시에서 한정어와 비한정어가 대조가 되어 쌍을 이루는 경우를 자주 볼 수 있다.

네가 훈계를 싫어하고,

나의 말들을 네 뒤로 던졌다(시 50:17).

וְאַתָּה שָׂנֵאתָ מוּסָר וַתַּשְׁלֵךְ דְּבָרַי אַחֲרֶיךָ

여기서 "훈계"는 한정어가 붙어 있지 않고 "말들"은 "나의"라는 소유격 접미사가 붙어 있어 한정어이다. 이와 같이 한정어와 비한정어가 대조를 이루면서도 쌍을 이루어 형태론적으로 평행이 되고 있다.

㉚ 격의 대조

히브리 시에서 주격으로 쓰였던 명사가 평행이 되는 절에서 목적어로 쓰인 명사와 서로 대조를 이루는 경우가 있다.

나 자신이 에브라임을 알았고
이스라엘은 나에게서 숨지 못하였다 (호 5:3).
אֲנִי יָדַעְתִּי אֶפְרַיִם וְיִשְׂרָאֵל לֹא־נִכְחַד מִמֶּנִּי

여기서 첫 구절의 "나"는 주격이며 다음 구절의 "나"는 전치사의 목적어다. 또한, "에브라임"은 목적어인 반면 "이스라엘"은 주어로 쓰였다.

㉛ 다방면에 걸친 대조

형태론적 평행은 단지 한 면에 걸친 평행 뿐만 아니라 다방면에서 평행을 이룰 가능성이 있다. 다음의 예를 살펴보자.

지혜를 얻는 것(부정사)이 금[을 얻는 것]보다 얼마나 더 나은가!
명철을 얻는 것(부정사)이 은이 선택되어 지는 것(동명사)보다
[얼마나 더 나은가!] (잠 16:16).
קְנֹה־חָכְמָה מַה־טּוֹב מֵחָרוּץ וּקְנוֹת בִּינָה נִבְחָר מִכָּסֶף

여기서 "지혜"와 "명철"과 "금"과 "은"이 서로 쌍을 이루고 있다. 그뿐만 아니라 첫 구절에서 "얻는 것"(to get)이라는 부정사가 다음 구절에서 다른 원형의 "선택되어 지는 것"(being chosen)이라는 히브리어 동명사와 쌍을 이루었다. 이와 같이 평행을 이루는 두 줄 사이 한 종류의 형태론적 평행만 나타나는 것이 아니라 다방면에 걸쳐 평행이 나타날 수 있다.

(2) 구문론적 평행(Syntactic Parallelism)

구문론적 평행에서 줄들 사이에 문장 구조상(syntax) 서로 상응을 이룬다. 이것을 이해하기 위하여 다음의 문장 구조들을 살펴보자.

- 철수는 물고기를 잡는다.
- 철수는 물고기를 잡지 않는다.
- 철수가 물고기를 잡니?
- 물고기가 철수에게 잡힌다.

첫째 문장은 기본 평서문이다. 이것이 둘째 부정문, 셋째 의문문, 넷째 수동문으로 변형된다. 이와 같이 구문론적 평행에서 평서문이 부정문과 상응을 이루는 경우와 같이 변형된 구조와 상응을 이루는 경우가 있다.

또한, 구문론적 평행에는 표면적으로 동일한 구문에서 주어와 목적어가 서로 평행을 이루는 경우가 있고, 동사(verbal)로 이루어진 문장과 명사(nominal) 문장이 서로 평행을 이루는 경우가 있다. 히브리어에서 명사 문장은 주어의 인칭이나, 수나, 시제 등에 따라 변하는 정형 동사 없이 명사와 명사, 혹은 명사와 형용사로 이루어진 문장을 말한다. 예를 들어 히브리어 성경에서 "여호와"와 "왕"이라는 단어가 나오면 영어의 be 동사(~이다)를 첨가하여 "여호와는 왕이시다"라고 이해한다.

① 명사문과 동사문

앞서 설명한 것처럼 명사문은 정형 동사가 없는 문장을 의미하고 이런 명사문이 정형 동사가 있는 문장과 서로 상응을 이루는 경우를 말한다.

그들이 말하기를, 어떻게 하나님이 알 수 있겠는가?
지극히 높으신 자에게 지식이 있는가?(시 73:11).
וְאָמְרוּ אֵיכָה יָדַע־אֵל וְיֵשׁ דֵּעָה בְעֶלְיוֹן

앞 문장에서 "알다"는 정형 동사가 있는 반면에 뒤 문장에는 정형 동사가 없는 명사 문장이다.

이는 당신은 여호와여! 온 세상 위에 지극히 높으신 자이심이니이다.
당신은 모든 신 위에 크게 높임을 받으셨나이다(시 97:9).
כִּי־אַתָּה יְהוָה עֶלְיוֹן עַל־כָּל־הָאָרֶץ מְאֹד נַעֲלֵיתָ עַל־כָּל־אֱלֹהִים

앞 문장에서 정형 동사가 없는 명사문이나 뒤에서 수동형 동사가 있는 동사문이다. 서로 다른 구문이 상응을 이루어 여호와는 물질 세계나 영적 세계를 모두 통치하시는 분이심을 보여 준다.

② 긍정과 부정

주의하라 내 아들아! 네 아비의 계명에
그리고 네 어미의 가르침을 버리지 말라(잠 6:20).
נְצֹר בְּנִי מִצְוַת אָבִיךָ וְאַל־תִּטֹּשׁ תּוֹרַת אִמֶּךָ

여기서 "주의하라"는 긍정어와 "버리지 말라"는 부정어가 서로 상응을 이루며 부모의 가르침을 소중히 여기라는 의미를 전달한다. 이러한 것이 구문론적 평행에 속한다. 이러한 긍정과 부정의 평행은 시에만 한정되어 있는 것이 아니라 산문에서도 자주 발견된다. 예를 들어 신명기 9:7에는 "기억하라, 잊지 말라", 사무엘상 3:2b에서 "그의 눈들이 어두워졌고 그는 더 이상 볼 수 없었다" 등이 이 경우에 속한다.

③ 주어와 목적어

문장의 구성 성분에는 주어, 동사, 목적어, 보어 등이 있다. 그런데 문장들 사이 어떤 단어들이 의미상 상응을 이루면서, 각자가 속한 문장들에는 서로 다른 문장 구성 성분으로 역할하는 경우가 있다. 예를 들어 "철수가 물고기를 잡는다"와 "물고기는 철수에게 잡혔다"라는 문장이 있다면 앞 문장에서 "물고기"는 목적어지만 뒤에서 주어다. 우리는 이러한 문장들을 구문론에서 주어와 목적어 사이에 평행을 이룬다고 말한다.

악한 짐승이 그를 잡아 먹었다.
요셉은 분명히 잡혀 먹혔다(혹은, 찢겨 졌다)(창 37:33).
חַיָּה רָעָה אֲכָלָתְהוּ טָרֹף טֹרַף יוֹסֵף

여기서 "악한 짐승이 그를 잡아 먹었다"를 약간 변형하면 "악한 짐승이 분명히 요셉을 잡아 먹었다"이다. 이것이 "요셉은 분명히 잡혀 먹혔다"(악한 짐승으로부터)라는 수동형으로 되었다. 이 구절은 능동문과 수동문 사이에 구문론적 평행을 이룰 뿐 아니라 앞 문장에서 목적어가 뒤에서 주어가 되었기에 주어와 목적어 평행도 된다.

내가 풍족하게 나갔더니
여호와께서 나를 비어 돌아오게 하셨다(룻 1:21).
אֲנִי מְלֵאָה הָלַכְתִּי וְרֵיקָם הֱשִׁיבַנִי יְהוָה

앞 문장에 나오미가 주어 역할을 했지만 뒷 문장에는 목적어 역할을 한다. "내가 풍족하게 나갔다"는 문장과 정확하게 구문론적으로 일치된 문장은 "내가 비어서 돌아왔다"이다. 이것을 다시 수동문으로 바꾸면 "내가 비어서 돌아오게 되었다(여호와에 의해서)"다. 이것을 나오미의 고난의 원인이신 여호와를 주어로 하여 능동문으로 바꾸면 "여호와께서 나를 비어 돌아오게 하셨다"라는 두 번째의 문장이 생기게 된다.[32]

④ 화법의 대조

문법에서 화법으로 직설법, 의문법, 직접 혹은 간접 명령법, 가정법 등이 있다.

나 외에 어떤 신이 있느냐?
다른 반석은 없다. 나는 아무도 알지 못한다(사 44:8).

הֲיֵשׁ אֱלוֹהַּ מִבַּלְעָדַי וְאֵין צוּר בַּל־יָדָעְתִּי

앞 문장은 의문법이지만 뒤 문장은 직설법이다.

2) 단어와 의미적 양상

단어적 양상은 평행되는 행들 사이 구체적 낱말들이나 낱말의 군들이 서로 상응을 이룰 때를 말한다. 의미적 양상은 행들 사이 의미적 상응 관계를 살펴보는 것이다. 비록 단어적 양상과 의미적 양상을 자로 재듯이 구분할 수 없다고 할지라도, 평행법의 이해를 돕기 위하여 편의상 이런 방식으로 설명한다.[33]

우리가 언어를 사용하는 데 있어 어떠한 방식으로든지 낱말들을 서로 연관시키는 경향이 있다. 예를 들어 "하늘"과 "땅", "차다"와 "덥다", "선"과 "악" 등은 한 낱말을 언급했을 때, 다른 낱말을 연상하게 하는 것들이다. 이러한 낱말들을 서로 결합하게 하는 일반적 원리에는 계열 관계의 법

---

32 이는 베를린의 설명이며(*Ibid.*, 61), 이러한 변형에 대하여 변형 생성 문법에서 주로 다룬다.
33 Berlin, *Biblical Parallelism*, 65.

칙(Paradigmatic rule)과 통합 관계의 법칙(Syntagmatic rule)이 있다. 이 계열 관계는 낱말들을 나열할 때, 여기에 보이지 않는 선택의 원리가 작용하기에 선택 관계(Choice relation)라고도 한다.

예를 들어 "나무"와 "꽃", "서다"와 "앉다", "달리다"와 "뛰다" 등은 계열 관계에 있다. 반면에 통합 관계를 이루는 요소들은 좀 더 넓은 범위에서 낱말 결합의 형성을 말한다. 예를 들어 "푸른-숲", "녹차-한 잔", "저리-가라" 등은 통합 관계에 있다.

어떤 낱말은 계열 관계와 통합 관계를 동시에 연상시키는 경우도 있다. 예를 들어 "서다"(Stop)는 낱말은 계열 관계로 "가다"(Go)라는 것과, 통합 관계로 멈추라는 "표지"를 연상시킬 수가 있다. 또한, "착한"이라는 낱말은 계열 관계로 "나쁜"이 있고, 통합 관계로 "어린이"라는 낱말이 있다.

정리하자면 계열 관계는 어떤 낱말이 다른 낱말과 대치될 수 있는 것을 말하고 통합 관계는 어떤 낱말에 다른 낱말을 합할 수 있는 것을 말한다. 이제 이 두 가지 법칙을 좀더 자세히 살펴보려 한다.

(1) 계열 관계의 법칙

① 최소한의 대조 법칙

만일 어떤 낱말에 "반대말"이 있다면 다른 낱말보다 더 쉽게 그 낱말을 연상할 수 있다. 이러한 반대말들은 "선한-악한", "긴-짧은"과 같은 형용사들과 "여자-남자"와 같은 명사들, "주다-받다"와 같은 동사들이 있다. 히브리어에 "아버지-어머니", "위-아래", "올라가다-내려가다" 등이 이에 해당한다.

② 표시 법칙

이것은 최소한의 대조 법칙을 구체화시킨 것이다. 명사에서 "소년들"은 복수라는 표시가 된 것이고 "소년"은 표시가 없는 기본적 낱말이다. 따라서 표시 법칙은 "소년들"에서 "소년"을 유추하는 것이 "소년"에서 "소년들"을 유추해 내는 것보다 더 쉽다는 말이다. 이러한 표시의 법칙에 의한 낱말의 쌍들로는 "가져왔다-가져오다", "더 좋다-좋다", "비현실적-현실적" 등이 있다. 마찬가지로 히브리어에서도 완료형에서 미완료형을, 복수에서 단수를, 여성형에서 남성형을 유추해 내기가 더 쉽다.

③ 특성 제거와 첨가 법칙

언어 학자들은 낱말 특성을 체계적으로 분류한다. 예를 들어 "아버지"를 명사, 단수, 생물, 인간, 남성, 부모와 같이 나열하는 것이다. 만일 어떤 낱말에 특성이 제거 되었다면 그것은 그 낱말에 대해 지배 관계에 있는 것을 의미한다. 예를 들어 "아버지"라는 낱말에 특성을 제거하면 "남자"가 된다. 이때 "남자"는 "아버지"라는 낱말에 지배 관계에 있다. 특성의 첨가 법칙은 "과일-사과"와 "동물-개"와 같이 특성이 첨가된 낱말이 종속 관계를 유발한다. 히브리어에서 "여호와의 성"/"예루살렘"(사 44:26)이나 "나무"/"백향목" 등이 특성 첨가 법칙으로 구성되어 있다.

일반적으로 이 법칙에서 어떤 낱말은 특성들 가운데 동일하거나 유사한 목록들에서 다른 낱말을 택하는 경우가 있다. 예를 들어 개는 때로 고양이와 연관되는데 개와 고양이는 둘 다 명사, 단수, 생물, 포유류, 작은 것, 애완동물 등의 특성을 공유하고 있다. 이러한 "개-고양이", "사과-귤" 등은 어떤 것이 종속이나 지배 관계에 있는 것이 아니라 서로 대등한 관계에 있다. 히브리어에서 이러한 대등한 관계에 있는 것들은 "심장"/"간", "물"/"기름" 등이 있다.

④ 범주 보전 법칙

이 법칙은 어떤 특성이 목록에서 상위 범주에 있을수록 더 변하지 않는다는 것이다. 예를 들어 큰 범주인 피조물에서 개나리 꽃과 코끼리를 대치하기 어렵지만 작은 범주인 꽃에서 개나리꽃과 진달래꽃을 대치하기가 쉽다.

이와 같이 계열 관계에 있는 낱말들이 범주 안에 머물고자 하는 경향이 있기 때문에 위에서 말한 표시 대조나 특성 제거가 자주 일어나지 않는 경향이 있다. 일반적으로 계열 관계 반응들을 위한 법칙은 가장 낮은 특성에서 가장 작은 변화를 형성하는 것이다. 최소한의 변화란 최소한의 대조를 가져오는 특성의 표지가 더하든지 줄이든지 변화하여 가려는 것이다.

특성 제거는 특성 첨가보다 더 선호되며, 한 단계 제거나 첨가가 여러 단계의 제거와 첨가보다 더 선호된다. 예를 들어 고양이의 특성을 하나씩 제거하면 애완동물-포유류-생물 등으로 이어진다. 따라서 고양이는 가장 아래의 범주인 개와 연관되기 쉽고 더 높은 범주인 포유류인 고래와 연관되기는 어렵다.

(2) 통합 관계 법칙

① 선택적 특성 실현 법칙(The Selection Feature Realization Rule)

어떤 낱말은 낱말이 나오는 문맥을 한정하는 선택적 특성들을 포함하고 있다. 예를 들어 "어린"이라는 단어를 생각해 보자. 이 낱말은 한정할 수 있는 것을 선택적으로 제한한다. 우리는 "어린 소년"이라 말하지 "어린 책"이라고 말하지 않는다. 다시 말해서 "어린"이라는 말은 무생물에는 사용하지 않고 생물에만 사용한다. "어린"에 대한 통합 관계 반응은 "어린"이라는 낱말이 한정할 수 있는 소년, 여인 등의 가능한 낱말들 중에 한 가지를 실현한 것이다.

이런 절차를 더 간소화시키면 "이 낱말이 어떤 것과 함께 쓰일 수 있는가?"라고 묻고 이에 대하여 응답하는 것이다. 예를 들어 "기차"라는 단어가 함께 쓰일 수 있는 단어는 "길다" 혹은 "빠르다"가 있다. 그렇다면 "기차"와 "길다" 그리고 "기차"와 "빠르다"는 통합 관계에 있다고 볼 수 있다. 통합 관계 반응의 다른 예는 "구부리다-아래로", "연필-쓰다"와 "식초-시다" 등이다.

② 관용구 완성 법칙(The Idiom Completion Rule)
이것 역시 선택적 특성 실현 법칙과 관련이 있다. 관용구 완성 법칙은 오직 한 가지의 선택적 특성을 실현하는 경우이다. 예를 들어 이 법칙에는 영어에서 '애플파이'(apple-pie, 사과파이), 옥스포드대학교(Oxford-University), '햄에그'(ham-eggs, 햄에 에그 후라이 얹은 것), '브레드버터'(bread-butter, 버터 바른 빵) 등이 있다.

③ 히브리어 통합 관계의 쌍
히브리어에서 몇 가지 다른 통합 관계의 짝이 있다.

첫째, 관례적 동등어구
둘째, 두 이름
셋째, 일반적 통합 관계의 결합

㉮ 관례적 동등어구(Conventionalized Coordinates)
관용구 완성의 법칙은 하나의 관용구나 관례적 표현을 포함하는 두 가지나 그 이상 낱말의 결합을 설명해 준다. 예를 들어 '프리'(free, 자유로운)라는 낱말은 '이지'(easy, 쉬운)라는 낱말을 이끌어 낸다. 왜냐하면, 이 둘은 일반적 표현 '프리 앤 이지'(free and easy, 충분한, 홀가분한, 자적한, 가벼운 등)의 일부이기 때문이다.

여기서 이러한 낱말들과 같이 거의 관용구로서 신분을 얻은 단어 쌍이 행들 사이에 분산된 것이 있다. 예를 들어 구약성경에서 "말과 말탄자"와 "사랑과 진실"은 관용적으로 함께 나오는 계열 관계에 속하지만, 이것들이 서로 평행되는 행들에 분산되어 나타날 때 통합 관계가 된다. 히브리어에서 통합 관계를 이루는 관례적 동등어구에 속한 것들은 중언법(예. 공의와 의), 합성어(예. 하늘과 땅) 그리고 관례적 동등어구(예. 수소와 나귀, 고아와 과부) 등이 있다.

㈏ 이명(Binomination)

이명이란 하나의 사물이 두 이름을 가지는 것을 말한다. 예를 들어 "빛고을 광주"와 "수도 서울"을 같은 지명으로 언급하는 것이다. 그런데 이 두 이름이 서로 나뉘어 나올 때 이것은 하나의 이름의 양면을 말하는 것이며, 이 둘은 통합 관계를 이룬다.

히브리어에서 이명의 예로 "바락"/"아비노암의 아들"(삿 5:12), "발락"/"모압 왕"(민 23:7), "에브랏"/"베들레헴"(룻 4:11) 등이 있다.

㈐ 일반 통합 관계의 결합들

이것은 평행된 행들에서 관용구는 아니지만 일반적 담화 가운데 결합되는 낱말들이 쌍을 이루는 것을 말한다. 히브리어에서 "보좌"와 "앉다"는 이사야 16:5와 예레미야애가 5:19 등에서 함께 나온다.

그리고 보좌는 사랑으로 세워졌도다
그리고 그는 그 위에 진실함으로 좌정하시리라 (사 16:5).

וְהוּכַן בַּחֶסֶד כִּסֵּא וְיָשַׁב עָלָיו בֶּאֱמֶת

여기서 "사랑"과 "진실함" 역시 계열 관계에 속하나 서로 다른 행들에 따로 사용하였다. 이 행들 사이에 "사랑"과 "진실함"은 통합 관계로 연결된다.

당신은, 여호와여 영원히 좌정하시리이다
당신의 보좌는 대대로 있으리이다 (애 5:19).

אַתָּה יְהוָה לְעוֹלָם תֵּשֵׁב כִּסְאֲךָ לְדֹר וָדוֹר

또 다른 예인 "책과 쓰다"가 욥기 19:23-4에 나온다.

오 만일 내 말들이 쓰였으면!
오 만일 책에 그것들이 새겨졌으면!
철 펜과 납 [조각칼]으로 영원히 바위에 파내졌으면! (욥 19:23-4).

מִי־יִתֵּן אֵפוֹ וְיִכָּתְבוּן מִלָּי מִי־יִתֵּן בַּסֵּפֶר וְיֻחָקוּ
בְּעֵט־בַּרְזֶל וְעֹפָרֶת לָעַד בַּצּוּר יֵחָצְבוּן

여기서 욥은 자신의 말을 가장 부드럽고 가장 덜 영속적 것부터 가장 견고하고 가장 영속적 것으로, 양피지부터 바위로 옮아간다. 또 동사 역시 "쓰다", "새기다", "파다"라고 점진적으로 강화하고 있다. 낱말 쌍의 선택은 평행법 의미에 영향을 미친다. 그런데 어떤 구체적 쌍들이 선택되고 그들이 어떤 순서대로 나오는 가는 한편으로 문맥에 의존하고 한편으로는 기여한다.

🕮 통합 관계 의미적 양상

우리는 보통 오직 계열 관계만을 의미적 평행법으로 생각한다. 계열 관계의 평행법이란 한 사고는 다른 사고로 대치될 수 있다는 것을 말한다. 그런데 우리는 두 행이 의미적 연속이나 사고의 진행이나 원인과 결과를 보면 서로 의미가 연관되는 것을 볼 수가 있다. 이런 경우에도 이 두 행 사이 통합 관계가 있다고 본다. 이것은 아마도 행들 사이에 문법적 관계나 낱말의 쌍들 사이 관계와는 독립적일 수 있다.[34] 다음의 예들을 살펴보자.

---

34 Berlin, *Biblical Parallelism*, 90.

높은 산에 오르라, 시온에 좋은 소식을 전하는 자여!
네 소리를 높이라, 예루살렘에 좋은 소식을 전하는 자여!(사40:9).

עַל הַר־גָּבֹהַ עֲלִי־לָךְ מְבַשֶּׂרֶת צִיּוֹן הָרִימִי בַכֹּחַ קוֹלֵךְ מְבַשֶּׂרֶת יְרוּשָׁלָ͏ִם

이 구절에서 "시온에 좋은 소식을 전하는 자여!"와 "예루살렘에 좋은 소식을 전하는 자여!"는 의미적으로 계열 관계에 있다. 하지만 "높은 산에 오르라"와 "네 소리를 높이라"는 실제 사건이 일어나는 시간적 순서에 의해 기록하고 있다. 이러한 시간의 진행에 의한 의미의 연결도 통합 관계로 설명할 수 있다.

그리고 보좌는 <u>사랑</u>으로 세워졌도다
그리고 그는 그 위에 <u>진실함</u>으로 좌정하시리라(사 16:5).

וְהוּכַן בַּחֶסֶד כִּסֵּא וְיָשַׁב עָלָיו בֶּאֱמֶת

여기서 "보좌"/"좌정하다"와 "사랑"/"진실함"은 통합 관계에 있는 낱말의 쌍일 뿐만 아니라 의미적으로도 앞 구절에서 보좌가 예비되었고 뒤 구절에서 왕이 그 보좌를 차지하실 것이라는 점에서 통합 관계에 있다.

그의 <u>영광</u>은 하늘을 덮었고
땅은 그의 <u>찬양받으실 일</u>로 가득하도다(합 3:3).

כִּסָּה שָׁמַיִם הוֹדוֹ וּתְהִלָּתוֹ מָלְאָה הָאָרֶץ

이 구절은 "영광과 찬양받으실 일" 그리고 "하늘과 땅"이 계열 관계에 있다. 그런데 이 구절을 하늘이 그의 영광을 덮었기 때문에 땅이 그를 찬양한다는 원인과 결과로 해석할 수 있다. 그렇다면 이 구절도 의미적으로 통합 관계를 이룬다고 볼 수 있다. 이렇게 계열 관계와 통합 관계 사이에 이러한 모호성이 바로 평행법의 핵심이다. 결국, 평행법은 행들 간 근접성

(contiguity)에 유사성(similarity)을 부과한 것이다.

3) 음운론적 양상: 음운의 쌍

(1) 음운의 쌍

음운의 쌍이란 무엇인가?

베를린은 음운의 쌍이란 "매우 근접한 가운데 어떤 순서에 있어 동일하거나 유사한 자음들의 평행된 낱말들이나 행들에서의 반복"이라 정의한다.[35]

내가 네 가운데서 네 말들을 끊으며
네가 네 병거들을 멸하리라 (미 5:10).

וְהִכְרַתִּי סוּסֶיךָ מִקִּרְבֶּךָ וְהַאֲבַדְתִּי מַרְכְּבֹתֶיךָ

이 구절에서 "네 가운데서"('밀키르베카')와 "네 병거들을"('말키보테이카')는 음운의 쌍이다. 베를린이 음운의 쌍을 자음에 국한한 이유는 다음과 같다.

첫째, 원래 히브리어 본문은 자음만이 기록되었기 때문이다.
둘째, 히브리어는 낱말의 의미가 자음만으로 구성된 어원에 전달되어 온 자음의 언어로 이해되기 때문이다.

---

35   Berlin, *Biblical Parallelism*, 104.

(2) 평행법에서 음성 쌍의 역할

음운이 쌍을 이룰 때 행들 사이에 일치감을 더욱 고양시킨다. 만일 음운의 쌍이 낱말이나 의미의 쌍도 될 때 이들 사이 결합을 더욱 강화시킨다. 만일 음운의 쌍이 낱말이나 의미의 쌍이 아닐 때, 이것이 그러한 쌍을 대치시킨다고 볼 수 있다. 심지어 평행법 내 다른 낱말의 쌍이 있을 때 음운의 쌍은 행들 사이에 연합을 만들어 내는 데 결정적 역할을 한다. 이러한 방식으로 음운의 쌍은 행들의 근접성에 유사성을 첨가하는 데 도움을 준다.

그가 정한 절기들을 위하여 달을 만드시며,
해는 그 지는 곳을 알도다(시 104:19).

עָשָׂה יָרֵחַ לְמוֹעֲדִים שֶׁמֶשׁ יָדַע מְבוֹאוֹ

여기서 "달과 해"라는 낱말 쌍을 제외하고, 평행법에 대한 기대와 행들 간 의미 관계와 그들의 의미는 현대 독자들에게 직접적으로 분명하게 전달되지 않는다. 그런데 "정한 절기들"('모아디임')과 "그 지는 곳을 알도다"('야다-메보오') 사이에 음운의 상응이 행들을 함께 묶고 의미의 상응을 보여 준다. 여기서 시인은 밤의 세계를 말하며 달은 밤이 시작되는 것과 더불어 해가 지는 것을 표시하기 위하여 만들어졌음을 말한다. 구문론적 유사성이 의미의 일치를 인식하게 하듯이 음운의 유사성 혹은 상응성이 의미의 상응성을 인식하도록 돕는다.

이는 적은 <u>순간</u> 내가 너를 버렸으나
큰 <u>긍휼</u>들로 내가 너를 모으리라(사 54:7).

בְּרֶגַע קָטֹן עֲזַבְתִּיךְ וּבְרַחֲמִים גְּדֹלִים אֲקַבְּצֵךְ

여기서 "적다"/"크다"와 "버리다"/"모으다"는 낱말과 의미의 쌍이다. 그런데 "순간"('베레가') / "긍휼들"('베라하미임') 는 의미적 관계가 아니라 음성학적 상응이다. 이 경우에는 두 행들 간에 외적 문법적, 낱말적, 의미적 상응이 "순간"과 "긍휼들로" 사이에 음운의 상응에 대한 인식을 강화해 준다. 이와 같이 히브리 시에서의 음운학적 상응이 시에 음운과 리듬을 제공할 뿐만 아니라 의미의 강화에도 기여하고 있음을 볼 수 있다.

4) 구조적 양상

베를린은 그의 책에서 평행법의 구조적(Structural) 양상에 대해 언급하지 않았다. 그런데 히브리 시에는 십자 대구형으로 구조적 평행이 분명히 존재하고 이 구조적 평행은 시가 한 절 한 절이 결합하여 어떻게 전체가 통합될 수 있는지를 보여 주기 때문에 반드시 다루어야 할 부분이다.

구조적 양상은 본문 내 구조적 연관성을 찾는 것이다. 이를 위해 본문의 문장과 문장 사이 의미의 평행을 조사한다. 만일 문장이나 절이나 구나 음운이 반복된다면 둘 사이의 의미가 더 긴밀하다고 할 수 있다. 구조적 평행을 통해 본문의 통일성이 더욱 확고히 드러나게 된다.

룻기 1:1-6을 통해 평행법의 구조적 양상을 살펴본다.

    A (1-2절) 가족의 이주(베들레헴에서 모압)
      B (3절) 가족의 상실
        C (4절) 가족의 증가
      B' (5절) 가족의 상실
    A' (6절) 가족의 이주(모압에서 베들레헴).

1절은 한 가족이 베들레헴에서 모압으로 이주했다는 장소의 이동에 대해 기술한다. 그 가족이 이주한 동기는 베들레헴의 기근이었다. 다시 말해 양식이 없어서 이주하게 되었다. 2절은 부연 설명으로 그 가족의 이름이 나열되어 있다. A' (6절)도 동일하게 가족의 이주를 기록하였는데 장소는 모압에서 다시 베들레헴으로 바뀐다. 여기서도 이주하게 된 동기는 베들레헴에 양식이 있었기 때문이다. 다음으로 B (3절)과 B' (5절)는 가족의 구성원 중에 상실을 말하고 있다. 3절에서 가장인 엘리멜렉이 죽었고 5절에서 말론과 기룐이 죽었다. 이 구조의 중심은 C (3절)다.

반드시는 아니지만 보통 십자 대구형의 중심에 가장 중요한 내용이 온다. 이는 본문에 적용된다. 여기서 엘리멜렉의 아들들이 결혼해서 오르바와 룻이 그들의 가족에 편입되었다. 많은 사람이 엘리멜렉의 가족의 상실만을 생각하며 그들이 모압 지방으로 내려갔기 때문에 하나님으로부터 징계를 받은 것이라고 생각한다. 그런데 그들 가족에는 상실도 있었고 증가도 있었고 무엇보다 나오미 가족의 고난의 원인에 대해서 룻기는 침묵한다. 오히려 룻기의 저자는 룻이 그들의 가족에 들어온 것은 하나님의 큰 축복이라는 것을 암시한다. 그리고 동네 여인들이 나오미를 칭송한다.

> 이 [오벳]는 네 생명의 회복자이며 네 노년의 봉양자라 곧 너를 사랑하며 일곱 아들보다 귀한 네 며느리가 낳은 자로다 (룻 4:15).

이 말을 통해 나오미가 상실한 두 아들보다도 룻이 더 소중하다는 저자의 의도가 확증된다. 히브리 시의 구조적 양상에 관해서는 이후 시편 제4권 해석에서 필자가 각 시의 구조를 밝히고 그에 대해 설명하고 있으니 이를 참고하길 바란다.

제2부
한 텍스트로서 시편 제4권(90-106편)

제1장 • 시편 89편 다윗 언약의 회복을 위한 기도
제2장 • 시편 90편 인생의 덧없음과 슬픔과 고통에 대한 탄식과 기도
제3장 • 시편 91편 주는 우리의 보호자
제4장 • 시편 92편 높이 계신 여호와를 찬양
제5장 • 시편 93편 여호와의 영원한 다스림을 찬양
제6장 • 시편 94편 하나님의 공의를 구함
제7장 • 시편 95편 왕 되신 여호와와 그의 행사를 찬양
제8장 • 시편 96편 여호와 우주적 통치의 찬양을 권함
제9장 • 시편 97편 여호와의 의로운 통치를 기뻐함
제10장 • 시편 98편 여호와의 구원과 의로운 심판을 바라보며 찬양
제11장 • 시편 99편 여호와의 거룩하심과 의로운 심판을 찬양
제12장 • 시편 100편 여호와의 왕 되심과 그의 선하심을 찬양하고 감사함
제13장 • 시편 101편 사랑과 공의로 통치하리라는 왕의 서약
제14장 • 시편 102편 고난 가운데 기도와 확신
제15장 • 시편 103편 여호와의 사랑과 자비를 찬양
제16장 • 시편 104편 여호와의 창조 질서와 풍요를 찬양
제17장 • 시편 105편 이스라엘 역사 가운데 나타난 여호와의 행사
제18장 • 시편 106편 이스라엘 역사 가운데 백성의 범죄와 하나님의 은총

필자는 시편의 시 한 편도 텍스트고, 시편 내 네 권의 책도 한 텍스트며, 시편 전체도 한 텍스트라 했다. 이를 증명하고자 네 권의 책 중 시편 제4권을 임의로 택했으며, 여기서 필자의 주장을 확증할 수 있다고 본다. 이를 위해 먼저 시편 내 네 권의 책을 어떻게 시편 전체에서 구별해 낼 수 있는지와 네 권 전체가 어떻게 하나를 이루고 있는지의 문제를 다뤄야 한다. 시편에서 네 권의 책을 구별하는 것은 감사하게도 신앙 공동체가 그렇게 구분할 수 있는 분명한 근거를 남겼기에 가능하다.

시편 각 권 마지막의 송영을 보면 시편이 다음과 같이 구성되어 있음을 알 수 있다.

> A (제1권: 1-41편) 여호와 이스라엘의 하나님을 영원부터 영원까지 찬송할지어다 아멘 아멘.
> B (제2권: 42-72편) 그 영화로운 이름을 영원히 찬송할지어다.
> 　　온 땅에 그 영광이 충만할 지어다 아멘 아멘.
> B' (제3권: 73-89편) 여호와를 영원히 찬송할지어다 아멘 아멘.
> A' (제4권: 90-106편) 여호와 이스라엘의 하나님을 영원부터 영원까지 찬송할지어다. 모든 백성아 아멘할지어다 할렐루야.
> A'' (제5권: 107-150편) 호흡이 있는 자마다 여호와를 찬양할지어다 할렐루야.

이 구조를 보면 시편 제5권이 완성되기 전에 이미 제4권까지 시편이 한 권으로 구성되어 있었다는 것을 알 수 있다. 두 권 모두 "여호와 이스라엘의 하나님을 영원부터 영원까지 찬송할지어다"로 시를 마친다. 제4권이 완성된 후에 신앙 공동체는 기존에 기록되어 보관된 시편들을 모아 제5권으로 첨가한 것을 볼 수 있다.[1] 제5권의 끝 부분을 제4권과도 같이 "할렐

---

[1] 하젤 불록, 『시편 총론: 문학과 신학적 개론』, 류근상 역 (서울: 크리스챤출판사, 2003), 93.

루야"로 기록하면서, 제4권과 제5권을 한 묶음으로 연결한다.

이제 제4권의 구성에 대해 살펴보려고 한다. 이는 시편 90편 모세의 기도로 시작해서, 106편 모세에 대한 언급으로 마친다. 이것은 제3권 마지막 시편 89편에 언급된 것처럼 당시의 바벨론 포로기에 있었던 이스라엘 백성들에게 외관상 다윗 언약이 파기된 것처럼 보이기에 다윗 언약을 의존하기 보다는 모세의 언약을 의존한다.

더구나 그들이 포로된 원인이 모세 율법을 지키지 못했던 결과로 생각되었기 때문에 더욱 모세와 그의 율법을 중시한다. 그들이 모세를 중요하게 여기는 것은, 모세를 통해 이스라엘 백성이 창조되었기 때문이다(시 100:3). 또한, 하나님의 백성이 구원받고 회복되는 최종적 목표가 모세의 율법을 실천하기 위한 것이기 때문이다(시 105:45).

필자는 시의 내용에 따라서 제4권의 구조를 다음과 같이 본다.

    A (시 90-91편) 인생의 덧없음과 연약함과 여호와의 구원
    B (시 92-93편) 개인의 삶 가운데 나타난 여호와의 사랑과 공의를 찬양
                창조 세계에 나타난 여호와의 영원한 통치
    C (시 94편) 고난받는 개인이 하나님의 사랑과 공의를 구함
    D (시 95편) 창조주와 왕과 목자 되신 여호와를 찬양
    E (시 96-97편) 여호와의 우주적 통치와 의로운 심판을 찬양
    E' (시 98-99편) 여호와의 구원과 거룩함과 의로운 심판을 찬양
    D' (시 100편) 창조주와 왕과 목자되신 여호와와 그의 성품을 찬양
    C' (시 101-102편) 왕이 하나님의 사랑과 공의를 실천할 것을 서약
                고난받는 개인과 공동체가 하나님의 사랑과 공의를 구함
    B' (시 103-104편) 고난받는 개인과 공동체가 하나님의 사랑과 공의를 구함
                창조 세계에 나타난 여호와의 영원한 통치
    A' (시 105-106편) 역사 가운에 하나님 백성의 연약함과 하나님의 구원.

A (시 90-91편)에서 시편 90편은 모세의 기도로 모세는 인생은 짧으면서도 죄로 인해 하나님의 진노 아래 산다고 애통하였다. 91편은 마치 이 기도에 대한 응답이나 된 것처럼 하나님을 사랑하고 의뢰하며 하나님께 기도하는 자에게 하나님이 구원과 피난처가 되신다고 했다.

A' (시 105-106편)는 이스라엘 역사 가운데 나타난 백성의 연약함(시 106편)과 하나님의 구원(시 105편)을 다룬다. 이 부분에서 모세의 하나님과 백성 사이의 중보 역할이 강조되었다. 내용 면에서도 A' (시 105-106편)는 A (시 90-91편)와 연관성이 있는데, 이는 죄로 인해 백성이 고난에 처하게 됐으나, 그들의 조상들과 맺으신 하나님의 언약에 대한 신실함과 그들의 기도를 인하여 하나님께서 구원하실 것을 소망한다는 점이다.

다음으로 B(시 92-93편)와 B'(시 103-104편) 관계를 살펴본다. 시편 92편은 개인의 삶에 나타난 하나님의 사랑과 공의를 감사하고 찬양한다. 한편 시편 103편에서 개인과 신앙 공동체의 삶에 나타난 하나님의 사랑과 공의를 찬양한다. 이 찬양에 시인은 하늘의 천사들도 초청한다(시 103:20-22). 시편 93편과 104편은 모두 창조 세계에 나타난 여호와의 영원한 통치를 찬양한다. 그 통치 결과 시편 93편에서 세상에 질서가 이루어졌고, 104편에서 질서와 풍요를 가져왔다.

C (시 94편)에서 고난받는 개인이 하나님의 사랑과 공의를 구하고 있다. C' (시 101-102편)에서 시편 101편은 마치 하나님의 사랑과 공의를 삶 가운데 경험한 것처럼 왕인 시인은 그 하나님의 사랑과 공의를 실천하겠다고 서약한다. 102편에서 또 다시 고난받는 개인과 공동체가 하나님의 사랑과 공의를 간구한다.

D (시 95편)와 D' (시 100편)는 모두 창조주와 왕과 목자가 되신 여호와를 찬양한다. 다만 100편에서 그와 함께 여호와의 선함과 사랑과 신실함과 같은 성품도 찬양한다(시 100:5).

E (시 96-97편)는 여호와의 우주적 통치(시 96편)와 의로운 심판(시 97편)을 찬양하고 있다. E' (시 98-99편)는 여호와의 구원(시 98편)과 거룩함과 의

로운 심판(시 99편)을 찬양한다. 이 부분은 시편 96과 98편 그리고 97과 99편은 한 쌍이라고 할 만큼 밀접한 관계를 지닌다. 시편 96편과 98편 모두 "새 노래로 여호와께 노래하라"라고 시를 시작한다.

   내용 면에서도 두 시는 여호와가 임하셔서 의와 공평함으로 심판하실 것을 찬양한다는 점에서 일치한다. 시편 97과 99편은 모두 여호와의 거룩하심과 의로운 심판을 찬양한다. 이스라엘 백성이 이방 나라에서 포로 생활을 하고 있을 때 그들은 온 세상에 하나님의 통치가 임하여 그들에게는 구원을 통한 사랑을 베푸시고 악한 자들에게는 심판을 통한 공의가 들어나기를 소망한다. 이런 점에서 "여호와의 우주적 통치와 의로운 심판"은 시편 제4권의 주제로 볼 수 있다.

제1장

시편 89편
다윗 언약의 회복을 위한 기도

에스라 사람 에단의 마스길[1]

1 여호와의 사랑(들)[2]을 영원히 내가 노래하리라. 대대에 내가 당신의 진실을 내 입으로 알리리이다.

2 이는 내 생각에, 영원히 사랑[3]이 하늘에서 지어지며 당신이 당신의 진실을 그 안에 세우실 것이기 때문이나이다.

3 내가 나의 택한 자와 언약을 맺었고 나의 종 다윗에게 맹세했도다.[4]

---

1 "에스라인 에단"이란 이름은 열왕기상 4:30-31에 나온다. 거기에서 솔로몬의 지혜가 에(예)스라사람 에단 등보다 더 뛰어났다고 전한다. "마스길"은 문학적 혹은 음악적 용어이며 정확한 뜻은 모른다. 단지 묵상(NJK), 가르침(YLT), 숙련된 노래(NET) 등으로 추정된다.

2 성경에 여호와의 사랑은 여호와의 사랑의 행동들을 의미한다. 사랑은 성경에서 인자, 자비 등으로 번역되나 하나님의 절대적이고 변함없는 사랑을 말한다. "진실"로 번역한 히브리어 언어는 다른 말로 "신실함, 확고함, 신뢰할 수 있음"을 말한다. 이 시편과 같이 성경에서 두 단어가 자주 함께 나온다. 이는 이 두 단어의 뜻이 분리된 것이 아니라 합성어로 여호와의 "진실한 혹은 신실한 사랑"을 의미한다. 특별히 2-3절에 하나님 백성들에 대한 진실한 사랑이 그의 언약에 의존하고 있다는 것을 보여 준다. 또 전반부에서 스스로에게 다짐하며 후반부에서 여호와께 약속하고 있다. 또한, "영원히"와 "대대에, 즉 모든 세대에 이르도록"이 평행을 이룬다.

3 여기서 "사랑"으로만 되어 있으나 뒷 구절에서 "당신의 진실"과 평행이 되기에 "당신의 사랑"이라는 사실을 알게 된다. 히브리 시의 평행법에서 명사(사랑)와 한정어(당신의 진실)의 대조가 나와 있다.

4 언약을 맺는 것과 맹세하는 것이 평행을 이루고 있다. 성경의 언약은 하나님과 사람 사이에 약속이라기 보다는 하나님이 맹세하신 것이다. 이는 언약이 여호와의 은혜에 의

4 영원토록 내가 네 후손⁵을 세우며 대대에 네 보좌를 지을 것이라.⁶ 셀라⁷

5 하늘(들)이 당신의 기이한 일⁸을 찬양하리라 여호와여! 당신의 진실도 거룩한 자들의 총회에서.

6 진실로 누가 창공⁹에서 여호와와 비교할 수 있으리까? 여호와와 같으리이까? 하나님의 아들들¹⁰ 가운데

7 하나님은 거룩한 자들의 회의에서 심히 무서우시며 두려우시도다 그를 둘러싼 모든 자 위에.¹¹

한 것인 것과 반드시 성취하시겠다는 보증을 의미한다.

5　여기서 후손은 단순한 후손이 아니라 보좌에 앉은 자 곧 왕을 말하는 것이다. 따라서 이 말씀은 여호와께서 다윗 왕조를 영원토록 견고히 세워주시겠다는 것이다(삼하 7:11 하-13).

6　2절과 4절은 다음과 같이 평행을 이루고 있다.
이는 내 생각에 '영원히 사랑이 하늘에서 지어지며
당신이 당신의 진실을 그안에 세우실 것'이기 때문이나이다.
영원토록 내가 네 후손을 세우며
대대에 네 보좌를 지을 것이라.
2절에서 하나님께서 하늘에서 사랑을 지은 것을 노래했고 4절에서 다윗의 보좌를 영원히 지을 것이라고 했다. 2절에서 하나님이 진실을 세우실 것이라고 했고 4절에서 다윗의 후손을 세우실 것이라고 말한다. 이렇게 같은 언어를 사용한 것은 하나님의 진실한 사랑이라는 성품으로 말미암아 다윗 언약을 세우셨으며 이를 성취하실 것을 보여 준다. 비록 다윗 언약의 기초는 하나님의 진실한 사랑이다. 그런데 일단 다윗 언약 세워진 이후에 성경에 나타난 "진실한 사랑"은 하나님께서 자기 백성에게 언약하셨기 때문에 베푸시는 "사랑"이다.

7　셀라는 전문 음악 용어로 1) "목소리를 끝까지 높이라", 2) "영원히!", 3) "악기를 위한 막간 휴지", 4) "처음부터 다시", 혹은 "목소리의 변화의 시작을 알리는 것"으로 사용되었을 것이다 (Holladay, 256).

8　여기서 기이한 일은 창조와 노아홍수와 출애굽 등의 시기에 여호와께서 행하신 일들을 말하며, 8-13절이 이것을 예시하고 있다.

9　"창공"은 "구름"이나 "하늘"로 대치되어도 무방하다.

10　히브리어 본문은 "하나님의 아들들"로 기록되어 있으며 "하나님의 아들들"은 구약성경에서 예외없이 "천사들"을 말한다(욥 1:6; 2:1; 5:1; 15:15; 또한 창 6:2).

11　7절은 6절의 배경을 설명하는 것과 같다. 욥 1:6과 2:1은 하나님과 천사들로 구성된 하늘 총회에서의 회의가 있는 것을 보여 준다. "만군의" 하나님은 전쟁에 능한 하나님이며 여기서 "수많은 천사에 둘러싸여 보좌에 좌정하고 계신 분"(NET 노트)으로 묘사된다.

8 여호와 만군의 하나님이여! 누가 당신과 같으리이까? 야[웨][12]는 강하시며 당신의 진실은 당신을 감싸나이다.

9 당신이 바다의 교만을 다스리며 그의 파도가 높이 오를 때 당신이 그것을 잠잠하게 하시나이다.

10 당신이 살해 당한 자와 같이 라합[13]을 깨뜨렸나이다. 당신의 강한 팔로 당신의 원수들을 흩으셨나이다.

11 당신에게 하늘이 속하였고 또한 당신에게 땅도 속하였나이다. 세계와 거기에 있는 모든 것을, 당신이 그것들을 세우셨나이다.

12 북과 남,[14] 당신이 그것들을 창조하셨나이다. 다볼과 헤르몬[15]이 주의 이름을 기뻐 외치나이다.

13 당신에게 능력 있는 팔이 있으며 당신의 손은 강하고 당신의 오른손은 높으나이다.

14 의와 공의[16]가 당신의 보좌의 기초며 사랑과 진실이 당신 얼굴 앞에 행하나이다.

---

12 본문에는 "야"로만 기록되었으나 "야웨"의 준말이다.
13 여기서 "라합"은 여호와의 원수로 묘사되었다. "라합"은 교만한 자라는 뜻으로 때로 이집트를 상징한다(시 87:4; 사 30:7). 그렇다면 이 구절은 여호와께서 홍해를 가르고 이스라엘 백성을 구출하신 사건을 의미한다. 그런데 때로 성경에서 라합은 창조의 질서를 파괴하고 혼돈을 가져오는 신화적 바다 괴물로 묘사된다(욥 9:13, 26:12; 사 51:9 [NET 노트]). 바벨론의 창조 신화에 의하면 마르둑 신은 티아맛(우리 성경에 "깊음"(창 1:2 - 히브리어 '**테홈**')을 칼로 두 조각내고 하나는 하늘 위에 걸어놓고 하나는 땅밑에 가둬 두었다. 성경은 '**테홈**'을 신으로 묘사하지 않지만, 이러한 신화적 암시를 통해 하나님만이 참된 신이시라는 것을 고대 근동 세계에 변증적으로 선언했을 수도 있다. 그렇다면 이 구절은 창조 때 하나님이 깊음의 능력을 제어하고 질서를 유지하신 사건을 묘사한다고 볼 수 있다.
14 "북"은 히브리어로 "자폰"으로 시리아에 있었던 자폰산을 말하거나 바알의 통치장소인 신화적 자폰을 말할 수 있다. 마찬가지로 "남"이라는 히브리어 "야민"도 어떤 산을 지칭할 수 있다.
15 다볼은 이스라엘 북쪽 갈릴리 호수 근처에 있으며 가나안 백성의 신전이 있었던 곳으로 여겨진다(호 5:1; 렘 46:18). 헤르몬은 그보다 더 북쪽에 위치해 있다.
16 "의와 공의" 이것도 관용어처럼 함께 사용된다(시 97:2). 이 구절은 여호와께서 우주를 정당한 질서를 바탕으로 다스리신다는 것이다.

15 복이 있도다 기쁨의 외침을 아는 백성들이여! 여호와여 당신의 얼굴의 빛가운데 그들이 행하나이다.[17]

16 당신의 이름을 인하여 그들이 온 종일 즐거워하며 당신의 의를 인하여 그들이 높아지나이다.

17 진실로 당신은 그들의 힘과 영광이며 당신의 은총으로 우리의 뿔이 높아졌나이다.

18 진실로 여호와께 우리 방패[18]가 속하였고 이스라엘의 거룩한 자에게 우리의 왕이 속하였나이다.

19 그때 당신이 비전 중에 당신의 신실한 자들에게 말하였나이다. 당신이 이르시길, 내가 용사[19]에게 도움을 주었으며 백성 중에서 택한 받은 자를 높였도다.

20 내가 내 종 다윗을 찾아내서 나의 거룩한 기름을 그에게 부었도다.

21 그와 함께 내 손이 견고히 서고 또한 내 팔 그를 힘있게 하리라.

22 원수가 그에게 [공물을] 요구하지 못하며 불의한 자의 아들 그를 괴롭히지 못하리라.[20]

23 내가 그 앞에서 그의 대적들을 깨뜨리며 그를 미워하는 자들을 내가 멸하리라.

24 그러나 나의 진실과 나의 사랑[21]이 그와 함께 있을 것이며 나의 이름을 인하여 그의 뿔[22]이 높아지리라.

---

17 그들은 여호와의 얼굴 앞에 있는 진실한 사랑을 경험하면서 살아가기에 기뻐 외치게 된다. 그러므로 그들이 복이 있다는 것이다.
18 "우리의 방패"는 "우리의 보호하는 자"를 뜻하여 여기서는 다윗 후손의 왕을 의미한다.
19 "용사"는 "강한 자"로 대치할 수 있다.
20 22절은 다윗에게 주신 하나님의 언약을 기록하고 있다. 삼하 7:10b에 "불의한 자의 아들들이 더이상 전처럼 그를 괴롭히지 않으리라"고 기록되어 있다.
21 보통 "사랑과 진실"의 순서로 기록되나(예. 14b) 여기서 순서가 바뀌었다. 하지만 언약에 입각한 "진실한 사랑"이라는 의미는 동일하다.
22 "뿔"은 "군사적인 능력"을 상징하며 전쟁에서 승리하리라는 말이다(NET 노트).

25 내가 세우리다 바다 위에 그의 손을 강들[23] 위에 그의 오른손을.
26 그가 나를 부르리라 "당신은 나의 아버지,[24] 나의 하나님, 나의 구원의 바위[25]이나이다."
27 내가 또한 그를 장자로 삼으리라 세상의 왕들 위에 지극히 높은 자[26]로.
28 영원히 내가 그에게 내 사랑을 지키며 나의 언약이 그에게 견고하게 되리라.
29 내가 세우리라 영원히 그의 후손을, 그의 보좌를 하늘의 날들[27]처럼.
30 만일 그의 아들들이 나의 법을 버리고 내 규례들대로 행하지 아니하며
31 만일 나의 율례들을 어기며 나의 계명들을 지키지 아니하면
32 내가 벌하리라 막대기로 그들의 죄를 그들을 때림으로 그들의 악을.[28]
33 그러나 나의 사랑을 그에게서 깨트리지 않으며 거짓으로 대하지 않으리라 나의 진실을 인하여.
34 내가 나의 언약을 파하지 아니하며 내 입술에서 낸 것을 바꾸지 아니하리라.
35 한번 내가 나의 거룩함으로 맹세하였으니 내가 다윗에게 거짓말을 하지 아니할 것이라.
36 그의 후손이 영원히 있으리라 그의 보좌도 내 앞의 해와 같이.

---

23 여기서 바다와 강들은 여호와와 그 왕을 대적하는 적대적 세력을 상징한다(NET 노트). 이 대적하는 세력을 여호와께서 왕으로 하여금 승리할 수 있게 하신다는 말이다.
24 다윗 언약에서 다윗의 후손, 왕은 하나님의 아들이 될 것이라고 말했다(삼하 7:14; 시 2:7).
25 여기서 "바위"는 보호자라는 뜻이다.
26 창세기 14:18-22, 민수기 24:16에 하나님에 대한 칭호로 사용되었다.
27 "하늘의 날들처럼"은 영원하다는 것을 의미한다. 이 구절 역시 다윗 언약을 말한 것이다(3-4절).
28 사무엘하 7:14-15은 "나는 그에게 아버지가 되고 그는 내게 아들이 되리니 그가 만일 죄를 범하면 내가 사람의 매와 인생의 채찍으로 징계하려니와 내가 네 앞에서 물러나게 한 사울에게서 내 은총을 빼앗은 것처럼 그에게서 빼앗지 아니하리라"고 하였다. 다윗 언약은 영원한 언약이라는 점이 강조되었다.

37 달과 같이 그것이 영원히 세워지리라. 창공의 신실한 증인[29] [같이] 셀라

38 그러나 당신 자신이 버리고 거부하고 당신이 노하였나이다 당신의 기름 부음 받은 자를.

39 당신이 당신의 종의 언약[30]을 부인하고 그의 왕관을 더럽혔나이다 땅으로 [던져서][31]

40 당신이 그의 모든 성벽을 무너뜨렸으며 그의 요새들을 파멸시켰나이다.

41 길을 지나가는 모든 자가 그를 약탈하고 그는 그의 이웃들에게 수치가 되나이다.[32]

42 당신이 그의 대적들의 오른손을 높이셨으며 모든 그의 원수로 기쁘게 하셨나이다.

43 또한 당신이 그의 칼을 대적으로부터[33] 돌이키셨으며 그를 전쟁에서 일어나지 못하게 하셨나이다.

44 당신이 그의 영광을 그치게 하시고 그의 보좌를 땅으로 던지셨나이다.

45 당신이 그의 청년의 날들을 줄이시고 그를 수치로 덮으셨나이다. 셀라

46 얼마나 오래 오 여호와여? 당신이 스스로 영원히 숨기시리이까? 당신의 분노를 불과 같이 내시리이까?

47 기억하소서 내가 얼마나 일시적인 것을![34] 어찌하여 당신은 허무하게 모든 사람[35]의 아들을 창조하셨나이까?

---

29 창공의 신실한 증인은 달이다.
30 당신의 종의 언약이란 하나님께서 그의 종에게 주신 언약을 말한다.
31 "던져서"라는 단어는 없지만 여러 성경이 이를 가정한다(예를 들어 NET, NKJ).
32 성벽들은 무너지고 요새들이 파괴되었으니 대적들이 성을 약탈하기가 쉬웠으며 주변의 이방인들은 하나님의 백성들을 조롱하였다.
33 원문에는 "대적으로부터"가 아니라 "반석"으로 되어 있다. 그렇다면 "또한 당신이 오, 반석이시여! 그의 칼을 돌이키셨으며"라고 번역해야 한다. 하지만 조금 어색하기에 BHS는 "대적으로부터" 혹은 "뒤쪽으로"를 제안한다. 여러 영어 성경들은 "그의 칼의 끝(the edge of his sword)을 돌이키셨으며"로 번역했다(NIV, NASB, NKJ).
34 시편 39:4b에 "내가 얼마나 일시적인 것을 알게 하소서"라는 구절이 있다.
35 "사람"이 단수로 쓰여 있고 이것이 히브리어로 "아담"이기에 NJB에서 처음 사람 아담으로 본다.

48 어떤 사람이 살아서 죽음을 보지 아니하고 그의 생명을 스올[36]의 손[37]으로부터 건져내리이까? 셀라

49 이전의 당신의 사랑이 어디에 있나이까? 오 주여! 당신이 다윗에게 당신의 진실로써 맹세하셨나이다.

50 기억하소서 오 주여! 주의 종들이 [받는] 비방을. 내가 내 가슴에 모든 (많은) 민족의 [비방을] 감당하나이다.

51 그것으로 당신의 원수들이 비방하였나이다 오 여호와여! 그것으로 그들이 당신의 기름부음 받은 자의 발자취들을 비방하였나이다.

52 여호와를 영원히 송축할지어다 아멘 아멘.[38]

1. 시편 89편의 구조

A (1-18절) 다윗과 백성을 향한 하나님의 신실한 사랑을 찬양
　B (19-37절) 다윗 언약에 대한 진술
　B' (38-45절) 다윗 언약의 파기
A' (46-52절) 다윗과 백성을 향한 하나님의 신실한 사랑이 회복되길 간구.

36　"스올"은 죽은 자들이 내려가는 지하 세계나 무덤을 말한다.
37　"손"은 권세를 말한다.
38　이 구절은 시편의 3권이 끝났다는 표지이며 "아멘"의 뜻은 "진실로"다.

2. 해석

1) 다윗과 백성을 향한 하나님의 신실한 사랑(1-18절)

이 부분은 다음과 같은 구조를 가지고 있다.

    1 (1-4절) 시인의 찬양
        2 (5-8절) 하늘의 천사들의 찬양
        2' (9-13절) 땅의 산들의 찬양
    1' (14-18절) 성도들의 찬양.

1-2절에서 시인은 하나님의 창조 세계와 이스라엘 역사 가운데 나타난 하나님이 사랑으로 행하신 일들과 진실하심을 찬양한다. 이 사랑과 진실이 하늘에게 이미 견고하게 세워졌다고 찬양한다. 그런데 3-4절에서 제시한 하나님의 말씀에 의하면 하나님은 그의 진실한 사랑으로 다윗과 언약을 맺으셨다. 여기서 다윗은 다윗의 후손인 메시아를 의미한다. 시인은 그를 "하나님의 택한 자"요 "하나님의 종"이라 한다. 다윗 언약이 설립된 이후에는 하나님께서 다윗 언약을 인해서 하나님의 진실한 사랑을 그 후손들과 백성들에게 베푸신다.

5-8절은 하늘 천사들의 찬양에 대해 기록한다. 5절에 하늘이 그의 거룩한 자들의 총회에서 여호와를 찬양한다고 말한다. 하늘에서 천사들도 찬양을 한다는 것이다. 욥기 1:6과 2:1과 이사야 6:1-7 등은 하나님과 천사 모임과 총회에 관해 기록한다. 그들 찬양의 내용은 하나님의 진실한 사랑에서 비롯한 하나님의 사역(참고. 1-2절의 내용과 같다)과 하늘을 통치하는 그의 절대적 능력이다. 하늘은 하나님의 절대적 영역이다. 그의 천사들 중 누구도 하나님과 필적할 수 없으며, 하나님의 능력으로 세상에 질서가 유지되고 있다. 하나님은 진실한 사랑을 가지고 있을 뿐만 아니라 그 사랑을

실천할 능력이 있다.

    9-13절은 땅에 산들의 찬양이 나오는데 찬양 주체는 "다볼과 헤르본"이다. 이는 땅에 있는 피조물을 대표하는 것이다. 이들의 찬양의 내용은 하나님께서 무질서와 혼돈을 제거하고 세상을 창조하여 질서를 세우신 것이다. 9절에 나타나는 바다는 무질서와 혼돈의 세력을 상징한다. 고대 근동에서 바다('얌')은 신으로 여겨졌으며 수시로 창조의 신에 대항하려 하였다. "라합" 역시 동일한 의미를 지닌다. 9절의 배경이 창조의 시기를 말하는지 혹은 홍수 시기를 말하는지 확실하지 않으나, 라합이 교만하게 질서를 깨트리고 혼돈을 가져오려 했지만 하나님께서 그를 격파하셔서 능력으로 질서를 유지하셨다. 그러므로 피조물로 대표되는 땅의 산들이 여호와의 온 우주에 대한 통치력을 찬양한 것이다.

    14-18절은 성도의 찬양이 나온다. 앞에서 시인이 하나님의 진실한 사랑을 찬양하였고 천사들과 산들은 하나님의 능력있는 통치를 찬양하였다면 여기의 하나님 백성은 백성을 향한 그의 의와 은총을 찬양한다. 14a절에서 의와 공의가 하나님 보좌의 기초라고 했다. 하나님의 통치가 근본적으로 의로우심에 기초하고 있다는 것이다. 하나님은 사랑이시지만 그 사랑을 베푸실 때 정당하지 않게 무조건적으로 사랑을 행하지 않으신다. 1b절은 "당신의 얼굴의 빛가운데 그들이 행하나이다"라고 한다.

    여기서 하나님의 얼굴은 하나님의 은총을 의미하고 하나님의 진실한 사랑 가운데 있는 것을 말한다. 그의 얼굴을 피하거나 떠나는 것은 요나 1:3, 10에서 보는 것처럼 하나님의 은총에서 떠나는 것이며, 불순종의 삶을 사는 것이다. 따라서 의로운 삶을 사는 자라야 복있는 자이며, 하나님께 기쁨의 찬양을 돌릴 수 있는 자다. 16절에 보면 여호와의 의가 백성을 높인다. 끝으로 18절에서 백성은 하나님께서 그들의 보호자(방패) 곧 그들의 왕, 메시아를 세워주심을 찬양한다. 왜냐하면, 이 메시아를 통해 여호와의 진실한 사랑이 그 백성들에게 계속될 것이기 때문이다.

시편 89편의 첫째 부분은 시인과 성도들 하늘의 천사들과 땅에 산들의 하나님에 대한 장엄한 찬양을 드린다. 그는 하늘과 땅과 백성들을 능력과 공의로 다스리신다. 그는 진실한 사랑을 지니신 분이시며 이 사랑으로 백성들의 방패로 다윗을 택하셨으며 그를 영원토록 견고하게 세우셨다. 이제 시편의 다음 부분은 이 찬양에 대한 하나님의 응답으로 이루어졌다. 그것은 앞 3-4절에서 이미 여호와께서 화답하셨듯이 하나님의 진실한 사랑으로 다윗을 높이셨으며(19-27절), 그 다윗과 맺은 언약은 영원히 견고하다(28-37절)는 것이다.

2) 다윗 언약에 대한 진술(19-37절)

(1) 하나님이 다윗을 세우심(19-27절)

18절에서 다윗은 백성의 방패이며 백성의 왕이었다. 19절에서 하나님은 용사이며 백성 중에서 택한 자라고 말한다. 이사야 42:1은 "내가 붙드는 나의 종, 내 마음에 기뻐하는 자 곧 내가 택한 사람을 보라 내가 내 영을 그에게 주었은 즉 그가 이방에 정의를 베풀리라"고 말한다. 하나님이 여호와의 고난받는 종을 기뻐하시고 그를 택하셨다는 것이다. 마태복음 3:16은 예수님이 물과 성령으로 세례를 받으실 때 하늘에서 소리가 나서 "이는 내 사랑하는 아들이요 내 기뻐하는 자라"라고 전한다. 이 음성은 하나님이 택한 자가 예수인 것을 확증해 준다. 하나님께서 이 다윗에게 기름을 부었다. 그는 기름부음을 받음으로 백성의 왕으로 등극했으며 하나님의 아들이 되었다(시 2:7; 89:26; 삼하 7:14).

이 부분을 보면 하나님의 능력과 그의 진실한 사랑으로 하나님이 다윗을 얼마나 높이셨는지를 볼 수 있다. 먼저는 원수들이 쳐들어 와서 그를 결코 노략질하지 못하며, 오히려 도망하여 멸망될 것이라고 했다(22-23절).

다음으로 다윗이 우주적으로 통치 할 것을 말한다. 25절은 "내가 세우리라 바다 위에 그의 손을, 강들 위에 그의 오른손"이라 하여 그의 능력이 분명히 바다와 강들 위에 있을 것을 의미한다. 여기서 바다는 지중해를, 강은 유프라테스를 말한다고 하는 이도 있으나, 앞부분에서 바다가 이미 창조의 질서를 위협하는 실체로 보기에(9-10절) 여기서도 그렇게 보아야 된다.

하나님은 다윗에게 우주적 통치를 맡기신다. 그 다음으로 그 택한 자('베후르')를 장자('베코르')와 세상 왕들 위에 "지극히 높은 자('엘욘')로 삼으셨다. 이 시편에 나온 하나님의 아들들은 천사들이었기 때문에(6절), 장자를 삼으셨다는 것은 천사들 가운데 으뜸을 삼으신 것을 의미한다. 또한, 성경의 다른 부분에서 지극히 높은 자('엘욘')는 여호와를 지칭한다. "여호와께서 하늘에서 우뢰소리를 내시고 지극히 높은 자가 음성을 내시며 우박과 숯불을 내리시도다"(시 18:13; 참고. 시 7:18; 47:3; 7:35). 하나님이 이처럼 그의 강한 팔로 메시아를 하나님과 방불하게 높이셨기에 그가 하나님의 백성에게 피난처와 의지처가 되기에 부족함이 없다. 사도 바울 역시 메시아가 순종과 고난을 통하여 지극히 높임을 받으셨다고 증거한다.

> 이러므로 하나님이 그를 지극히 높여 모든 이름 위에 뛰어난 이름을 주사 하늘에 있는 자들과 땅에 있는 자들과 땅 아래 있는 자들로 모든 무릎을 예수의 이름에 꿇게 하시고 모든 입으로 예수 그리스도를 주라 시인하여 하나님 아버지께 영광을 돌리게 하셨느니라(빌 2:9-11).

(2) 다윗 언약의 영원함(28-37절)

앞 부분에 백성 중에 다윗을 택하여 그에게 기름을 붓고 아들 삼으셔서 대적들, 세상의 왕들 그리고 하나님의 천사들보다 높여 주시겠다고 했다. 여기에 다윗에게 약속한 바가 영원히 변하지 않을 것이 내포되어 있다. 이 부분에서 "영원히"라는 단어가 4번이나 반복된다(28, 29, 36, 37절). 28절은 "영원히 내가 그에게 내 사랑을 지키며 나의 언약이 그에게 견고하게 되리라"고 한다. 여기서의 사랑은 언약에 입각한 변함없는 사랑을 말한다.

후반부의 "견고하게 된다"('네에메네트')라는 단어는 앞에서 반복된 "진실"('에무나')과 같은 어원('아만')을 가지고 있다. 여기서 '**아만**'은 "확고히 하다, 혹은 보장하다"라는 뜻이 있다. 따라서 다윗 언약이 "견고하게 되는 것"은 여호와의 진실하심 때문이다. 37절에서도 시인은 "달과 같이 그것이 영원히 세워지리라, 창공의 진실한('네에만') 증인[같이]"라고 찬양한다. 28-29절과 36-37절은 수미 상관을 이루고 있다.

    A <u>영원히</u> 내가 그에게 내 사랑을 지키며
    28절)나의 언약이 그에게 <u>견고하게 되리라</u>
      B 내가 세우리라 <u>영원히 그의 후손을</u>
        (29절).<u>그의 보좌를</u> 하늘의 날들처럼(29절)
      B' <u>그의 후손이 영원히</u> 있으리라
        (36절)<u>그의 보좌도</u> 내 앞의 해와 같이
    A' 달과 같이 그것이 영원히 <u>세워지리라</u>
        (37절)창공의 신실한 증인[같이] 셀라.

29절과 30절은 거의 동일하게 하나님께서 "그의 후손과 그의 보좌"를 영원히 세우신다는 내용이 반복된다. 28절과 37절에서도 "영원히"가 반복되며 "견고하게 되리라"('네에메네트')와 "세워지리라"('네에만')는 둘 다 히브리어 원형이 '아만'(확고하게 하다)에서 나왔다는 점에서 평행을 이룬다.

36b절의 "해"와 37절의 "달"은 여호와의 진실한 증인이다. 이는 마치 모세가 신명기를 마치면서 하늘과 땅을 불러서 그 증인으로 삼은 것과 같다(신 30:19; 31:28; 32:1). 본문은 해와 달이 영원하는 한 하나님의 언약도 영원할 것이라고 한다.

29절과 36절에 약속한 것은 다윗의 후손과 그의 보좌가 영원할 것이라는 것이다. 이것은 다윗의 왕조가 계속해서 이어진다는 것을 의미한다. 다윗에게 베푸신 여호와의 진실한 사랑은 여호와의 공의도 뛰어넘는다(참고.

삼하 7:14-16). 비록 다윗의 후손들이 범죄하여 하나님이 그들을 징계하실 지라도, 결코 그의 진실한 사랑을 그들에게서 떠나지 않게 하시겠다고 한다. 31절과 34절에서 같은 단어를 사용하여 그들의 배신과 여호와의 사랑을 대조한다.

> **31** 만일 그들이 나의 율례들을 파하며 ….
> **34** 그러나 나의 언약을 파하지 아니하며 ….

다윗의 후손들이 여호와의 율례들을 파할 지라도 하나님은 결코 다윗 언약을 파하지 않겠다고 약속한다.
그 이유는 무엇인가?
여호와의 진실하심 때문이다. 33b절은 "거짓으로 대하지 않으리라 나의 진실을 인하여"라고 한다. 진실과 거짓은 상반된다. 여호와는 진실하시기에 다윗에게 말씀하신 것을 바꾸지 않으시며(34절), 그에게 거짓말을 하지 않으신다(35절).
B' 다윗 언약의 파기(38-45절)에서 시인이 여호와께서 다윗 언약을 파기하신 것을 애통하며 부르짖는다.

> **38** 그러나 당신 자신이 버리고 거부하고 당신이 노하였나이다 당신의 기름 부음 받은 자를.
> **39** 당신이 당신의 종의 언약을 부인하고 그의 왕관을 더럽혔나이다 땅으로[던져서].

앞에서 여호와께서 그의 사랑을 다윗에게서 떠나지 않게 하며(33절) 그의 언약을 파하지 않겠다고 맹세하셨는데(34절) 시인은 여호와께서 이를 어겼기에, 다윗의 왕권이 땅바닥으로 추락한 것을 지적한다. 또 앞에서 여호와께서 대적들이 결코 택하신 자를 괴롭히지 못하도록 하시겠다고 했는데(22-23절) 왕의 성벽과 성채들이 파괴되어, 지나가는 모든 자로 약탈을 당하게 하셨다고 탄식한다(40-41절).

25절에서 여호와가 택한 자의 손을 바다위에, 그의 오른손을 강들위에 세우신다고 하셨는데, 오히려 대적들의 오른손을 그가 높이셨다(42절). 왕의 보좌를 하늘의 날들처럼 영원히 견고하게 하시겠다고 했는데(29, 36절), 그의 보좌는 땅 밑으로 추락했고 왕들은 영광이 아니라 수치로 가득하게 되었다. 이 시편은 아마도 예루살렘의 멸망 후에 기록되거나 첨가되었을 것이다.

다윗 왕국이 몰락했고 왕조가 끊겨졌을 때, 신실한 하나님의 백성들은 얼마나 낙심했을까?

그들은 다윗에게 주신 영원한 언약을 기억하고 있었는데(삼하 7:14-16), 이 언약이 파기된 것을 어떻게 이해할 수 있겠는가?

그들의 혼란스럽고 애통한 심정이 이 부분에 잘 표현되어 있다. 이런 시인의 애통이 다음의 기도로 승화된다.

A' 다윗과 백성을 향한 하나님의 신실한 사랑이 회복되길 간구(46-52절)이다. 시인에게 있어 다윗 언약이 파기된 사실은 단순히 이스라엘 땅에 일어난 재난이 아닌 창조의 질서가 파괴된 우주적 재난으로 이해한다. 47b절은 "어찌하여 허무하게 당신은 모든 사람의 아들들을 창조하셨나이까?"라고 애통한다. 또 46절은 "얼마나 오래 오 여호와여! 당신이 스스로 영원히 숨기시리이까? 당신의 분노를 불과 같이 내리시리이까?"라고 부르짖는다. 시인은 이 혼돈과 무질서가 여호와가 그 얼굴을 감추시는 것으로 이해한다. 왜냐하면, 그 얼굴 앞에는 은총이 있기 때문이다(15절). 그리고 여호와께서 그의 백성에게 불과 같이 진노하고 계시는 시기로 이해한다. 그리고 그 분노가 하루 이틀에 끝날 것이 아니라 영원히 계속될 것 같이 보였다. 이런 점에서 이사야 51:9-10(참고. 시 89:8-9)의 기도와 유사하다.

> 여호와의 팔이여 깨소서 깨소서 능력을 베푸소서 옛날 옛 시대에 깨신 것같이 하소서. 라합을 저미시고 바다 괴물을 찌르신 이가 어찌 주가 아니시며 바다를 넓고

깊은 물을 말리시고 바다 깊은 곳에 길을 내어 구속받은 자들을 건너게 하신 이가 어찌 주가 아니시니이까(사 51:9-10).

시인은 자신과 인생이 일시적 존재임을 기억해 달라고 했다. 이 말은 자신의 평생에 이러한 혼란과 무질서 가운데 살다가 여호와의 구원을 보지 못하고 죽을 수 있다는 것이다. 다음으로 그는 하나님의 백성과 기름부음 받은 자들이 원수들로부터 비방을 받고 있다는 것을 기억해 달라고 했다. 전에는 여호와의 진실한 사랑으로 말미암아 백성과 기름부음 받은 자가 즐거움을 누리고 영광을 얻었다(17, 24절). 그런데 이제는 원수들과 주변의 모든 나라들로부터 비방과 수치를 당하고 있다. 그래서 여호와께서 일어나사 원수들에게 복수하고 그 백성은 회복해 주실 것을 간구한다. 이 기도의 절정은 49절이다.

이전의 당신의 사랑들이 어디에 있나이까? 오, 주여! 당신께서 다윗에게 당신의 진실로써 맹세하셨나이다(시 89:49).

사랑이 복수로 나온 구절은 이 구절과 1절 뿐이다. "사랑들"이란 여호와의 사랑으로 행하신 일들을 말한다. 여기서 창조와 홍수 혹은 출애굽과 다윗 언약을 주신 것들이다. 다윗 언약은 여호와가 진실하심으로 맹세하신 것이다. 시인의 간절한 소망은 하나님의 진실한 사랑이 다윗 언약을 회복해 주시는 것이다.

시인은 다윗 왕조가 끊겼고 백성들이 약탈과 비방과 수치 가운데 있을 때, 하나님께서 과거에 행하신 능하신 일들과 그의 능력과 의와 사랑과 진실을 묵상하였다. 하나님께서 진실과 사랑으로 다윗과 언약을 체결하시고 그 언약으로 말미암아 진실과 사랑이 그 후손들에게 떠나지 않을 것이라고 약속하셨다. 암흑과 같은 시기에 시인은 다시 한번 간절하게 다윗 언약을 회복시켜 주시길 간구한다. 아마도 시인은 이 언약이 성취되는 것을 보지 못했을 것이다.

그러나 우리는 다윗의 후손 예수를 통해 다윗 언약이 계속 성취되는 것을 본다(마 1:1). 예수가 하나님의 아들이요 기름부음 받은 자, 곧 메시아다. 그로 말미암아 원수들이 무너졌으며(눅 10:18-20) 하나님의 나라가 이 땅에 임하였다. 그런데 우리가 기억해야 할 일은 예수께서도 이 땅에서 조롱과 비방 당하시고 심문받고 고난받으시며 결국 십자가에서 죽으셨다는 것이다.

우리는 이를 통해 메시아는 고난을 통하여 영광을 받으셨다는 것을 배워야 한다. 우리가 예수 이름으로 인하여 세상에서 비방을 받고 사회에서 쫓겨날 때, 이것을 애통하면서 기도하되 어떤 순간에도 믿음을 잃지 말자. 왜냐하면, 우리에게 주신 언약들을 인하여 하나님은 우리를 진실하게, 변함없이, 영원히 사랑하시기 때문이다.

3. 시편 제4권과 연관성

시편 89편은 외관상 다윗의 언약이 파기된 것에 대한 애통으로 끝난다. 시편 제4권은 다윗 언약의 파기에 대한 신학적 해답을 찾는다. 성전이 파괴되고 나라가 없어지고 이스라엘 백성은 이방 나라에 포로된 상태에서 그들은 그들의 과거 역사를 돌이켜 본다. 그 가운데 모세를 통해 율법으로 말미암아 이스라엘 백성이 탄생된 것을 기억한다.

그들은 하나님이 능력없기 때문이 아니라 그들 자신이 언약에 대한 신실함을 버리고 율법을 어겼기 때문에 그 모든 재앙이 일어난 것을 깨닫는다. 창조와 역사 가운데 하나님의 기이한 행사들을 기억하여 하나님의 왕 되심을 다시 찬양한다. 그리고 하나님의 언약을 인한 진실한 사랑으로 인하여 궁극적으로 구원과 승리를 얻을 것을 소망한다.

제2장

시편 90편
인생의 덧없음과 슬픔과 고통에 대한 탄식과 기도

> 하나님의 사람[1] 모세의 기도
> 1 주여! 당신은 우리의 거처가 되어 왔나이다 대대로.
> 2 산들이 생겨나기 전에, 당신이 땅과 세계를 조성하기 전에 영원부터 영원까지 당신은 하나님이시나이다.
> 3 당신이 사람을 티끌[2]로 돌아가게 하시고 말씀하시나이다. "돌아가라 사람의 아들들아!"
> 4 진실로 당신의 눈에는 천년이 지나간 전 날과 밤의 한 경점[3] 같나이다.
> 5 당신이 그들을 잠으로[4] 쓸어가시나이다. 그들은 아침에 새로 돋는 풀과 같나이다.

---

1 "하나님의 사람"이란 하나의 명칭으로 구약에서 모세(신 33:1; 수 14:6; 대상 23:14; 스 3:2; 대하 30:16)와 사무엘(삼상 9:6), 다윗(느 12:36) 그리고 선지자 스마야(대하 11:2) 같은 사람들을 이렇게 불렀다.

2 참고. 창 3:19

3 전 날과 밤의 한 경점은 평행을 이룬다. 먼저 "날"(혹은 낮)과 "밤"은 서로 대조를 이룬다. 또한, "전"은 히브리어로 '에트몰'이고 경점은 '앗무라'인데. 이 단어들이 음성학적 평행을 이룬다. 고대 이스라엘의 밤의 한 경점은 오후 6시부터 오전 6시까지 시간을 세 번 나눈 4시간의 단위를 말한다. 따라서 한 경점은 6-10시, 10-2시, 2시-오전 6시를 말한다.

4 "잠으로"에서 잠은 죽음의 완곡 어법이다. 따라서 이 구절은 "죽음으로 쓸어가신다"라는 의미이다. 시 76:5-6의 잠이 죽음을 표현한 것을 기억하라(참고. NET 노트).

6 아침에 그것은[5] 새로 돋아 자라다가 저녁에 꺾여 마르나이다.

7 진실로 우리는 소멸하며 당신의 노에 당신의 분에 우리는 놀라나이다.

8 당신은 우리의 죄악들을 당신 앞에 우리의 비밀을 당신의 얼굴 빛 가운데 두셨나이다.

9 우리의 모든 날은 당신의 화냄 중에 지나가며 우리의 모든 연수는 한숨[6] 같이 마치나이다.

10 우리의 연수들은 (그들 안에) 칠십이요, 강건하면 팔십이나. 그들의 자랑[7]은 수고와 슬픔 뿐이나이다. 이는 그것이 신속히 지나고[8] 우리는 날아감이니이다.

11 누가 당신의 노의 능력과 당신께 합당한 두려움을 따라 당신의 화냄을 알리이까?[9]

12 우리날 계수함을 그러므로 가르치사 우리로 지혜의 마음을 얻게 하소서.

13 돌아오소서 오 여호와여! 언제까지이나이까? 당신의 종들을 불쌍히 여기소서.

14 우리를 만족하게 하소서 아침에[10] 당신의 사랑으로 우리로 기뻐 외치며 즐겁게 하소서 우리의 평생에

15 우리로 즐거워하게 하소서 우리에게 고통하게 하신 날들을 따라 우리가 재앙을 경험한 연수들을 따라

---

5 여기서 "그것은" 앞 절의 꽃을 말한다.
6 한숨은 달리 "신음"으로 번역할 수 있다. *BHS* 편집자들은 "한숨같이"를 "고통 혹은 슬픔 가운데"로 읽을 것을 제안한다.
7 *BHS*는 여러 사본에서 "자랑"이 "많음"으로 기록되었다는 것을 전한다.
8 칠십인역(LXX)에서 "지나고"를 약간 교정하여 "사라지고, 끊어지고"라고 번역했다.
9 이 구절은 "하나님은 두렵고 우리가 마땅히 두려워해야 한다. 그런데 그가 두려운 만큼이나 그의 진노도 두렵다"는 것을 의미한다.
10 밤은 어둡고 춥고 혼란스럽고 고통스러우며 상념으로 잠 못 이루며 아침을 기다린다. 마치 밤에는 어둠의 세력이 지배하는 느낌이다. 그러나 아침에는 빛이 들어오고 따스하며 그 때에 몸은 회복되고 새로운 희망에 사로 잡히며 재생과 부활을 경험한다. 또한, "이스라엘의 역사상 하나님은 아침에 적들을 물리치고 구원을 하셨다(출 14:27; 왕하 19:25; 사 37:36; 비교. 수 10:9-11; 삿 6:28: WBC). 그래서 시인은 아침에 여호와의 응답과 도움을 기대한다"(비교. 시 5:4; 30:5; 46:5; 59:16; 143:8: WBC).

> 16 나타내소서 당신의 종들에게 당신의 행사를 당신의 영광을 그들의 아들들에게[11]
> 17 우리 하나님 주의 은총[12]이 우리에게 임하게 하시며 우리 손의 일을 우리에게 견고하게 하소서[13] 우리 손의 일, 그것을 견고하게 하소서.

1. 시편 90편의 구조

    A (1-2절) 주는 우리의 영원한 거처이신 하나님
      B (3-6절) 우리는 덧없는 인생
        C (7-10절) 우리는 주의 진노 아래 있는 존재
        C' (11-12절) 주의 진노 아래서 우리의 반응: 지혜를 얻어야
      B' (13-15절) 우리에게 기쁨도 주시길
    A' (16-17절) 주는 우리의 영원한 거처이신 하나님.

2. 해석

여기서 시인은 인생의 덧없음을 한탄하고, 그럼에도 인생이 하나님의 진노 가운데 살아가는 것을 애통해 한다. 동시에 하나님께 지혜를 구하고 하나님의 능력과 기이한 일을 새롭게 깨닫게 해주실 것과 하는 일에 축복해 주실 것을 구한다.

---

[11] 칠십인역에서 "보소서 당신의 종들과 당신의 행사들을! 인도하소서 그들의 아들들을!"이라 되어 있다.
[12] 은총은 기쁨으로도 번역된다.
[13] "우리 손의 일을 견고하게 하소서"라는 것은 우리가 해왔던 일을 성공적으로 완수하게 해 달라는 것이다.

1) 시인의 찬양(1-2절)

시인은 대대로 주께서 하나님의 백성의 거처가 되셨다고 찬양한다. 거처라는 것은 야생 동물의 굴이나 피난처와 같이 안전한 곳을 의미한다. 2절에 주는 세상을 창조하기 이전부터 영원부터 영원까지 그들의 하나님이셨다. 오직 주가 창조주요 유일한 하나님이셨다는 것이다. 1-2절은 이처럼 영원하신 하나님을 찬양한다. 그런데 그 이면에는 인간이 영원함을 유지할 수 있는 근거는 오직 그 하나님과 함께 하는 것이라는 인식이 내재되어 있다.

2) 시인의 탄식(3-10절)

시인은 여기서 영원하신 하나님에 비하여 너무도 덧없는 인생을 탄식한다. 3절에 보면 사람들은 티끌에서 나와서 티끌로 돌아가게 되어 있다. 더구나 그들은 하나님의 심판 아래 놓여 있다. 창세기 3:19에 하나님은 범죄한 아담에게 "너는 흙이니 흙으로 돌아갈 것이니라"고 하셨다. 다음 구절은 하나님의 영원하심과 인간의 덧없음을 다시 비교한다. 하나님에게는 천 년이 어제처럼 지나가며, 밤의 한 경점으로 기껏해야 4시간 정도일 따름이다.
그렇다면 그 하나님께 인생의 길이는 어떠한가?
아침에 태어났나 싶었는데, 잠자는 동안에 죽음으로 쓸어가 버리신다. 인생은 마치 아침에 피었다가 저녁에 지는 들풀과 같이 덧없는 존재다. 또 9b절에서 우리의 모든 해는 한숨같이 마친다고 했고 10b절에서 이것들이 속히 지나가고 우리는 날아가는 것 같다고 했다.
이렇듯 인생이 덧없는 것도 서러운데, 하나님의 진노 아래서 살고 있다는 것이다. 그래서 인생의 연수들이 칠십이요 강건하면 팔십이나 그들의 자랑은 수고와 슬픔 뿐이라고 했다. 시인은 인생이 이러한 비참한 상태에

빠지게 된 원인을 인간의 죄에서 찾고 있다. 하나님의 불꽃 같은 눈 앞에 우리의 죄는 밝히 드러나고 숨길 수가 없으며 반드시 대가를 치러야 한다.

3) 시인의 간구(11-17절)

이러한 상황에서 시인은 먼저 지혜를 얻게 해달라고 간구한다(11-12절). 여기서 지혜는 인생이 덧없이 짧다는 것과 그것도 죄로 인하여 하나님의 진노 아래 있다는 것을 깨닫는 것이다. 하나님은 마땅히 두려워해야 할 분이다. 잠언에서 하나님을 두려워하는 것이 지식의 근본이라고 했다(잠 1:7). 죄 없는 천사들까지도 하나님을 두려워하는데, 죄 있는 인간은 더욱 하나님의 진노를 두려워해야 한다. 그리고 인생이 들풀과 같이 짧다는 사실을 아는 것이 지혜다.

다음으로 시인은 하나님의 백성이 고통당하고 재앙을 겪었던 기간대로 기쁨을 주셔서 보상해 달라고 간구한다(13-15절). 그런데 하나님께 돌아와 달라고 호소하는 것은 여호와의 얼굴 빛 아래 거하는 것이 그의 은총을 누리고 기쁨을 얻는 비결이기 때문이다(시 89:14-16).

마지막으로 시인은 영원하신 하나님과의 교제를 구한다. 시인은 하나님의 종들에게 여호와의 행사를 나타내주며, 그들의 후손들에게 여호와의 영광을 보여 달라고 한다. 이를 통해 그 백성이 대대로 여호와와 함께 하길 원하는 것이다. 모세가 지도하던 시대에 광야에서 40년 동안 고난을 받은 것도 그들의 죄 때문이었다.

하지만 하나님은 광야에서 그들과 함께 동행하셨다. 마찬가지로 우리 역시 이 땅에서 죄로 인하여 고난을 받지만, 겸손히 주님과 동행하면 그 안에서 안식을 누릴 수 있다. 그는 마지막으로 17절에서 인생이 짧은 동안 고통과 수고를 통해 이룩한 일들이 헛되이 돌아가지 않고 보존되길 간구한다. 아마도 모세는 그가 세운 이스라엘 나라와 율법과 성막 제도와 같은 것들이 사라지지 않기를 소망했을 것이다.

이 시는 외관상 기도 형식으로 되어 있지만, 인생이 자신 삶의 덧없음과 죄로 인하여 고난 가운데 있음을 깨닫는 것이 지혜라는 것을 가르쳐 준다. 인생이 영원하신 하나님과 함께 하는 것만이 그의 유일한 해결책인 것을 보여 준다(1, 13절). 그럴 때 그의 기쁨이 회복되고(14-15절), 후손들도 하나님과 동행하여 복을 누리고(16절), 그가 이 세상에서 행한 일들이 영원히 보존된다(17절).

3. 주변 시들과의 관계

1) 89편과의 관계

시편 89과 90편 모두 공동체 애통을 노래한다. 89편에서 주로 다윗 언약 파기를 애통해 했다면 시편 90편에서 보편적 인생의 덧없음과 고통에 대해서 탄식했다. 시편 89편에서 하나님께서 진실한 사랑으로 다윗에게 맹세하신 언약이 파기되었다. 나라도 멸망했고 왕조는 사라져 버렸다. 그래서 시편 제4권에서 모세 언약과 아브라함 언약에 더욱 의존한다. 4권의 첫 번째 시에서 이스라엘 백성은 모세의 기도를 통하여 그들에 대한 하나님의 사랑이 계속될 것을 소망한다(13-17절). 모세는 과거에 이스라엘 백성을 위하여 하나님께 기도하여 하나님의 응답을 받은 자였다 (출 32:11-14).[14]

---

14 하젤 불록, 『시편총론』, 87-88.

2) 91편과의 관계

시편 90편과 91편은 하나의 쌍과 같은 시다. 시편 90편에서 인생의 짧음과 죄로 인한 고통을 슬퍼하며 부르짖었다. 시편 91편은 같은 인생이라도 고난과 재앙이 있지만 여호와가 보호해 주심을 감사하며(1-13절), 여호와는 친히 그의 음성으로 시인의 감사에 화답한다(14-16절).

그런데 이 하나님의 응답을 자세히 살펴보면 시편 91편 앞 절에 대한 응답이기도 하지만, 시편 90편에 모세의 기도에 대한 응답인 것을 볼 수가 있다. 하나님은 그를 사랑하는 자와 그를 아는 자 곧 두려워 섬기는 자를 구하시고 높이신다(14절). 하나님은 여호와께서 돌아와 함께 해달라고 간구하는 자에게(13절) 응답하시며 환난 날에 함께 해주시겠다고 약속한다. 하나님은 인생이 짧고 그것도 수고와 고통으로 가득한 것을 탄식하며 일생에 즐거움도 달라고 간구하는 자에게(10, 14-15절) 장수하게 함으로 만족하게 해주실 것이라고 응답하신다.

제3장

시편 91편[1]
주는 우리의 보호자

> 1 지극히 높으신 자의 은밀한 곳에 거하는 자는 전능하신 자의 그늘 아래 거하리로다.[2]
> 2 내가 여호와께 말하리라. "[당신은] 나의 피난처, 나의 요새, 내가 의뢰할 나의 하나님이시도다."
> 3 이는 그가 너를 새 사냥꾼의 올무에서와 위험한[3] 전염병에서 건지실 것임이로다.
> 4 그의 깃으로 그가 너를 숨기시며, 그의 날개 아래로 네가 피하리로다.[4] 그의 진실함이 방패와 손 방패가 되리로다.[5]
> 5 너는 두려워 아니하리로다 밤의 공포[6]나 낮에 날으는 화살이나

---

1 시 91편에 대해, 칠십인역(LXX)은 "다윗의 찬양의 노래"라는 표제가 있다.
2 지극히 높으신 자('**엘룐**')과 거하리로다('**이트로난**'), 은밀한 곳('**베셀테르**')과 그늘아래('**베쩰**'), 거하는 자('**요쉡**')와 전능자('**솨다이**') 사이에 음성학적 평행이 나타나 있다. 시리아역에서 "거하리로다"를 "승리하리라"고 기록한다.
3 혹은 "파멸시키는"으로 번역할 수 있다.
4 "그가 너를 숨기시며"와 "네가 피하리로다" 사이에 목적격(너)가 주격(네)로 바뀌었다. 평행법의 격변화를 보여 준다.
5 *BHS* 편집자는 "그의 진실함이 방패와 손 방패가 되리로다"라는 구절이 여기에 첨가되었다고 본다. 또한, 7절 다음 이 구절을 첨가하여 읽을 것을 제안한다. 여기서 "손방패"(BDB, 695)로 번역된 단어를 *HALOT*(750)에서 "성벽"으로 본다.
6 밤의 공포란 대적들이 밤에 몰래 쳐들어 왔을 때를 말한다. 이 절의 "화살"과 "다 칼을 잡고 싸움에 익숙한 사람들이 밤의 공포로 말미암아 각기 허리에 칼을 찼느니라"

6 흑암에 거니는 전염병[7]이나 정오에 황폐시키는 파멸을 이것이 네게 가까이 못하리로다.

7 천 명이 네 곁에서 만 명이 네 우편에서 쓰러지나 이것이 네게 가까이 못하리로다.

8 오직 네 눈으로 네가 바라보며 악인들의 보응을 네가 보리로다.

9 이는 네가 여호와 나의 피난처를,[8] 지극히 높으신 자를 너의 거처로 삼았음이로다.

10 재앙이 네게 생겨나지 않으며 질병이 네 장막에 다가오지 못하리라.

11 이는 그가 너를 위해 천사들을 명하여 네 모든 길에서 너를 지키게 하심이로다.

12 [그들의] 손들로 그들이 너를 들어 올려 네 발이 돌에 걸리지 않게 하리로다.

13 네가 사자와 독사를 밟으며 젊은 사자와 큰 뱀[9]을 짓밟으리로다.

14 이는 그가 나를 사랑하기에 내가 그를 안전한 곳으로 인도하리라 내가 그를 높은 곳에 두리라 이는 그가 내 이름을 알기에

15 그가 나를 부르고 내가 그에게 응답하리라 내가 고난 중에 그와 함께 있을 것이며 그를 건지고 영화롭게 하리라.

16 내가 장수함으로 그를 만족케 하며 나의 구원을 그에게 보이리라.

(약 3:8)가 이러한 해석에 단서를 제공한다.

7 "전염병"은 히브리어로 '**데벨**'(영어의 '데빌'[devil]과 유사)이고 "파멸"은 '**케텝**'인데 유대 학자 라쉬는 이 둘이 마귀의 두 이름이라고 한다. "파멸"은 원래 "찌르는 것"이라는 뜻이 있으며 어떤 질병을 말한다. 칠십인역에서 "악령"으로 번역한다.

8 BHS 편집자는 "이는 네가 여호와를 너의 피난처로"라고 읽을 것을 제안한다. 그러나 본문 역시 그렇게 어색하지 않으며 오히려 2절에 시인이 여호와를 자신의 피난처로 고백했기 때문에 여기 반복하는 것이 더 어울려 보인다. 칠십인역에서 "이는 당신은 오, 여호와여! 나의 소망이라…"고 기록한다.

9 큰 뱀의 원래 이 히브리어 단어는 '**탄닌**'으로 보통은 고대 근동에서 창조의 신에 대항했던 악과 혼돈의 상징인 "바다 괴물"로 본다(사 51:9). 하지만 앞의 "독사"와 평행을 이루기에 큰 뱀으로 번역했다. 앞의 독사는 코브라같은 뱀이요 뒤의 뱀은 아나콘다와 같이 크게는 20m가까이 되는 거대한 뱀을 말한다. 신 32:33에서도 여기와 같이 독사와 큰 뱀이 함께 나와 있다.

1. 시편 91편의 구조

   1) 시인의 고백(1-13절)
      A (1-2절) 여호와는 우리 거처와 피난처
         B (3절) 재앙으로부터 보호하심
            C (4절) 여호와가 그의 날개로 보호하심
               D (5-8절) 재앙의 종류들
      A' (9절) 여호와는 우리 피난처와 거처
         B' (10절) 재앙으로부터 보호하심
            C' (11-12절) 여호와가 그의 천사들을 보내 보호함
               D' (13절) 재앙의 종류들
   2) (14-16절) 여호와의 응답: 나의 구원을 보리라.

2. 해석

   이 시편은 크게 시인의 고백(1-13절)과 여호와의 응답(14-16절)으로 구성되어 있다. 시인이 고백하는 것은 세상에 재앙이 많으나 여호와를 의지하는 자는 여호와께서 그 모든 재앙에서 건져 주신다는 것이다.
   A(1-2절)와 A'(9절)는 여호와가 우리의 거처와 피난처가 되신다고 찬양한다. 1a절에 "지극히 높으신 자의 은밀한 곳에 거한다"고 했는데 은밀한 곳은 동물의 굴과 같은 곳을 말하며 피난처와 안식처를 말한다. 1b절에 "전능자의 그늘에 거한다"고 했는데 그늘은 바위의 그늘이나 그 다음 구절의 여호와의 날개 그늘과 같이 재앙이 찾아올 때, 보호를 받을 수 있는 곳을 의미한다. 2절에 보다 직접적으로 여호와께 "당신은 나의 피난처, 나의 요새, 내가 의뢰할 하나님"이라고 고백한다. 여호와께서 모든 재앙에서 보호해 주시기에 시인이 그를 의지할 수 있다고 말한다. 9절은 시인이

하나님의 백성에게 권고하는 방식으로 기록하였으나 그 내용은 1-2절과 같이 여호와가 우리의 피난처와 거처가 된다는 것이다.

B(3절)와 B'(10절)는 모두 여호와께서 재앙으로부터 보호하실 것을 말한다. 3절의 사냥꾼의 올무에서 건지신다는 것은 우리를 새와 유비시켜, 하나님께서 인생의 위기와 재앙에서 구하신다는 것이다. 그 올무 중에는 3b절의 전염병이나 10절의 질병도 포함된다고 볼 수 있다.

C(4절)와 C'(11-12절)에서 여호와가 우리를 보호하는 방법을 기록한다. 4절은 여호와가 마치 암탉이 날개 아래 그 새끼들을 보호하듯이 우리를 보호한다고 한다. 그런데 11-12절에서 여호와가 천사들을 통해 우리의 모든 길에서 우리를 지켜 넘어지지 않게 해준다고 한다.

D(5-8절)와 D'(13절)에서 재앙의 구체적 종류들을 언급한다. 5절은 전쟁과 테러를 말한다. 8절이 악인들의 보응을 말하는데 5절과 연관하면 이 악인들이 의인들을 밤낮으로 공격한다는 것이다. 6-7절은 전염병과 질병에 대해 말했다. 7절에서 "천 명이 네 곁에서 만 명이 네 우편에서 쓰러지나, 이것이 네게 가까이 못하리로다"라고 하는데 "이것"은 바로 전염병과 질병을 말한다. 다음으로 13절에 사자와 독사와 큰 뱀에서 승리하게 해주겠다고 했다. 고대 사람들에게 대적들의 공격과 전염병과 야생 동물들의 공격은 큰 재앙이었다. 그래서 율법에서 하나님의 말씀에 불순종하면 이 세 가지 재앙을 하나님이 보내시겠다고 경고하였다(예를 들어 레 26:16-17은 전염병과 대적에 관해 그리고 레 16:22은 야생 동물에 대해 경고한다).

오늘 우리에게 야생 동물의 위험은 미미하나, 우리에게도 자동차 사고, 기상 이변에 의한 재난, 전염병, 메뚜기 재앙, 폭탄 테러, 화산 폭발, 기근, 지진등 여러 가지 재앙이 있다. 2020년에 들어 발생한 코로나19 바이러스는 전세계 거의 모든 나라에서 수많은 사상자를 냈다. 그러나 우리는 이 말씀을 통하여 이 재앙이 하나님의 백성을 겨냥한 것이 아니라 우상숭배자들과 이단과 창조의 질서를 어긴 죄인들이 주된 타격의 대상이라는 것이다. 하나님을 진실로 사랑하고 그에게 피한 자들은 이 모든 것에서 하나님께서 보호해 주시겠다고 약속하신다.

시의 두 번째 부분(시 91:14-16)의 주어는 1인칭 "나"로 여호와께서 시인의 고백에 대하여 직접 응답하신다. 14절에서 하나님께서 어떤 사람을 구하시고 높이시는가에 대해 언급한다. 곧 하나님을 사랑하고 그의 이름을 아는 사람을 구한다고 했다. 바로 2절에서 여호와가 그의 피난처, 그의 요새, 그가 의뢰할 분이라는 것을 아는 사람을 말한다.

그런데 15절에서 그가 하나님을 사랑하고 안다고 저절로 구원하시는 것이 아니라 하나님께 구원을 위해 기도해야할 필요성을 가르쳐 주신다. 끝으로 8절에서 시인이 "악인들의 보응을 네가 보리라"고 했는데, 16절에서 하나님이 "나의 구원을 그에게 보여 주리라"고 응답한다. 이를 통해 하나님의 백성이 악인들의 보응을 볼 수 있는 이유는 하나님께서 그의 원수들에게 보응하고, 이것을 그의 백성에게 보여 주시기 때문인 것을 알 수 있다.[10]

---

10 시편 91편의 "주변 시들과의 관계"는 시편 90편과 92편 해석을 참고하라.

제4장

시편 92편
높이 계신 여호와를 찬양

> **시, 안식일을 위한 노래**[1]
> 1 여호와께 감사하며 당신의 이름을 찬양하며, 오 지극히 높으신 자여!
> 2 당신의 사랑을 아침에, 당신의 신실함[2]을 밤[3]에, 선언함이 좋으니이다.
> 3 십현금과 하프[4]와 수금의 울리는 음악으로.
> 4 이는, 오 여호와여, 당신의 행한 일로 나를 즐겁게 하셨음이니이다. 당신의 손들의 행사들[5]을 인하여 내가 기뻐 외치리이다.
> 5 당신의 행사들이 얼마나 위대한지요, 여호와여! 당신의 생각들은 심히 깊으니이다.
> 6 지각 없는 사람은 알지 못하며 미련한 자도 이를 깨닫지 못하리이다.

---

1 히브리어 본문이 이런 표제를 달고 있다. 이는 포로 이후 하나님의 백성들이 안식일에 이 시를 예식에 사용했음을 보여 준다.
2 여기서 사랑과 신실함은 단어의 쌍으로 신실한 사랑을 의미한다.
3 계열 관계가 있는 아침과 밤이 서로 나누어져서 통합 관계를 이룬다. "아침과 밤"이 의미하는 바는 계속해서 여호와를 찬양하라는 것이다.
4 하프는 칠십인역(LXX), 시리아역(Syriac Version)에서 나오지 않는다. 이 구절은 여러 악기를 모두 동원하여 여호와를 찬양하라는 의미이다.
5 "당신의 행한 일"과 "당신의 손들의 행사들" 사이에 있는 평행법에 유의하라. 앞에서 "당신"이 "행한 일"을 수식하였으나 뒤에서 "당신의 손들"로 구체화되어 "행사들"을 수식한다. 또한, "행한 일"이라는 단수가 "행사들"이라는 복수로 바뀌었다. 이는 분명 표현의 단출함을 피하고 시적 화려함을 더한 것이다. 평행법을 잘 모르던 과거에는 단수가 복수로 바뀌면 그 중 하나는 필사자의 오류로 여길 때가 있었다. 개역개정 성경이 둘 모두 단수로 표현한 것 역시 히브리시 평행법의 역동성을 모르기 때문이다.

7 악인들은 풀과 같이 돋아나고 모든 죄악을 행하는 자들이 번영하나 영원히 멸망하리이다.

8 당신은 영원히 높은 곳에 계시나이다. 오 여호와여!

9 이는, 보시옵소서 당신의 원수들은 오 여호와여! 이는, 보시옵소서 당신의 원수들은 패망하며, 모든 죄악을 행하는 자들은 각자 흩어질 것임이니이다.

10 그러나 당신은 내 뿔을 들소들[의 뿔]과 같이 높이셨으며[6] 나는 신선한 기름[7]으로 부음받았나이다.

11 내 눈이 내 원수들을 보았사오며, 내 귀가 나를 치러 일어나는 악한 자들에 대해 들었나이다.[8]

12 의인은 종려나무 같이 돋아나며, 레바논의 백향목 같이 자라리로다.

13 여호와의 전에 심기운 자들은 우리 하나님의 궁전에서 돋아나게 하시리라.

14 여전히 그들은 노년에도 열매를 맺으며 기름지고 신선하리로다.

15 "여호와, 나의 반석[9]은 의로우며 그에게는 불의가 없으시도다" 선언함이 [좋으니이다].[10]

---

6 NET가 "뿔을 높이셨다"는 것은 군사적 승리를 얻게 했다는 것이라고 적절하게 설명한다.

7 왕은 "신선한 기름"으로 기름부음을 받아 왕으로 임명된다. 이와 같이 왕은 원수에 대한 승리를 통해 다시 한번 기쁨과 영광으로 기름부음을 받을 것이다. 따라서 여기서 기름은 "기쁨과 영광"을 상징한다. 이사야 61:3에 하나님의 백성들이 회복되어 "그 재를 대신하여 기쁨의 기름을 주고 그 슬픔을 대신하여 찬송의 옷으로 …"라는 구절이 있다.

8 이 구절이 구체적으로 원수에 관해 무엇을 보았는지, 혹은 무엇을 들었는지에 대해 말하지 않지만 9절과 연관해 볼 때 원수의 패망을 보고 악한 자들의 흩어짐에 대해 들었을 것이다.

9 반석의 이미지도 피난처, 요새와 같이 우리가 피할 곳이며 여호와의 보호를 받을 수 있는 곳을 상징한다.

10 "좋으니이다"라는 동사는 히브리어 본문에 없다. 그러나 "선언함"이라는 이상한 단어로 끝난 이 절이 2절과 평행 관계에 있다는 것을 안다면 "좋으니이다"가 여기에 생략되어 있다는 사실을 쉽게 알 수 있다.

1. 시 92편의 구조

　　　A (1-3절) 여호와를 찬양함 (그의 신실한 사랑)
　　　　　B (4-9절) 찬양의 근거
　　　　　　　　　1 (4-5절) 주의 행사
　　　　　　　　　2 (6-7절) 악인의 파멸
　　　　　　C (8절) 높이 계신 여호와
　　　　　B' (10-14절) 찬양의 근거
　　　　　　　　　1' (9-11절) 주의 행사
　　　　　　　　　　　-여호와의 원수와 시인에 대한
　　　　　　　　　2' (12-14절) 의인의 번영
　　　A' (15절) 여호와를 찬양함 (그의 의로우심).

2. 해석

　이 시는 여호와를 "지극히 높으신 자"라고 부르고(1절) "영원히 높은 곳에 계신다"고 찬양한다(8절). 여호와는 높은 곳에 계셔서 세상을 통치하신다. 그는 의인들에게 그의 신실한 사랑을 보여 주시고(2절) 악인들은 공의로 다스리신다(15절). 이 시의 그 외의 부분들은 시인이 여호와를 찬양하는 근거와 이유를 밝히는데 그것은 그가 자신과 악인들에 대한 여호와의 행사를 보고 들었기 때문이다.

　시인은 여호와의 행사들을 보고 크게 기뻐하고 그의 계획을 깨닫고 감탄한다(4-5절). 여호와의 행사들은 여호와의 원수들 곧 악인들과 시인의 원수들은 패망한 것이며, 그 자신은 전쟁에서 승리하여 기쁨과 영광을 회복한 것이다.

다음으로 그는 악인들의 파멸(6-7절)과 의인들의 번영(12-14절)에 대해 대조한다. 6절에서 그는 "지각없는 사람"과 "미련한 자"에 관하여 말했다. 이들은 앞의 5절에 나온 여호와의 행사들과 생각들은 전혀 알지 못한 자들이다.

> 누가 당신의 노의 능력과 당신께 합당한 두려움을 따라 당신의 화냄을 알리이까 (시 90:11).

이들이야 말로 전혀 무지한 자들이다. 이들은 하나님을 모르는 자며 도덕적으로도 무지한 자들이다. 그래서 7절에 있는대로 "악인들"인 것이다. 시편 90:5에 인생을 풀로 비유했는데 여기서는 악인들을 풀로 비유했다. 그들은 풀과 같이 돋아나 번영하는 것처럼 보여도 곧 영원히 멸망하고 만다. 12-14절에서 의인들은 흥미롭게도 여호와의 성전에서 심기운 종려나무나 레바논의 백향목으로 비유했다. 그들은 풀처럼 사라지지 않고 노년에도 여전히 열매를 맺고 기름지고 신선하다.

3. 주변 시들과의 관계

시편 90편은 인생의 덧없음과 그것도 슬픔과 고통으로 가득차 있음을 애통하였다. 그런데 시편 92편은 의인에 대한 여호와의 신실한 사랑을 노래하며 악인들에게 보응하시고 의인들을 번영하게 하시는 것을 감사한다. 다음의 구절들의 유사성이 시편 90편과 92편의 연관성을 더하게 한다. 시편 90:14에 보면 시인은 "아침에 주의 사랑으로 우리를 만족하게" 해달라고 간구한다. 그런데 시편 92:2에는 시인이 "아침에 주의 사랑을 선언함이 좋으니이다"라고 확고히 말한다. 시편 90:16에서 시인은 "주의 행사를 주의 종들에게 나타내" 달라고 기도한다. 시편 92:4에서 마치 이 기도가 응답된 것처럼, 시인은 "오 여호와여, 당신의 행한 일로 나를 즐겁게 하셨음이니이다"라고 고백한다.

시편 90:11은 "누가 주의 노의 능력을 알며 주의 진노를 알리이까?"라고 하는데, 시편 92:6은 "지각 없는 사람은 알지 못하며 미련한 자는 이를 깨닫지 못하리라"고 선언한다. 끝으로 시편 90:11은 "우리의 연수가 칠십이요, 강건하면 팔십이라도 …"라고 탄식하나, 시편 92:14은 의인들은 "여전히 노년에도 열매를 맺"는다고 말한다. 이것들을 살펴볼 때 시편 90편의 인생의 유한함에 대한 애통이 시편 91편에서 여호와에 대한 확신과 찬양으로 전개된 것을 볼 수 있다.

이제 시편 92편과 91편과의 관계를 살펴보면 먼저 여호와의 이름을 동일하게 "지극히 높은 자"라고 부른다(시 91:1, 9; 92:1). 주께서 지극히 높이 계시기 때문에 악인들은 접근할 수 없고, 의인들이 그에게 피할 때에 그가 보호하실 수 있다. 또한, 의인들을 높은 곳에 두실 수 있다(시 91:14). 이러한 의인에 대한 구원과 보호는 시편 92편에서 의인의 번영에 이르게 된다(시 92:12-14).

시편 90-92편의 구조는 다음과 같이 볼 수 있다.

    A (시 90:1-2) 찬양
      B (시 90:3-17) 애가
        C (시 91:1-13) 하나님의 보호
        C' (시 91:14-16) 하나님의 음성
    A' (시 92:1-3) 찬양
      B' (시 92:4-15) 감사.

제5장

시편 93편[1]
여호와의 영원한 다스림을 찬양

> 1 여호와께서 다스리시고 위엄을 입으셨도다.[2] 여호와께서 입으시고, 스스로 능력을 두르셨도다. 진실로 세계가 <u>견고하게 되어</u>[3] 요동치 아니하리로다.
> 2 당신의 보좌는 예로부터 견고케 되었고, 당신은 영원부터 계시나이다.
> 3 조류들[4]이 높였나이다. 여호와여! 조류들이 그 소리를 높였나이다. 조류들이 그 물결[5]을 높이나이다.[6]
> 4 많은 물들의 소리보다도, 바다의 위엄있는 파도[7]보다도, 높이 계신 여호와는 더 위엄이 있으시나이다.

---

1 칠십인역(LXX)에는 "안식일 전날을 위하여. 가나안 땅에 거하였을 때. 다윗의 찬양의 노래"라는 표제가 있다.
2 여호와께서 옷을 입듯이 위엄을 입고 허리띠를 두르듯이 능력을 두르셨다고 했다. 이는 여호와가 위엄과 능력을 갖추고 세상을 통치하신다는 것이다.
3 *BHS* 편집자는 "그가 (세계를) 붙드셔서"라고 읽을 것을 권한다(참고. 시 75:3).
4 조류들은 문자적으로는 "강들"이다. 여기서는 대양의 조류를(currents) 말한다(Holladay).
5 물결은 문자적으로 "깨뜨리는 것, 부서뜨리는 것"으로 4절의 파도와 같다.
6 앞 구절의 동사 "높였다"는 완료형이고 이 구절의 동사 "높이다"는 미완료형이다. 두 구절 사이에 시제가 대조되어 있다. 이를 통해 바다의 끊임없는 위협을 묘사한다.
7 "파도"는 문자적으로는 "부딪치는 것"이다.

> 5 당신의 증거들[8]은 견고하게 세워지고 당신의 집에 거룩함이 적당하니이다.[9]
> 오 여호와여, 영원토록.

1. 시편 93편의 구조

시편 93편 "여호와의 영원한 다스림"을 찬양하고 있다. 이 시는 크게 1-2절과 3-5절의 두 부분으로 나눌 수 있다.

다음의 언어적 유사성을 살펴보라.

    A (1a절) 여호와의 다스림
      B (1b절) 여호와의 위엄
        C (1c절) 세계의 견고함
          D (2a절) 여호와 보좌의 견고함과 영원함
            E (2b절) 여호와의 영원함
    A' (3절) 여호와에 대한 바다의 도전
      B' (4절) 여호와의 위엄
        C' (5a절) 여호와 증거의 견고함
          D' (5b절) 여호와 성전의 거룩함
            E' (5c절) 여호와의 영원함.

---

8 "증거들"은 하나님의 약속이 들어 있는 율법으로 시편 119편에서 "규례들"과 같이 율법을 묘사하는 데 사용되었다. 따라서 여기서의 증거들은 부분으로 전체를 말하는 일종의 제유법으로 율법, 즉 하나님의 언약이 확실하게 증명되었다는 것을 묘사하기 위해 사용되었다.

9 "적당하다"라는 것은 마치 옷이 몸에 잘 어울리는 것과 같은 것을 말한다. 쿰란의 제4동굴에서 나온 시편에서 "거룩함이 당신의 집에 거하나이다", 혹은 "당신의 집을 장식하나이다"라고 되어 있다.

이 시편의 구조는 다음과 같이 제시할 수 있다.

    A (1절) 여호와가 온 세상을 다스리신다
       B (2절) 여호와가 영원히 그의 성소에서 다스리신다
    A' (3-4절) 여호와가 온 세상을 다스리신다
       B' (5절) 여호와가 영원히 그의 성소에서 다스리신다.

2. 해석

이 시편은 여호와의 영원한 다스리심을 찬양한다. 1절에서 여호와는 위엄과 능력으로 통치하시는 분으로 묘사한다. 여호와께서 세계를 다스리기에 세상에 질서가 유지된다. 2절에서 다시 한번 세계가 견고한 이유를 말하고 있는데 그것은 여호와께서 그의 성소 보좌에서 영원히 다스리시기 때문이다. 이러한 면에서 이 시편은 그 주제가 시편 46편과 유사하다.[10]

이제 시인은 바다의 위협에 대하여 주의를 환기시킨다. 고대 근동에서 "얌"(바다)은 신이었으며, 악과 혼돈의 세력의 대표이며, 사람들에게 가장 큰 위협적 존재였다. 그런데 그 바다가 감히 여호와에 대하여 그의 목소리를 높이고 물결로 대항하려는 것이다. 하지만 바다의 파괴력은 결코 여호와께 위협이 되지 못한다. 왜냐하면, 그는 바다보다 힘이 세시며, 바다가 결코 도달할 수 없는 높은 곳에 거하시기 때문이다.

5절은 4-5절에 대한 논리적 귀결이다. 여호와께서 모든 위협을 제거하고 세계를 통치하신 것을 보니 여호와의 언약은 분명한 사실로 확정되었다. 위엄과 능력이 탁월하신 여호와는 세계를 초월하여 계시기 때문에 거룩하신 분이시다. 그가 거룩하시기 때문에 그의 성소 역시 거룩하다. 이것을 시인

---

10   이 시편 93편 마지막의 시편 46편 해석을 참조하라.

은 1절에서 마치 여호와가 위엄과 능력을 옷처럼 입으신 것처럼 그의 성소도 거룩함을 옷 입고 있다고 노래한다(5절). 이러한 이미지는 이사야 6장에서 높이 들린 하늘 성소위에 여호와의 영광이 가득하고 스랍들이 서로 거룩한 여호와를 찬양하는 것을 연상시킨다.

3. 주변 시들과의 관계

칠십인역에서 시편 92편은 안식일을 위한 시편 93편은 안식일 전날을 위한 시편 94편은 주의 4일 째, 즉 목요일을 위한 시라는 표제를 붙이고 있다. 이와 같이 칠십인역은 적어도 신앙 공동체가 이 시들을 매일 연속해서 읽었던 전통을 반영함으로 이 시들이 어떤 연관성이 있다는 사실을 증명해 주고 있다. 이같은 외부적 증거 외에도 시편 92-94편은 하나님의 통치를 다룬 3부작이라고 해도 과언이 아니다.

필자는 시편 90편에서 지금까지 이르는 의미의 연속성을 강조해 왔다. 덧없는 인간에게 거처와 피난처가 되는 하나님은 영원한 분이시요(시 90편), 높은 곳에 계셔서 그 백성을 보호하시는 분이다(시 91-92편). 이러한 하나님의 영원하심과 높이 계심이라는 주제는 시편 93편에서도 계속된다. 특별히 시편 92편에서 하나님께서 하나님의 백성의 뿔은 높이시고 악인들에게는 보응하시는 하나님의 행사들을 시인에게 보여 주셨다.

그러한 하나님의 행사들 체험한 시인은 하나님께서 성소에서 성도들 뿐만 아니라 온 세상을 다스리심을 찬양하고 있는 것이다. 시편 92편과 93편이 동일한 저자의 작품이라는 것은 아니다. 다만 신앙의 공동체가 이 시편들을 의미의 연관성에 의해서 이렇게 배열했다는 것이다. 그리고 그 연관성을 이해할 때 개별 시들의 의미를 보다 분명히 할 수 있다는 것이다.

참고. 시편 46편 하나님은 우리의 안전

1 인도자를 위하여. 알라못[11]에 맞춘 고라 자손의 시, 노래
  하나님은 우리의 피난처시요 능력이시요 환난 중에 늘 계시는 도움이시라.
2 그러므로, 땅이 변화를 보일 때, 산들이 바다 가운데로 움직일 때, 우리가 두려워 아니하리로다.
3 물들로 소리치게 하고, 거품을 일게 할지어다. 산들로 그들의 위엄[12]으로 요동하게 할지어다. 셀라[13]
4 한 강이 있어 그 지류들이 하나님의 성, 곧 지극히 높으신 자가 거룩한 자가 거하시는 거룩한 곳을 기쁘게 하도다.
5 하나님이 그 안에 거하시니, 그 성이 요동하지 아니 하리로다. 하나님이 새벽에 이를 도우시리로다.
6 나라들이 소리치고 왕국들이 움직였더니 그가 그의 소리를 발하시매 땅이 녹았도다.
7 만군의 여호와께서 우리와 함께 계시며, 야곱의 하나님은 우리의 안전이시로다. 셀라
8 와서 여호와의 행사들을 볼지어다. 그가 땅을 황폐하게 하셨도다.
9 그가 땅 끝까지 전쟁을 그치게 하시니 활을 꺾고, 창을 두 동강내며 수레를 불로 태우시는도다.

---

11 "알라못"은 젊은 여인들의 소리나 소년들의 가성을 의미한다.
12 혹은 "솟아오름, 용기"로 번역할 수 있다.
13 "셀라"는 정확히 어떤 표지인지 확실하지는 않은데 다음 세 가지의 가능성이 제시된다. (1) 칠십인역에서 쓰인 헬라어에 의하면 "휴지"나 "간주곡"을 위한 것이거나 목소리나 악기의 음조를 "더 높이는 것"으로 추정할 수 있다. (2) 타르굼이나 제롬 등의 교부들은 "항상 (영원히)"라는 뜻으로 "축도 합창"에 쓰인 것으로 보았다. (3) 또 다른 가능성으로는 기도하거나 경배하기 위하여 "몸을 굽히다"는 것을 의미할 수 있다(WBC, 시편, 91-92).

> 10 가만히 있어 내가 하나님 됨을 알지어다. 내가 나라들 중에 높임을 받으리라. 내가 땅에서 높임을 받으리라.
> 11 만군의 여호와께서 우리와 함께 계시며, 야곱의 하나님은 우리의 안전이시로다. 셀라.

여기서 1-3절은 여호와께서 우주적 혼란 가운데 그 백성과 함께하시기에 그 백성이 안전하다는 것을 말하며, 4-5절은 여호와께서 그 성전에서 다스리고 계심을 말하며, 6-11절은 여호와께서 나라들의 혼란에서 그 백성과 함께하시기에 그 백성이 안전하다는 것을 말한다.

1-2절에서 시인은 하나님이 성도들의 피난처가 되시기에 어떠한 환란에서도 심지어 땅이 요동하고 산이 움직이더라도 결코 두려워하지 아니하리라고 했다. 3절에 보면 물들은 고함치고 거품을 일으키며, 산들로 솟아올라 그들의 위엄을 자랑하고 있다.

그런데 만일 바다와 산이 움직여서 시인을 덮치면 어떻게 할까? 그를 지탱하며 그가 최후에 보류라고 여겼던 것들이 한꺼번에 무너져서 밑바탕을 드러내면 어떻게 할 것인가?

그 때 시인이 하나님 성전을 바라보자 이러한 불안은 사라지고 다시 한 번 확신에 있게 된다. 성전은 하나님께서 주시는 모든 풍요가 흘러나오는 곳이다(4절). 이는 에덴 동산에서 네 강이 흘러 나와 온갖 열매 맺는 나무들을 자라게 했던 것과 같다. 에스겔 47장에서 성소에서 흘러나온 작은 물이 큰 강을 이루어 바다를 소생시키고 땅에 풍요를 가져다 준 것과도 같다.

성전은 하나님이 거하시는 곳이기 때문에 무질서와 혼란이 결코 근접할 수 없으며(5절), 하나님은 그곳에서 우주를 다스리시며 그의 명령을 선포하신다(6절). 그러므로 모든 우주적 혼란과 나라들의 반역 가운데 여호와께서 성소에서 세상을 다스리시니 세상의 질서가 유지된다. 또한, 하나님이 그 백성과 함께 하시니 그들은 안전하다(7절).

제6장

시편 94편[1]
하나님의 공의를 구함

1 보복의 하나님, 오 여호와여! 보복의 하나님, 빛을 발하소서.

2 일어나소서 세상의 심판자여! 교만한 자들에게 행위를 갚아주소서.[2]

3 언제까지 악인들이, 오 여호와여! 언제까지 악인들이 의기양양하리이까?[3]

4 그들이 [말을] 쏟아내며 교만히 말을 하오며 모든 죄악을 행하는 자들이 스스로 자랑하나이다.

5 그들이 주의 백성을, 오 여호와여! 탄압하며 주의 기업을 괴롭히나이다.

6 그들이 과부와 이방인을 죽이며 고아들을 살해하며

7 말하기를, "야[웨][4]가 보지 못하며 야곱의 하나님이 이해하지[5] 못하리라" 하나이다.

8 이해하라,[6] 백성 중에 어리석은 자들아! 오 미련한 자들아! 언제나 너희가 현명해지려느냐?

9 귀를 심으신 자가 듣지 아니하시겠느냐? 눈을 만드신 자가 보지 아니하시겠느냐?

---

1 칠십인역(LXX)에는 "다윗의 시. 주의 넷 쨰날"이라는 표제가 붙어 있다.
2 "행위를 갚아주소서" 다른 말로, "대가를 돌려주소서"로 번역될 수 있다.
3 "의기양양하리이까?"는 "기뻐하리이까?"라고 볼 수 있다.
4 히브리어 본문에는 '야'로 되어 있으나 이는 '야웨'의 준말로 본다.
5 "이해하다"는 다른 말로 "분별하다"라고 번역된다.
6 "이해하다"는 7절에 나온 단어와 같다.

10 나라들을 징계하시는[7] 자가 심판하지 아니하시랴? 사람을 지식으로 가르치시는 자가?[8]

11 여호와께서 사람의 생각들을 아시나라 그들이[9] 허망한 것을.

12 복이 있도다 당신이 징계하시는[10] 자가. 오, 야[웨여]! 당신의 율법[11]으로 가르치시는 자가.

13 당신이 그를 환란가운데 평안하게 하시리라. 구덩이[12]가 악인들을 위하여 파질 때까지.

14 진실로[13] 여호와께서 떠나지 않으시며 그의 백성을, 그의 기업을 버리지 않으시리라.

15 진실로 [그의] 심판[14]은 의[15]로 돌아가고 모든 마음이 정직한 자들이 이를 따르리라.

16 누가 나를 위하여 악인들에게 대항하여 일어나며 누가 나를 위하여 죄악을 행하는 자들에 대항하여 설까?

---

7 "징계하시는"은 "훈계하시는"으로 바꿀 수도 있다.
8 BHS 편집자는 "사람을 가르치는 자가 알지 아니하시랴?" 혹은 " … 지식이 없으시랴?"라고 읽을 것을 제안한다.
9 후반부의 "그들이"(3인칭 남성 복수) 누구인가에 따라 해석이 갈린다. 하나의 가능성은 그들이 앞에 나온 "사람"(남성 단수)을 지시한다고 보는 것이고 또 하나는 "생각들"(여성 복수)이라고 보는 것이다. 어느 경우나 문법적으로 일치하지 않지만 필자는 "생각들이 허망하다"라고 이해한다. 이 경우에 평행된 명사와 대명사 사이에 여성형과 남성형 사이에 대조가 되어 있다.
10 "징계하시는"은 "훈계하시는"으로 바꿀 수도 있다.
11 10절에서 여호와께서 나라들은 그의 지식으로 가르쳤다. 하지만 하나님의 백성들은 하나님의 말씀으로 곧 율법으로 가르치신다. 이방인들에게 보이신 것은 일반 계시이기에 일반 계시에 따라 그들이 심판을 받는다. 그러나 하나님의 백성을 특별 계시를 받았기에 이에 따라 심판이 있다(롬 2:12-15).
12 "구덩이"는 무덤, 혹은 죽음의 세계를 상징한다.
13 14, 15절의 "진실로"는 "왜냐하면"으로도 볼 수 있다.
14 히브리어에서 "심판"은 "정의" 혹은 "판단"으로 번역된다. 하지만 10절에 나온 것처럼, 여기서는 여호와의 악인들에 대한 심판을 말한다.
15 "의"를 헬라어 심마쿠스(Symmachus)와 시리아역(Syriac Version)에서 "의인에게"라고 쓰여 있다. 그래서 이들은 "진실로 정의는 의인에게 돌아가고"라고 해석한다. 그러나 평행법으로 보아 히브리어 본문이 더 타당성이 있다.

17 여호와께서 나에게 도움이 되지 아니하셨다면 내 존재[16]는 속히 적막[17] 중에 거하였으리라.

18 만일 내가, "나의 발이 흔들린다"[18]고 말한다면 당신의 사랑이, 오 여호와여! 나를 붙드리라.

19 나의 수많은 번민들[19]이 내 안에 있을 때 당신의 위로들이 내 존재를 기쁘게 하나이다.

20 파괴적인 보좌[20]가 당신과 연합하리이까? 법령으로 고통스럽게 하는 자가?

21 그들이 의로운 자의 생명에 대항하여 모이며[21] 무죄한 자의 피를 정죄하나이다.

22 그러나 여호와는 나의 산성이시요, 나의 하나님은 나의 피난처인 반석이시라.

23 당신이 그들에게 그들의 불의를 갚으셨으니[22] 그들의 악을 인하여 그들을 진멸하시리라. 그들을 진멸하시리라 여호와 우리 하나님이.

---

16 히브리어 "존재"('네페쉬')는 "자신, 생명, 영혼, 마음" 등으로 번역된다. 창세기 2:7은 하나님이 흙으로 사람을 지으시고 그 코에 생기를 불어넣으시니, "사람이 생명체"(생명이 있는 존재)가 되었다고 했다.

17 "적막" 즉 침묵의 장소는 죽은 자가 거하는 곳이다(시 115:17).

18 "나의 발이 흔들린다 혹은 미끄러진다"것은 단순히 발을 실족해서가 아니라, 시편 93:1에 "세계가 요동하다"고 할 때 쓰인 "요동하다"라는 단어이다. 그렇다면 발이 요동하는 것은 그가 서 있는 땅이 요동했기 때문에 그의 발이 요동한 것이다. 그를 지탱하고 있는 터가 요동할 때 하나님은 그의 사랑으로 그의 발을 붙들어 주셨다. 이 구절은 시편 91:11-12에서 시인의 발이 돌에 부딪치지 않도록 천사를 통해 붙들어 주실 것이라는 것과 연관된다.

19 "번민들"은 "어지럽히는, 혹은 불안스럽게 하는 생각들"이다.

20 혹은 "파멸시키는 보좌"라고 번역된다. "보좌"는 일종의 환유법으로 보좌에 앉아 통치하는 자들을 말한다.

21 "~에 대항하여 모이며"를 바꾸어, "~을 공격하며"로 번역할 수 있다.

22 "갚으셨으니"에 사용된 히브리어 문법은 '와우 계속용법'(접속사+미완료형)으로 완료형으로 해석하는 것이 맞다. 다만 '선지자적 완료형'으로 생각한다면 미래로 해석할 수도 있다. 선지자적 완료형이란 선지자들이 어떤 일이 미래에 반드시 이루어질 것을 확실하기 때문에 미래의 사건을 완료형으로 기록한다는 것이다.

1. 시편 94 편의 구조

이 시는 크게 악인들에 대한 보복을 간청하는 부분과(1-11절) 의인들과 시인에 대한 하나님의 구원을 확신하는 부분으로(12-23절) 나뉜다. 다른 방식으로는 이스라엘 공동체의 슬픔을 노래한 부분과(1-15절) 시인 자신의 삶 가운데 여호와의 보호와 구원을 다루는 부분으로(16-23절) 나뉠 수 있다.

필자가 보는 이 시의 구조는 다음과 같다.

    A (1-7절) 악인들의 보응을 간청
      B (8-11절) 악인들을 심판
      B' (12-15절) 의인들을 구원
    A' (16-23절) 악인들의 보응을 확신.

2. 해석

시편 93편은 여호와가 세상을 다스리심을 찬양했다. 여호와가 위엄과 능력으로 세상을 다스리셨고 그 능력은 바다의 거센 도전도 잠재울 수 있었다. 또 시인이 높이 계신 주의 보좌를 바라보니 그곳은 영원하며 거룩하여 아무도 주를 넘보지 못할 것을 확신하였다. 그런데 여기서 시인이 주변을 살펴보니, 악한 자들이 득세하고 주의 백성이 그들에게 고난과 핍박을 받고 있었다. 악인들의 난폭함과 하나님의 백성의 처참한 고통이 시인으로 하여금 다급하게 외친다.

    보복의 하나님, 오 여호와여! 보복의 하나님, 빛을 발하소서. 일어나소서 세상의 심판자여! 교만한 자들에게 행위를 갚아주소서(1-2절).

시인은 하나님께 호소하게 한다. 그런데 이 악한 자들은 이방인들이 아니며 이스라엘 백성 가운데 권력을 획득한 자들이다. 그들은 그들의 권력으로 법령들을 재정하여 백성들 가운데 가장 연약한 자들인 고아와 과부와 이방인들에 이르기까지 학대하고 살해하였다(20-21절).

시인에게 그들의 핍박이 하루 이틀에 끝날 것이 아니라 끝없이 계속될 것처럼 보였다. 그래서 시인은 호소한다.

> 언제까지 악인들이, 오 여호와여! 언제까지 악인들이 의기양양하리이까?(3절)

그러면서도 그들은 여호와께서 자신들의 행위를 보지 못하고 분별하지 못한다고 교만한 말을 주저하지 않았다.

시인은 이 악인들의 교만한 말에서 논리적 결함을 발견하고 즉시 그들에게 반론을 제기한다(8-11절). 그는 그들에게 여호와는 사람을 지으시고, 사람이 듣고 보게 만드셨으니 어떻게 여호와가 듣고 보지 아니하시겠냐고 묻는다. 그는 그들을 어리석은 자들이요 미련한 자들이라고 지칭하면서, 여호와가 분별하지 못한다고 말하기 전에 그들이 분별하라고 책망한다. 그리고 하나님은 이스라엘 뿐만 아니라 세상 나라들을 징계하시고 자신의 지식으로 가르치시는 분이기 때문에, 그들을 심판하실 것이라고 경고한다(10절).

시인은 하나님의 백성도 하나님으로부터 징계를 받고 하나님의 율법으로부터 가르침을 받는다고 말한다. 하지만 하나님의 백성은 복이 있다고 했다. 왜냐하면, 하나님은 결국 악인들을 심판하시고 의인들을 구원하셔서 그의 공의를 보여 주실 것이기 때문이다(13-14절).

시인이 어떻게 다시 하나님의 공의를 확신할 수 있었을까?

그것은 시인이 과거의 자신의 삶을 돌이켜볼 때, 과거에도 어려웠을 때 여호와께서 그의 원수들과 대항해서 싸워주셔서 승리를 얻게 하셨던 것을 기억하였기 때문이다. 이러한 묵상이 현재의 혼란과 번뇌에서 그에게 위로와 평안을 주었다. 그래서 그는 이제 "여호와는 나의 산성이요 나의 하나님은 나의 피난처인 반석이시라"고 확신있게 외친다.

시의 첫 부분에서 시인은 혼란과 갈등 가운데 여호와께 슬픔으로 간구하였다. 그러나 자신의 과거에 고난 중에 함께 하시며 위로와 도움을 주셨던 여호와를 기억하고 믿음을 회복한다. 시인은 하나님께서 그가 간청했던 바와 같이(2절), 결국 악인들의 불의를 보응하시며 그들을 진멸하실 것을 확신하며 시를 마친다.

사무엘의 어머니 한나도 자식이 없음으로 많은 고난을 받았다. 하지만 여호와의 은혜로 아들을 낳아 고난 가운데 구원을 받았다. 한나는 이렇게 개인적 구원의 경험을 체험한 후에, 여호와의 구원이 궁극적으로 하나님의 나라와 온 세상에 임할 것을 확신한다. 그리하여 한나는 "여호와를 대적하는 자는 산산이 깨어질 것이라 하늘에서 우뢰로 그들을 치시리로다. 여호와께서 땅 끝까지 심판을 내리시고 자기 왕에게 힘을 주시며 자기의 기름 부음을 받은 자(메시아)의 뿔을 높이시리로다"(삼하 2:10)라고 찬양하였다.

이처럼 하나님의 백성은 하나님께 자신의 고난 속 구원만을 위해 간구할 것이 아니라, 하나님 백성의 궁극적 구원과 승리를 위해서도 간구해야 한다.

3. 주변 시들과의 관계

필자는 이미 시편 92편부터 94편까지는 제3부작이라고 해도 과언이 아니라고 진술했다. 이들은 모두 하나님의 의로운 다스림에 대해 노래한다. 시편 92편은 하나님이 높이 계셔서 의인들에게는 신실한 사랑을 베푸시고 악인들은 진멸하셔서 공의를 베푸셨다. 시편 93편은 여호와께서 그 성소에서 영원히 다스리신 것을 찬양하였다. 그런데 이 시편 94편은 여호와가 세상을 다스리는데 세상에 악이 성행하고 득세하고 있는 현실에 대해서 다루었다. 하지만 그 가운데서도 여호와는 시인과 의인들과 함께 하시며 도움을 주시고, 결국 악인들을 심판하심으로 하나님의 공의가 이루어질 것을 확신하였다.

제7장

시편 95편
왕 되신 여호와와 그의 행사를 찬양

1 오라[1] 우리가 여호와께 기뻐 외치자. 우리 구원의 반석께 소리쳐 외치자.

2 감사로 그 앞에 나아가며 노래들로 그에게 소리쳐 외치자.

3 이는 여호와는 위대하신 하나님[이시요], 모든 신 위에 위대하신 왕이심이로다.

4 (A)[2] 그의 손에 땅의 깊은 곳들[3]이 있으며 산들의 정상들도 그의 것이로다.

5 (A) 바다가 그의 것이라 그가 만드셨기에 마른 땅도 그의 손들[4]이 지으셨도다.

6 오라 우리가 굽혀 경배하며 무릎을 꿇자 우리를 만드신 자 여호와 앞에.

7 이는 그가 우리 하나님이시요 우리는 그가 기르시는[5] 백성이며 그의 손의 양임이로다. 오늘날 너희가 그의 음성을 듣거든,

---

1 "오라"에 쓰인 단어는 6절의 "오라"와 다른 단어이며 일반적으로는 "가라"로 번역된다.

2 (A)란 히브리어로 '아쉘'이라는 관계사(Who, Which)로 시작한다는 표시이다. 히브리어 정관사('하')와 관계사('아쉘')과 직접 목적어 앞에 쓰이는 전치사('엘')이 주로 산문에 나오기에, 이들을 산문 불변화사로 부르고, 과거에 이것들로 시와 산문을 구별하는 기준으로 삼았다. 그러나 본문에서 관계사('어쉘')이 4, 5, 9, 11절에서 나온다. 결론적으로 소위 말하는 산문분변화사로는 시와 산문을 구별할 수 없다.

3 "깊은 곳들"탐사되지 않는 곳들을 말한다. 칠십인역(LXX)나 중세의 사본들에선 "땅 끝들"이라고 기록한다.

4 4절에서 단수(그의 손)지만 여기서는 복수를 사용하고 있다.

5 "그가 기르시는"은 "그의 목장의" 라고도 볼 수 있다. 중세의 사본들과 시리아역(Syriac Version)에서 "그의 목장의"를 "양" 뒤로 옮겨서 "그의 백성과 그의 목장의 양"이라고 기록하고 있다.

> 8 너희 마음을 강퍅하게 말지어다.⁶ 므리바⁷에서와 같이 또 광야에서 맛사⁸의 날과 같이
> 9 (A) 그 때에 너희 조상들이 나를 시험하며 나를 조사하였도다 나의 행사를 보았지만.
> 10 사십 년 동안 내가 [그] 세대⁹를 싫어하였으며 이르기를 "저희는 마음이 방황¹⁰하는 백성이라 저희가 내 길들을 알지못한다" 하였도다.
> 11 (A) 그러므로 내가 나의 분노 중에 맹세하기를 "저희는 내 안식¹¹에 들어오지 못하리라" 하였도다.

1. 시편 95편의 구조

    A (1-2절) 찬양으로 초대
      B (3절) 찬양의 이유: 여호와는 세상의 왕
        C (4-5절) 세상에 대한 여호와의 과거 행사
    A' (6절) 경배로 초대
      B' (7a-c절) 예배 이유: 여호와는 우리의 왕
        C' (7d-11절) 하나님의 백성에 대한 여호와의 과거 행사.

히브리어 본문은 이러한 구조를 쉽게 보게 한다. 먼저 A의 1절과 A'의 6절은 "오라"라는 단어로 시작한다. B의 3절과 B'의 7절도 히브리어에서

---

6 8절부터 11절까지는 두운법이 사용되었다. 모두 히브리어 알파벳의 첫번째 문자로 시작한다('알', '아셀', '아르빠임', '아셀').
7 "므리바"는 "다툼"이라는 뜻이다.
8 "맛사"는 "시험"이라는 뜻이다.
9 "그 세대" 본문은 "세대"라고만 기록되어 있으나 문맥과 칠십인역과 시리아역에 따라 "그 세대"로 보는 것이 타당하다.
10 "마음이 방황하는"이란 "마음이 정함이 없는, 혹은 길을 잃고 벗어난"이라는 뜻이다.
11 혹은 "안식처"로 볼 수도 있다.

"왜냐하면"(키)으로 시작된다. 이를 통해 B와 B'는 찬양의 이유에 대해 노래하는 것을 알 수 있다. 또 C의 4와 5절은 '아쉘'로 시작하고 C'의 8절은 '엘', 9절은 '아쉘', 10절은 '아르빠임', 11절은 '아쉘'로 시작해서 이 네 구절이 의미의 한 단위라는 것과 앞의 C(4-5절)와 연관됨을 보여 준다. 이렇게 C와 C' 사이가 두운법으로 연결된다.

2. 해석

1-2절에서 시인이 자신 뿐 아니라 하나님의 백성에게 구원을 주실 "반석"(1절, 참고. 94:22)에 대한 찬양으로 초대한다. 본문의 후반부(6-11)에서 여호와는 애굽에서 이스라엘을 구원하시고 나라로 창조하시며 광야에서 보호하시는 분으로 나타난다. 시인은 백성을 찬양으로 인도하기 위하여 "기뻐 외치자, 소리쳐 외치자, 그 앞에 나아가, 그에게 소리쳐 외치자"라는 네 가지 동사를 사용한다. 3절에서 그는 여호와를 찬양해야 할 이유는 여호와께서 모든 신 위에 뛰어나시기 때문이라고 했다. 여호와 외에 다른 신들이 있어서가 아니라, 이방 민족들이 다른 신들을 섬기기 때문에 이와 같이 표현하였다.

그러면 왜 여호와께서 이방 신들에 비하여 위대하신가?

그는 세상을 소유한 자이시기 때문이며(4절) 세상의 창조자이시기 때문이다(5절). 창조는 여호와께서 과거에 세상에 행하신 일이다.

6절에서 그는 다시 하나님의 백성을 찬양과 경배로 초대한다. 그런데 이번에는 "하나님의 백성을 지으신 자", 곧 창조하신 자로 부른다. 이 말씀은 앞의 5절에서 여호와가 세상의 창조주라는 것과 구별된다. 이스라엘을 애굽에서 구원하시고 이스라엘이라는 하나님의 나라를 창조하신 것을 의미한다(출 19:5-6; 호 8:14). 시편 149:2에 보면 이같은 사실이 보다 명백해진다.

이스라엘은 그를 지으신 이로 말미암아 즐거워하며 시온의 아들들은 그들의 왕으로 말미암아 즐거워할지어다(시 149:2).

여기서 "이스라엘"과 "시온의 아들들"이 평행을 이루고 "그를 지으신 이"와 "그들의 왕"이 평행을 이룬다. 곧 여호와는 이스라엘을 창조하신자이기에 그 나라의 왕이 되신 것이다. 또한, 5절에서 여호와를 세상의 창조자라고 했는데 여기서 이스라엘의 창조자라고 부른 것으로 보아 출애굽의 구원과 이스라엘 나라의 창조를 하나님의 재창조의 사건으로 이해할 수 있다. 이사야 44:24에서도 이스라엘의 창조를 세상의 창조와 연관시키는 것을 볼 수 있다.[12]

7절에 나온 "그가 우리의 하나님이요 우리는 그의(기르시는) 백성이다"라는 것은 하나님의 모든 언약의 궁극적 목적을 말하는 공식이다. 아브라함 언약(창 17:8), 모세 언약(출 19:6; 레 26:12), 새언약(렘 31:1, 33)에 이 구절이 등장한다. 시인은 계속해서 "그는 우리를 기르시고 우리는 그의 양"이라고 했다. 이와 같이 여호와가 하나님의 백성의 목자라는 사실은 구약에서 자주 등장한다(시 23:1; 100:3; 겔 34:13-15, 23-24). 목자 되신 여호와는 환란가운데 그 백성과 함께 해 주시며 구원해 주시고 안전함과 풍성한 양식을 공급하신다.

7d-11절은 여호와께서 이스라엘을 애굽으로부터 구원하시고 나라로 만드시며 광야에서 보호하셨던 행사를 기록한다. 다시 말하면 하나님의 재창조를 언급한다. 그런데 하나님의 행사를 찬양할 것을 권한 것이 아니라 그때의 백성이 이 행사를 보고서도 불순종한 것을 예로 들어 당시 백성에게 경고한다(8-9절). 므리바와 맛사에 대한 기록은 출애굽기 17:1-7와 민수기 20:2-13에 나온다. 출애굽기 17장은 출애굽기 초기의 일로 나오는

---

[12] 시편 94편의 창조와 재창조의 주제에 대한 자세한 논의는 Peter E. Enns. "Creation and Re-Creation: Psalm 95 and Its Interpretation in Hebrews 3:1-4:13", *Westminster Theological Journal* 55(1993), 255-80을 참고하라.

반면에, 민수기 20장은 가나안 땅에 가까이 왔을 때의 일로 기록한다.

필자는 이 일이 유사하지만 서로 다른 사건으로 본다. 출애굽기 17:1-7에 백성이 르비딤에 이르렀을 때 물이 없다고 모세를 원망하였다. 모세는 하나님께 이를 인하여 간구했고, 하나님께서는 출애굽기 17:5에서 애굽에서 모세가 피의 재앙을 일으켰을 때 나일강을 쳤던 그 지팡이를 가지고 가라고 하셨다. 그리고 호렙산 위의 반석을 그 지팡이로 치라고 하셨다.

이 지팡이는 이스라엘 백성에게 과거에 하나님께서 그들을 위해 행하셨던 행사를 상기시키기 위한 것이었다. 그들은 과거에 원수들에게 재앙을 내리셔서 큰 능력으로 그들을 구원하신 하나님을 계속해서 의심하고 시험했었다. 하나님은 거기서 백성에게 물을 주었으며, 이스라엘 백성이 하나님과 다투었고 시험하였기 때문에 그곳을 므리바(다툼) 또는 맛사(시험)이라고 불렀다.

이 부분에 대한 히브리서 기자가 히브리서 4장에서 보여 준 탁월한 해석은 우리에게 실로 감탄을 자아내게 한다. 그는 이 시를 다윗 시의 일부로 본다. 그는 다윗이 구체적 날짜를 정하지 않고 "오늘 너희가 그의 음성을 듣거든"이라고 말씀한 것은 하나님께서 다윗 이후에 다시 말씀을 하실 것이라고 한다.

그 하나님의 음성은 "안식"에 관한 것이다. 만일 이스라엘 백성이 여호수아를 따라가서 가나안 땅에서 안식을 누렸다면 다윗이 안식에 관한 말씀을 다시 진술할 필요는 없었을 것이다. 하지만 다윗 시대 이후에도 아직 누려야 할 안식의 날이 있기 때문에, 히브리서 기자는 "오늘 너희가 하나님 음성을 듣거든 순종하라"고 했다는 것이다. 그에게 "안식"은 종말론적 성격을 갖는다. 신자들은 그리스도 예수로 말미암아 이미 하나님의 안식에 들어갔다(히 4:10).

하지만 그들은 아직도 그 안식에 들어가기 위해 노력해야만 한다(11절). 이는 우리가 구원과 하나님의 나라를 이미 얻었으나 이것들이 아직 우리의 삶에 완성되지 않는 것과도 같다. 그러므로 히브리서 기자는 광야 시대의 백성과 다윗 이후 시대의 백성과 마찬가지로 오늘 우리에게 다시 한번 순종하여 안식에 들어가기 힘쓸 것을 촉구한다. 우리는 광야 세대로부터 교훈을 얻어야 한다. 그들은 하나님의 행사를 경험하였으나 하나님을 의심하고 불순종하여 안식에 이르지 못했다.

그렇다면 오늘 우리가 예수의 십자가의 죽음과 부활을 거듭남으로 경험하고, 깨닫게 하시는 성령을 체험하고도 불순종한다면 우리의 벌이 얼마나 중하겠는가?

시편 95편은 제4권의 주제를 대변한다. 이스라엘 백성은 창조와 과거의 하나님의 행사를 기억하고 하나님이 이스라엘과 온 세상의 왕이라는 사실을 깨닫고 하나님께 찬양하며 영광을 돌려야 한다.

3. 주변 시들과의 관계

시편 94편에서 하나님은 그의 백성이 악인들로 인하여 고난받을 때 그들과 함께 해주시며 결국 악인들에 보응하고 그의 백성을 구원을 주실 것을 확신하였다. 시편 95편에서 이런 하나님의 백성에게 하나님이 세상과 하나님의 백성의 왕 되심을 인하여 찬양과 경배로 초청한다. 시편 95편에서 100편까지는 여호와의 우주적 통치를 찬양하는 일련의 시들이다. 특별히 시편 95편과 100편은 연관성이 깊으며, 95편이 하나님의 백성을 찬양으로 초대하는 반면 100편은 온 땅과 하나님의 백성을 찬양으로 초대한다.

또한, 시편 100:3의 "여호와가 우리 하나님이신 줄 너희는 알지어다. 그는 우리를 지으신이요 우리는 그의 것이니 그의 백성이요 그의 기르시는 양이로다"는 순서는 조금 다르지만, 시편 95:6-7에서 거의 반복된다.

제8장

시편 96편[1]
여호와 우주적 통치의 찬양을 권함

1 (S)[2] 여호와께 노래하라 새 노래로[3] 여호와께 노래하라 온 땅이여!
2 (S) 여호와께 노래하고 그 이름을 찬양하라! 그의 구원을 날마다 선포할 지어다.
3 (S) 나라들 중에 그의 영광을 선언할지어다 모든 민족 중에 그의 기이한 행사들을.[4]
4 (K) 이는[5] 여호와는 위대하시며 지극히 찬양 받을만 하시고 그는 두려움을 받아야 할 것임이라 모든 신 위에.

---

1   칠십인역(LXX)에는 "포로후 성전이 건축되었을 때. 다윗에 의한 노래"라고 되어 있다. 이 시편은 역대상 16:7-36 중 23-33절을 거의 그대로 옮겨 놓았다. 역대상 16장에서 이 시가 다윗의 시라는 것과 성전 예배에 사용되었던 것을 볼때, 칠십인역은 포로 후에 다시 성전을 건축하고 다윗의 시로 찬양하였다는 것을 말해주고 있다(시 96편 해석 뒤의 대상 16:7-33의 구조와 해석을 참고하라).
2   (S)란 히브리어 첫 자음을 말한 것으로 이 시는 두운법을 사용하고 있는데 1-3절은 S자음, 4-5절은 K자음, 6-9절은 H자음, 10-13절은 Y자음으로 되어 있다.
3   대상 16:8에는 "여호와께 노래하라 새 노래로"가 없고 "여호와께 노래하라 온 땅이여"라고 시작한다. 성경은 메시아 시대의 궁극적 승리(사 42:10-12)와 새 창조(계 5:9, 14:3)에 새 노래를 부르라고 했다. NET는 여기서 "새 노래"가 적당한 이유는 세상의 의로운 왕으로서 여호와께서 끊임없이 세상의 역사에 개입하시기 때문이라고 한다. 그렇다면 여호와께서 그의 백성을 위하여 새 일을 하시기에 그들은 그에게 새 노래로 찬양을 드려야 한다.
4   "선포할지어다"가 생략되었다.
5   "이는"은 히브리어로 Ki이며 '왜냐하면'이라는 뜻이다.

5 (K) 이는 모든 민족의 신들은 허무한 것들⁶이나 여호와는 하늘을 지으셨음이라.

6 (H) 위엄⁷과 광채⁸가 그의 앞에 있으며 능력과 아름다움⁹이 그의 성소에 있도다.

7 (H) 민족들의 족속들아 여호와께 돌릴지어다. 여호와께 영광과 능력을 돌릴지어다.

8 (H) 여호와께 그의 이름에 [합당한] 영광¹⁰을 돌릴지어다. 예물을 가지고 그의 궁정들로 나아갈지어다.

9 (H) [그의] 거룩한 광채¹¹ 안에서 여호와께 경배할지어다 온 땅이여! 그 앞에서 떨지어다.

10 (A) 나라들 중에 선언할지어다 "여호와가 다스리시니 진실로 세계가 굳게 서서 움직이지 아니하리라. (Y) 그가 민족들을 공평함(복수)¹²으로 심판하리라."

11 (Y) 하늘로 기뻐하게 하며 땅으로 즐거워하게 하며 바다와 그 안에 모든 것으로 고함치게 하라.

---

6   "허무한 것들"이란 다른 말로, "우상들"을 말한다. "신들"('**엘로힘**')과 "허무한 것들, 혹은 무익한 것들"('**엘리림**')사이에 음성적 유사성이 있다. 이를 통해 이 신들이 허무함을 강조하는 효과가 있다.
7   "위엄"은 다른 말로, "존귀, 영광"이다.
8   "광채"는 다른 말로, "위엄, 화려함, 영예"이다.
9   역대상 16:26에서 "아름다움"이 "기쁨, 즐거움"으로 되어 있다,
10 히브리어 본문에서 "그의 이름의 영광"이라고 되어 있으나 이는 "그의 이름에 [합당한] 영광"이라는 뜻이다.
11 칠십인역에서 "거룩한 광채"(혹은, 빛)를 "그의 거룩한 궁전"으로 번역한 것처럼 이는 성전을 말한다. 6절에서 "광채"라는 동일한 단어가 여호와 앞에 있다고 했으며 시편 93:5에서 "당신의 집에 거룩함이 적당하니이다"라고 하였다.
12 "공평함"은 "적당함, 의"로도 번역된다. 이 단어를 굳이 복수로 쓴 이유는 히브리어 문장의 운율을 맞추기 위한 것이다. '**아딘 암밈 베메이사림**'(심판하리라 백성들을 공평함[들]로) 여기서 '**암밈**'(백성들)의 '**밈**'과 '**베에이사림**'(공평함[들])의 '**림**'이 음성적으로 평행을 이루고 있다

> 12 (Y) 들과 그 안에 모든 것으로 의기양양하게 하라. 그 때에 숲의 모든 나무가 기뻐외치리라.
> 13 (L) 여호와 앞에.[13] 이는 그가 임하시며, 이는 그가 땅을 심판하러 임하심이라. (Y) 그가 세계를 의로, 민족들을 그의 진실함으로 심판하시리라.

1. 시편 96편의 구조

A (1-3절) 온 세상에 찬양을 권함
  B (4-6절) 찬양의 이유: 창조주, 성소에서 통치자
A' (7-9절) 온 세상에 찬양을 권함
  B' (10-13절) 찬양의 이유: 통치자, 심판자.

위의 구조 중에 특별히 B' (10-13절)을 살펴보고자 한다. 10c절과 13b-c절은 밀접한 평행관계를 이루고 있다.

심판하리라('야딘') 그가 민족들을 공평함(복수)으로(10c)
심판하리라('이스포트') 그가 세계를 의(단수)로,
    민족들을 그의 진실함(단수)으로(13b-c).

앞의 심판하리라('야딘')와 뒤의 심판하리라('이스포트')의 히브리어 단어는 서로 다르지만 같은 뜻을 가지고 있는 단어의 쌍이다. "민족들" 역시 "세계"와 "민족들"과 평행을 이룬다. 그런데 "민족들"과 "세계"는 평행법에서 복수와 단수가 서로 대조되었다. 또한, "공평함(복수)"은 "의"와 "그의 진실함"과 평행이 되는데 역시 복수 명사와 단수 명사가 대조를 이룬다.

---

13 히브리어 본문에서 이 구는 13절의 처음에 위치한다.

그런데 "공평함"은 보통 명사이나 "그의 진실함"은 진실함이라는 명사에 소유 대명사(그의)가 한정되어 있다. 이같은 경우 평행법에서 명사와 한정 명사의 대조라고 부른다. 이러한 평행을 통해 우리는 두 부분이 통합되어 "여호와가 민족들과 세계를 그의 공평함과 의와 진실함으로 심판한다"는 것을 알 수 있다.

이같이 한 문단의 처음과 끝 문장이 평행을 이루는 것을 '인클루지오'(Inclusio)라고 하며 이 둘 사이의 구절들이 하나의 의미를 가진 단락임을 보여 준다. 더구나 10c절과 11a, 12a, 13c절 모두 히브리어 Y('요트)로 시작되는 두음법이 사용되었다. 이와 같은 음성 일치는 이 단락을 더욱 견고하게 하나로 연결하는 역할을 한다.

2. 해석

1) 온 세상에 찬양을 권함(1-3, 7-9절)

이 시가 말하려는 바는 여호와는 창조자이며, 현재에 세상을 다스리는 통치자이고 미래에 궁극적 구원을 완성할 심판자이기에 온 우주는 그를 두려워하며 찬양해야 한다는 것이다. 이전의 시들은 하나님의 백성으로 하여금 여호와의 통치에 대하여 찬양하라고 권했다면 이 시는 특이하게 모든 나라와 민족으로 하여금 여호와를 찬양하라고 권한다(1-3절). 그것도 새 노래로 찬양하라고 했다. 새 노래로 찬양해야 하는 이유는 여호와가 우주의 왕으로서 역사 속에 개입하여 새로운 일들을 행하실 것이기 때문이다.

여호와께서는 창조를 행하시고 이스라엘 백성을 애굽에서 구원하고 가나안 땅에 입성하게 하셨다. 그들이 그 땅에서 추방되고 포로된 후에도 다시 재출애굽의 역사를 통하여 그들의 땅에 귀환하게 하셨다.

마찬가지로 여호와께서는 다시 한번 역사 속에 임하셔서 큰 일을 행하실 것이다. 그 하나님의 행사들을 경험한 백성들은 새 노래로 하나님을 찬양하며 그의 구원을 모든 족속에게 전해야 한다(참고. 마 28:18-20). 7-9절에 이러한 주제가 반복된다. 모든 나라와 민족과 족속은 여호와께서 다스리시는 성소에 올라가 그 이름에 합당한 영광을 돌려야 한다. 특별히 "예물을 가지고" 그 앞에 나아가라고 한다.

아서 와이저(Arthur Weiser)에 의하면 "고대에 있어서 왕에 대한 경외심을 가지고 그를 경배하기 위해는 마땅히 예물을 드려서 복종을 표현하였다."[14] 역대상 18:10-11에 하맛 히도람이 다윗에게 예물로 금과 은과 놋의 여러 가지 그릇을 드렸으며 다윗은 이를 여호와께 드렸다고 했다. 이사야 선지자는 미래에 이방인들이 예루살렘에 예물을 가지고 나올 것을 예견하였다.

> 곧 섬들이 나를 앙망하고 다시스의 배들이 먼저 이르되 먼 곳에서 네 자손과 은금을 아울러 싣고 와서 네 하나님 여호와의 이름에 드리려 하며 이스라엘의 거룩한 이에게 드리려 하는 자들이라. 이는 내가 너를 영화롭게 하였음이라 (사 60:9; 참고. 사 66:20).

이 말씀처럼 초대교회 시대에 이방인들이 예루살렘을 방문하였으며(행 2:1-13), 사도 바울은 이방의 각 처에서 모은 예물을 가지고 이방인들과 함께 예루살렘 교회를 방문하여 그것을 가난한 성도들을 위해 드렸다(행 24:17-18; 롬 15:25-26).

---

14 Arthur Weiser, *The Psalms*, trans. Herbert Hartwell (London: SCM Press, 1962), 630.

2. 찬양의 이유(4-6, 10-13절)

모든 나라와 민족이 여호와를 찬양해야 하는 이유는 여호와께서 유일한 하나님이시기 때문이다. 세상에 다른 모든 신은 헛되고 무가치하다. 여호와께서 온 세상을 창조하셨다.[15] 다음으로 시인은 여호와의 성전의 영광스런 모습을 "위엄과 광채와 능력과 아름다움"이라는 단어를 써서 표현한다(6절). 그가 이렇게 하는 이유는 여호와께서 거룩함과 영광가운데 성전에서 온 세상을 다스리시기 때문이다.[16]

여호와께서 현재 세상을 다스리고 계시니 아무리 세상이 혼란 가운데 있는 것처럼 보여도 견고하고 안전하다(10a절). 욥기에서 욥이 하나님께 시험을 받을 때 그는 자신이 겪고 있는 고난을 받은 이유를 알 수 없어서 혼란스러워 했다. 자신은 의로운데 고난을 받으니 하나님의 공의가 세상에서 실현되고 있는가에 대해 의문을 가지게 되었다.

마침내 하나님께서 욥에게 나타나셨으나 그가 받은 고난의 원인에 대해서는 한 마디의 말씀도 하지 않으셨다. 다만 하나님께서는 욥에게 하나님의 주권과 능력이 우주와 자연과 생물들에게 어떻게 나타나는가를 보여 주셨다(욥 38:4-39:30). 그리고 하나님은 세상에서 가장 강한 베헤못(욥 34:15-24)도 기르시며, 신화적 동물인 리워야단(욥 41:1-34)과 같은 동물도 제어하심을 보여 주셨다.

욥기가 이를 통해 말하는 바는 욥 자신은 무질서와 혼란에 빠져 있다고 여겼을지라도 하나님은 온 우주를 다스리고 있으며 그로 인하여 세상에 질서가 유지되고 있다는 것이다. 그러므로 욥기의 주제는 우리가 왜 고난을 받는가에 있지 않고, 고난 가운데 우리가 어떻게 하나님을 섬길 것인가에 있다.

---

15 비교. 95:3-5.
16 참고. 93:1.

10-13절은 다시 모든 민족이 하나님을 경배해야 할 이유를 밝힌다. 여기에는 하늘과 바다와 들과 숲과 같은 자연계로 하여금 기뻐 외칠 것을 권하고 있다. 왜냐하면, 여호와께서 언젠가 세상에 임하셔서 세상을 그의 공평함과 의와 진실함으로 심판하실 것이기 때문이다.

로마서 8:22을 보면 피조물도 사람들과 함께 고통을 겪고 탄식한다고 했다. 이는 사람들이 하나님께 범죄하여 환경이 파괴되고 자연의 질서도 파괴되어 환경 오염과 태풍과 토네이도와 지진과 쓰나미로 땅은 고통으로 인하여 울부짖는다. 그래서 피조물이 종말에 하나님의 아들들이 영광 가운데 나타남을 기대한다고 했다(롬 8:19).

그때 하나님과 그의 아들들이 함께 나타나셔서 세상을 새롭게 창조하실 것이다. 피조물도 하나님의 아들들처럼 썩어짐의 종노릇에서 해방되어 자유를 누리게 된다. 결론적으로 시편 96편은 여호와는 창조자이며 현재 세상을 다스리는 통치자며 미래에 궁극적 구원을 완성할 심판자이기에 온 우주에게 그를 두려워하며 찬양해야 한다는 것이다.

3. 주변 시들과의 관계

필자는 앞에서 시편 95편부터 100편까지 하나님의 왕 되심을 노래한다고 하였다. 이중 시편 96편과 98편 그리고 97편과 99편은 쌍이라고 할 만큼 매우 유사하다. 먼저 시편 96편과 98편을 살펴보자. 시편 96:1과 98:1은 모두 "새 노래로 여호와께 노래하라"라는 구절로 시작한다. 시편 96:9과 98:4은 온 땅으로 하여금 여호와께 경배하라고 하였다. 또 마지막 시편 96:13과 98:9은 거의 동일하며, 여호와께서 임하셔서 의와 공평함으로 심판하실 것을 찬양한다.

다음으로 시편 97편과 99편의 관계를 살펴본다. 시편 97:1과 98:1 모두 여호와의 다스림을 찬양한다. 시편 97:8-11까지와 99:6-8은 여호와께서 이스라엘을 위하여 행하신 일을 기록했다. 끝으로 시편 97:12과 99:9의 찬양의 내용은 모두 "여호와의 거룩하심"이다.

참고로 박경철에 따르면 시편 96편부터 99편까지에 다음과 같은 언어적 유사성이 있다.

    A (시 96:1) 새 노래로 야훼를 노래하라!
      B (시 96:13) 야훼가 정의로 세상을 심판하신다.
        C (시 97:1) 야훼가 다스리신다.
          D (시 97:12) 그(야훼)의 거룩하심
   A' (시 98:1: 새노래로 야훼를 노래하라!
     B' (시 98:13) 야훼가 정의로 세상을 심판하신다.
       C' (시 99:1) 야훼가 다스리신다.
         D' (시 99:9) 야훼 우리 하나님은 거룩하시다.[17]

이 구조 역시 시편 96편(A, B)과 98편(A', B')이 연관되어 있으며, 시편 97편(C, D)과 99편(C', D')이 연관된 것을 볼 수 있다.

---

[17] 박경철, "한 권으로 읽는 시편",『시편: 우리 영혼의 해부학: 김이곤 교수 정년 퇴임 기념 논문집』, 김영일 외 편 (서울: 한들출판사, 2006), 40.

참고. 역대상 16:7-36의 구조와 해석

여호와를 송축(대상 16:7-36)

A (7절) 서언

  B (8-13절) 여호와께 그의 백성을 위해 행하신 기이한 일 감사

    C (14-22절) 여호와의 그의 백성에 대한 통치 찬양

    C' (23-33절) 여호와의 온 세상에 대한 통치 찬양

  B' (34-36a절) 여호와께 그의 구원을 인하여 감사

A' (36b절) 종언.

역대상 16:7은 이 시의 서언이며 이것이 다윗의 시라는 것을 보여 준다. 여기서 다윗이 법궤를 예루살렘으로 옮기고 하나님께 제사를 드리고 나서 이같이 찬양했다고 하였다. B (8-13절)에서 여호와께 그의 백성을 위해 행하신 기이한 일을 감사하라고 한다.

그런데 B' (34-36a절)를 살펴보면 그의 기이한 일은 "이스라엘 백성을 구원하여 만국 가운데서 건져내시고 모으셨다"(36절)고 하는 것으로 보아 이스라엘 백성의 출애굽을 통한 구원과 가나안 땅에 입성을 염두에 둔 것을 알 수 있다. 시편 96편은 C' (23-33절)만을 가져온 것이다. A' (36b절)는 종언으로 모든 백성이 이 찬양에 아멘으로 화답하였다고 한다. 우리는 역대상 16:7-36의 말씀을 통하여, 시편 96편의 저자와 쓰여진 배경과 이 시가 더 넓은 본문의 일부였음을 깨닫게 된다.

제9장

시편 97편
여호와의 의로운 통치를 기뻐함

1 여호와께서 다스리시니 땅으로 기뻐하게 하고 많은 섬들¹로 즐거워하게 하라.

2 구름과 검은 구름²이 그의 주위를 두르고 의와 심판³이 그의 보좌의 기초로다.

3 불이 그 앞에서 발하여 그의 원수들의 온 주위⁴를 살랐도다.

4 그의 번개들이 세계에 비추니 땅이 보고 떨었도다.

5 산들이 밀랍처럼 녹았도다 여호와 앞에⁵ 주 앞에 온 땅이.

---

1   할러데이(Halladay, *Hebrew and Airamaic Lexicon of the OT*)에 의하면 이 단어는 "멀리 떨어진 섬이나 해변"을 말한다(사 40:15; 41:1, 5, 비교. 42:4, 10, 12, 15).

2   "검은 구름"은 "두툼한 구름" 혹은 "흑암"으로 번역된다. 앞 단어와 합하여 여호와의 주위를 검은 구름이 빽빽하게 둘러 싸인 것을 나타낸다. 따라서 "구름"과 "검은 구름"은 중언법으로 볼 수 있고 이 구름은 여호와의 나타남과 그의 영광을 반영한다.

3   "심판"은 "정의"로도 번역된다. "의"와 "심판"은 합성어로 "의로운 심판"이라는 것이다. 시 9:8에 "그는 의로 세계를 심판하며 그는 백성들을 공평함으로 심판하시리라"라고 기록되어 있다.

4   개역개정과 같이 "사방의 대적들을"(his enemies round about)라고 번역될 수 있다. 하지만 히브리어 어순으로 보아 "사방의 대적들"보다 "대적들의 사방"(round about his enemies)이 더 자연스럽다. 게다가 지금 여호와께서 불과 번개로 임하시는데 그의 대적들이 여호와의 사방에서 도전한다는 것은 감히 상상하기가 힘들다.

5   여호와 앞에는 "여호와의 면전에"로 그리고 "주 앞에"는 "주의 면전에"로 바꿀 수 있다. 히브리어 본문은 필자의 번역처럼 "여호와 앞에, 주 앞에" 이렇게 이 두 구절을 연속하여 기록했다. 이는 이 두 구절이 상호 교환할 수 있을 정도로 밀접하게 연관되어

> 6 하늘이 그의 의를 선포하였고 모든 백성이 그의 영광을 보았도다.⁶
>
> 7 수치를 당하게 할지어다. 우상을 섬기는 모든 자로 스스로를 자랑하는 자들로 허무한 것들⁷로 모든 신아!⁸ 그를 경배할지어다.
>
> 8 시온⁹이 듣고 즐거워했으며 유다의 딸들이 기뻐했나이다. 당신의 심판들¹⁰을 인하여. 오, 여호와여!
>
> 9 이는 당신은, 오 여호와여! 온 땅 위에¹¹ 지극히 높으신 자이시며, 모든 신 위에 크게 높임을 받으심이라.
>
> 10 여호와를 사랑하는 너희는 악을 미워하라. 그가 신실한 자들¹²의 생명(들)을 보존하시며 악인들의 손에서¹³ 그들을 건져내시리라.

있다는 것을 보여 준다.

6 "의"는 하나님의 성품의 하나이며 하나님의 모든 성품이 하나로 드러날 때 우리는 그것을 하나님의 "영광"이라고 부른다. 따라서 의는 영광에 속하며 이 둘의 관계는 계열 관계에 있다. 요 1:14는 "말씀이 육신이 되어 우리 가운데 거하시매 우리가 그의 영광을 보니 아버지의 독생자의 영광이요 은혜와 진리가 충만하더라"고 기록한다. 여기서 예수님의 두 가지 은혜와 진리라는 성품(속성)이 충만하게 나타난 것을 그의 영광으로 묘사했다.

7 평행하는 구절에서 "우상"과 "허무한 것들"은 단어의 쌍으로 둘은 단수와 복수의 대조를 보여 준다. 그리고 "스스로를 자랑하는 자들"('**함미트할림**')과 "허무한 것들('**바엘리림**') 사이에 음성적 유사성이 있다.

8 칠십인역(LXX)와 시리아역(Syriac Version)은 "모든 천사야"라고 되어 있다. 그러나 앞에 우상을 섬기는 자에게 명령했으니 이제는 우상들을 다루는 것이 논리적으로 더 자연스럽다.

9 평행되는 "시온"(여성 단수)과 "유다의 딸들"(여성 복수)은 단수와 복수로 대조가 되어 있고 "시온"은 한정사가 없는 반면 "딸들"은 "유다"라는 명사가 한정되어 있다. 평행법에서 이것을 "명사와 한정 명사의 대조"라고 부른다. 유다의 딸들이 시온과 연관되는 것으로 보아서 "딸들"은 "도시들"을 의미한다. 시온 역시 유다의 도시의 하나이기 때문에, 이 둘 사이는 같은 계열에 속해 있다.

10 "당신의 심판들"은 앞에 시온이 듣고 즐거워한 이유이자 유다의 딸들이 기뻐한 이유이다. 따라서 "당신의 심판들을 인하여"는 이 절에서 이중의 역할(Double Duty)을 한다.

11 "온 땅 위에"('**알-콜-하아레쯔**')와 "모든 신 위에"('**알-콜-엘로힘**') 사이에 음성적 유사성이 있다.

12 신실한 자들이란 하나님을 섬기는 데 충실하고 헌신된 사람을 말한다.

13 "악인들의 손에서"에서 "손"은 "힘과 능력"을 상징한다. 이것은 앞 문장과 뒷 문장 사이에 이중 역할을(직무를) 한다. 즉 그가 경건한 자들의 생명을 악인들의 손에서 보존하시며, 악인들의 손에서 그들을 구원하신다는 말이다. 히브리어 시는 이중 역할을 하

> 11 빛이 의인을 위하여 심기도다[14] 즐거움이 마음이 정직한 자들을 위하여.
> 12 즐거워하라, 너희 의인들아, 여호와를 인하여 감사할지어다 그의 거룩한 이름에.[15]

1. 시편 97편의 구조

  A (1절) 세계에 여호와의 의로운 심판에 기뻐할 것을 권함
   B (2-6절) 세계에 대한 여호와의 의로운 심판
    C (7절) 우상숭배자들과 그들의 신들의 결과
     D (8절) 의인들의 결과
    C' (9절) 우상숭배자들과 그들 신들의 결과
   B' (10-11절) 의인들에 대한 여호와의 의로운 심판
  A' (12절) 의인들에게 여호와의 의로운 심판을 기뻐할 것을 권함.

2. 해석

A (1절)에서 땅과 많은 섬으로 하여금 여호와께서 다스리시니 기뻐하라고 한다. 여기서 "섬들"이 언급된 것은 이것들이 이스라엘로부터 멀리 떨

는 것을 보여 주기 위에 두 문장의 중간에 단어나 구를 위치한다. 이런 점에서 히브리어 문장을 기록된 순서대로 번역하는 것이 매우 중요하다.
14 칠십인역과 많은 중세의 사본들은 "솟아오르도다"라고 읽는다.
15 히브리어 본문에는 "거룩함의 기념에"라고 기록되어 있다. 하지만 성경의 많은 부분에서 "이름"과 "기념"은 평행되는 구절에서 단어의 쌍처럼 함께 나온다(출3:15; 욥 18:17; 시 135:13; 잠 10:7; 사 26:8). 그러므로 여기서 필자는 "그의 거룩한 이름"에 라고 번역했다. 이처럼 이름을 기념으로 표현하는 것은 어떤 개인의 본성이나 성품은 마땅히 "기억되어야 되며 찬양 받아야 한다"는 것을 말한다(출 3:15에 대한 NET 노트).

어진 곳에 있기 때문이다. 그만큼 하나님의 통치권이 멀리까지 임한다는 것을 보여 준다. 다시 말해 여호와는 세계의 모든 곳을 다스리시는 분이시다. A' (12절)에서 의인들로 하여금 여호와를 인하여 즐거워하고 그의 거룩한 이름에 감사하라고 한다. 후반부의 "여호와의 이름"이란 그의 존재와 같은 표현이다. 따라서 그의 거룩함에 감사하라는 말씀이다. 그는 땅에서 멀리 떨어진 하늘 위에 즉, 지극히 높은 곳에 거하는 분이시다(9절). 그는 악인들과 우상숭배자들과 우상과는 전혀 구별된 분이시다.

B (2-6절)는 하나님이 임하셔서 세상을 의로 심판하시는 것을 묘사한다. 여기에 묘사된 "구름과 불과 번개"는 구약성경에서 하나님의 현현을 묘사하는 표현이다. 여호와께서 시내산에 임하셨을 때, "큰소리"와 "번개"가 있었고 "빽빽한 구름"이 둘러싸였으며 이를 보는 모든 백성이 다 떨었다(출 19:16). 또한, 산에 연기가 가득한 가운데 여호와께서 불 가운데 임하였으며 온 산이 크게 진동하였다고 했다(출 19:18). 이를 통하여 2-6절의 신현의 모습이 시내산의 신현의 모습과 유사한 것을 알 수 있다.

게다가 에스겔 선지자가 바벨론의 그발강에서 본 여호와의 모습도 이와 유사하다. 여호와가 "구름과 빛"(겔 1:4)과 "불과 광채와 번개"(겔 1:13)와 함께 나타나셨다. B (2-6절)에서 2절과 6절이 서로 평행을 이루는 것을 볼 수 있다. 이러한 평행을 통하여 B가 하나의 단락을 이룬다는 것을 증명한다.

    A 구름과 검은 구름이 그의 주위를 두르고
      B 의와 심판이 그의 보좌의 기초로다(2절)
      B' 하늘이 그의 의를 선포하고
    A' 모든 백성이 그의 영광을 보도다(6절).

앞서 "구름과 검은 구름"은 신현과 연관된다고 했다(A). 신현이란 바꾸어 말하면 여호와의 영광이 나타난 것을 말한다. 모세의 성막에 여호와의 영광이 임했을 때 성막 위에 구름이 가득했으며(출 40:34-25), 솔로몬이 성전을 봉헌할 때에도 성전에 구름이 가득하였다(대하 5:13-14). A'에서 백성이 그 영광을 본다고 말하고, B에서 하나님의 의로운 심판에 대해 언급한다. 따라서 이 두 구절은 하나님이 임하셔서 의로운 심판을 하신다는 뜻이다.

여기서 "보좌의 기초"란 하나님의 통치의 근본 원리라는 것이다. 다시 말해 하나님은 보좌에 앉으셔서 의로 세상을 심판하신다. 여기서 하나님의 의로운 심판은 불이 하나님에게 나와서 하나님의 원수들의 주위를 불태우는 것으로 나타났다. 하나님의 원수들은 곧 하나님의 백성의 원수들이기에, 이들의 멸망은 하나님의 백성에게는 구원과 승리를 의미한다. B'에서 하늘이 이것을 지켜보았고 하나님 의를 세상에 선포하였다. 이 시의 첫 번째 부분(1-6절)은 세상이 하나님의 의로운 심판을 인하여 기뻐해야 한다고 권면한다. 이는 시편 96편에서 여호와께서 임하셔서 의와 진실함으로 세상을 심판하시리니 온 세상과 그 안에 있는 모든 것으로 기뻐하라고 권고한 말씀을 연상하게 한다(시 96:11-13).

B(2-6절)에서 세계로 하여금 세계에 대한 하나님의 의로운 심판을 기뻐하라고 한다. 그런데 B'(10-11절)는 의인들에게 의인들에 대한 하나님의 의로운 심판을 감사하라고 한다. 또한, B가 과거의 하나님의 통치를 말하였다면 B'는 미래에 있을 하나님의 통치를 말한다. 여기서 의인들은 "여호와를 사랑하고 악을 미워하는 자들"이라고 한다. 또 그들은 "신실한 자들"이라고 했는데, 신실한 자들이란 하나님을 섬기는 데 있어 충실하고 헌신된 사람들을 말한다. 다음으로 그들은 마음이 정직한 자들인데 이는 마음이 비뚤어지지 않고 바른 사람들이라는 것이다. 하나님께서 그들을 악인들에게 건지시고 그들의 생명을 보존하실 것이다.

11절은 하나님께서는 마치 씨를 땅에 심는 것처럼 빛을 의인에게 심으신다고 한다. 빛과 대조되는 어둠이 의인들에게는 고난과 환란을 의미할진대, 빛은 하나님의 축복과 은총을 의미한다. 의인들은 악인들의 핍박 가운데 있을지라도 여호와의 은총으로 말미암아 기쁨과 위로를 누릴 것이다. 여호와께서 곧 임하셔서 악인들은 심판하시고 의인들은 구원하셔서 그의 의로운 심판을 보여 주실 것이다.

C(7절)에서 여호와의 의로운 심판의 결과 악인들 곧 우상을 섬기는 자들은 수치를 당할 것이다. 왜냐하면, 그들이 아무리 우상들을 섬기고 자긍하여도 우상들은 그들을 도울 수 없는 무가치한 것들이기 때문이다. 다음으로 그들이 섬기는 신들로 하여금 여호와를 경배하라고 한다.

C'(9절)에 의하면 여호와 만이 유일한 신이시며 창조주 하나님이시기 때문이다. 고대에서 국가 간에 전쟁은 그들의 신들 간에 전쟁이기도 했다. 전쟁에서 승리한 나라의 백성은 그들의 신이 더 강한 것으로 생각했고, 패배한 나라의 백성의 신을 전리품으로 그들의 나라로 옮겨 그들의 신의 신전에 두었다.

이와 같이 블레셋 사람들이 이스라엘 백성과 전쟁하여 승리하자, 여호와의 궤를 이스라엘 백성으로부터 빼앗아 아스돗의 다곤[16] 신전에 두었다. 그들은 그들이 섬기는 다곤 신이 이스라엘 신을 이기고 승리하게 했다고 믿었다. 하지만 다음날 그들은 다곤이 여호와의 궤 앞에서 엎드러져서 그 얼굴이 땅에 닿아 있는 것을(삼상 5:3) 목격했다. 결국, 여호와는 다곤을 심판하시고 블레셋 사람들을 재앙으로 징벌하셔서 그의 위대하심을 보여 주셨다. "모든 신아 그를 경배할지어다"(7c절)라는 말씀은 이러한 사건을 회상하게 한다.

이 시의 중심에 위치한 D(8절)에서 시온이 여호와의 의로운 심판의 소식을 듣고서 기뻐했다고 기록한다. 시온은 예루살렘을 말하며 유다의 도시 중 하나다. 하지만 7절의 "우상숭배자들"과 대조되는 것으로 보아 하나님의 백성 곧 의인들을 상징한다. 여기서 하나님께서 과거에 보여 주셨

---

[16] 다곤은 "곡식"라는 뜻으로 폭풍의 신이며 팔레스타인의 풍요 신이다. 엘신의 아들이나 형제이며 바알의 아버지로 알려져 있다. 다곤의 이름의 뜻을 "물고기"로 보고 물고기 신이라고 보는 사람도 있다. BC 3000년부터 BC 200년까지 메소포타미아와 아람과 가나안 땅에서 이 신을 믿고 있었다.

던 그의 심판을 언급하지만, 미래에 다시 한번 그의 의로운 심판을 보여 주실 것이라는 확신과 소망을 담고 있다.

시편 97편은 바벨론 포로 시기에 백성들 사이에 불리워졌다. 그들은 그들의 역사 가운데 나타난 신현과 그의 의로운 심판을 기억하면서 고난과 압제 가운데 하나님의 의로운 심판을 바라고 기쁨으로 하나님께 찬양과 감사를 드렸다. 하나님은 고난 가운데 성도들과 함께 하신다. 고난 중에도 기쁨과 위로를 주시며 결국 심판을 통하여 그의 의로움과 거룩함을 보여 주신다. 그러므로 성도들은 고난 가운데서도 믿음을 잃지 않고 참아야 한다.[17]

---

17 전후 시들과의 관계에 대해서는 시편 96편의 "전후 시들과의 관계" 부분을 참고하라.

제10장

시편 98편
여호와의 구원과 의로운 심판을 바라보며 찬양

> **시[1]**
>
> 1 여호와께 노래하라 새 노래[2]로. 이는 그가 기이한 행사들을 행하셨음이라. 그의 오른손과 그의 거룩한 팔[3]로 자기를 위하여 구원하셨도다.[4]
>
> 2 여호와께서 그의 구원을 알게 하시며 나라들의 눈앞에 그의 의[5]를 계시하셨도다.

---

1   "시"는 시편을 말할 때 사용하는 전문 용어다(시 3:1). 칠십인역(LXX)에서 "다윗의 시"로 되어 있다.

2   "새 노래"에 대해서는 시편 96:1의 각주를 참고하라.

3   오른손과 팔은 여호와의 구원의 능력을 상징한다. 이사야 52:10에서 "거룩한 팔"을 언급하여 출애굽 때에(출 15:11-12) 여호와께서 구원하신 것처럼 미래 여호와께서 다시 구원을 이루실 것을 바라 본다. 그의 팔의 "거룩함"이란 하나님의 능력이 다른 어떤 것과는 비교할 수 없는 하나님 자신의 범주에 속한 것이라는 말이다(NET 노트).

4   "구원하셨도다"와 같이 1절부터 3절까지 본문의 히브리어 동사는 과거 완료형이다. 하지만 선지자들이 미래의 사건이 확실하게 실현될 것을 표현하기 위해 과거 완료형을 사용하는 것처럼 필자는 여기서도 미래 사건에 대한 묘사라고 본다.

5   이사야 46:13, 51:5-6, 8등에서 여호와의 의와 구원이 함께 나와 있다. 이는 하나님의 의로운 심판으로 악인들이 멸망하는 것은 의인들에게는 구원이 되기 때문이다.

3 그가 그의 사랑과 그의 신실함[6]을 기억하셨도다 이스라엘 집[7]에 대하여 땅의 모든 끝이 우리 하나님의 구원을 보았도다.

4 여호와께 외칠지어다 온 땅이여! 소리를 발하고, 기뻐 외치며, 찬양할지어다.

5 여호와께 찬양할지어다 수금으로 수금과 노래 소리로.

6 트렘펫들과 뿔 나팔[8] 소리로 소리칠지어다 왕 여호와 앞에.

7 바다와 그 안의 모든 것으로 고함치게 할지어다 세계와 그 안에 거하는 것들로.

8 강들로 박수치게 하며 산들도 함께 기뻐 외치게 할지어다.

9 여호와 앞에.[9] 이는 그가 땅을 심판하러 임하심이로다. 그가 세계를 의로 심판하시리라 민족들을 공평함(복수)으로.[10]

---

[6] 칠십인역에서 "야곱에 대한 그의 사랑('헤세드')과 이스라엘의 집에 대한 그의 신실하심('에무나')"으로 되어 있다. 구약성경에서 이처럼 사랑과 신실함은 단어의 쌍처럼 함께 나온다(시 88:11; 89:2, 24; 98:3). 그리하여 이 둘이 여호와의 "신실한 사랑"을 표현한다. 사랑('헤세드')는 성경에서 하나님의 언약에 근거한 혹은 언약을 인한 사랑으로 여러 번 기록되었다. 아브라함의 언약과 관련하여(신 7:9, 12; 믹 7:20), 다윗의 언약과 관련하여(삼하 7:15; 시 89:29, 34) 그리고 시온 곧 하나님의 미래의 백성과의 언약과 관련하여 (54:10) "사랑"이 쓰였다. 특별히 사랑('헤세드')과 신실하심('에무나')는 시편 89:2, 24에서 다윗의 언약을 인하여 그의 후손에게 여호와께서 변함없는 그리고 신실한 사랑을 베푸실 것이라고 노래한다. 따라서 여기서도 '헤세드'는 언약에 입각한 이스라엘 자손을 향한 하나님의 사랑을 말한다.

[7] "이스라엘 집"이란 이스라엘 가족, 즉 이스라엘(야곱) 자손을 의미한다.

[8] 뿔 나팔은 숫양의 뿔로 만든 나팔을 말한다.

[9] "여호와 앞에", 한국어 개역개정에는 이 구절이 8절 마지막에 위치해 있다.

[10] "세계"와 "민족들"은 평행하는 구절에서 단수 명사와 복수 명사가 대조가 되어 있다. 또한, "의"와 "공평함 (복수)" 역시 단 복수가 서로 대조를 이루고 있다.

1. 시편 98편의 구조

    A (1a절) 하나님 백성에게 찬양을 권함
      B (1b-3절) 찬양 이유: 하나님의 구원과 의
    A' (4-9a절) 세계와 민족들에 찬양을 권함
      B' (9b-c절) 찬양 이유: 하나님의 의롭고 공평한 심판.

2. 해석

A (1a절)와 A' (4-8절)에서 시인은 찬양을 권한다. 그런데 A에서 찬양해야 할 대상이 하나님의 백성이며 A'에서 그 대상이 온 세상의 민족들(4-6절)과 모든 피조물(7-9a절)이다. 히브리어 본문4a에 보면 "소리칠지어다"로 시작해서 6b절에서 "왕 여호와 앞에"로 마친다. 물론 그 대상을 "온 땅"이라고 하지만 이 "온 땅"이 세상의 모든 백성을 가리키는 것은, 그들에게 목소리와 수금과 트렘펫과 뿔 나팔과 같은 다양한 악기로 찬양하라고 하기 때문이다.

더구나 마지막 구절에 "왕 여호와 앞에" 찬양을 드리라고 했는데, 여기서 여호와는 모든 백성의 왕이라는 것을 암시한다. 이 부분의 평행인 후반부는 7a절에서 "고함치게 하라"로 시작해서 마지막에 9a절에 "여호와 앞에"로 끝난다. 여기서 찬양 대상은 바다와 그 안의 모든 것과 세계 곧 땅과 그 안에 거하는 것이다(7절). 곧 하늘과 땅의 모든 피조물로 하여금 찬양하라는 것이다. 8절의 찬양해야 할 대상인, "강들과 산들은" 땅에 속한다. 그들과 여호와의 관계는 백성과 왕의 관계가 아니라 피조물과 창조주의 관계다. 따라서 9a절의 "여호와 앞에"에 왕이라는 단어가 빠졌다.

B (1b-3절)와 B' (9절)는 찬양을 해야 하는 이유를 기술한다. 이것을 분명히 알 수 있는데, 이는 2a절과 9b절 모두가 "왜냐하면"이라는 뜻을 가진 히브

리어 '키'로 시작되기 때문이다. 1-3절의 모든 동사가 히브리어의 완료형 (즉 과거형)으로 되어 있다(하지만 필자가 이것들을 미래형으로 해석하는 것에 관하여는 조금 후에 설명하겠다). 여기서 하나님을 찬양해야 할 이유들을 묘사하는 데 사용된 용어들이 이스라엘 백성이 홍해를 건너고 모세와 함께 노래했던 출애굽기 15:1-18에서 사용된 것들이다.

"이는 그가 기이한 일들을 행하셨음이라"(1b절)는 "기이한 일을 행하는 자가 누구니이까?"(출 15:11b)의 용어를 사용했으며, "그의 오른손과 그의 거룩한 팔로"(2a절)는 "주께서 오른손을 드신즉 땅이 그들을 삼켰나이다"(출 15:12)와 "주의 팔이 크므로 그들이 돌 같이 침묵하였사오니"(16a절)에서 나온 용어라는 것을 알 수 있다.

따라서 시편 98편은 분명히 출애굽의 구원 사건을 암시하고 있다는 것은 부인할 수 없는 사실이다. 이외에도 출애굽기 2:24-25은 이렇게 기록한다.

> 그들의 고통 소리를 들으시고 하나님이 아브라함과 이삭과 야곱에게 세운 그의 언약을 기억하사 하나님이 이스라엘 자손을 돌보셨고 하나님이 그들을 아셨더라 (출 2:24-25).

시편 98:3은 이 구절을 연상하게 한다.

> 그가 그의 사랑과 그의 신실함을 기억하셨도다. 이스라엘 집에 대하여 (시 98:3).

여기에 "기억하셨다"는 동사는 반복되고 "이스라엘 자손"과 "이스라엘 집"은 같은 의미다.

이제 "그의 언약"('베리트')과 "그의 사랑('헤세드')과 그의 신실함"과 일치한 것을 증명하려고 한다. 필자는 이미 3절의 각주에서 하나님의 신실한 사랑은 하나님이 그의 백성과 언약을 맺으셨기 때문에 그의 백성을 변함없이 사랑하는 것이라고 했다. 이 언약과 사랑이 너무나 밀접하게 연관되어 성경에서 이 둘을 함께 사용하는 것을 볼 수 있다. 신명기 7:12b는 "여호와 너희 하나님이 네게 지키리라 언약('베리트')과 사랑('헤세드')을, 그가 너희 조상들에게 맹세하신" 이라고 기록한다. 여기서 하나님이 지키는 것은 "언약과 사랑"이며, 이 둘은 "하나님께서 조상들에게 맹세하신" 것이다.

시편 98편이 하나님의 구원을 말할 때 너무도 자명하게 출애굽의 구원과 연관시키는데, 왜 그때의 구원을 찬양한 것이 아니라 미래의 구원을 노래한 것인가?

첫째, "새 노래로 찬양하라"는 구절 때문이다. 하나님께서 과거에 세상을 창조하시고 인간 역사에 개입하여 출애굽으로 그의 백성을 구원하셔서 재창조하신 것처럼 하나님께서 다시 세상에 임하셔서 새로운 역사를 일으키실 것이다. 그러므로 옛 노래가 아닌 새 노래로 여호와를 찬양해야 한다.

둘째, 이사야 52:10은 "여호와께서 나라들의 눈앞에 그의 거룩한 팔을 나타내셨도다. 땅의 모든 끝(들)이 우리 하나님의 구원을 보았도다"라고 노래한다. 여기의 "나라들의 눈 앞에"는 시편 98:2에, "그의 거룩한 팔"은 시편 98:1에 나타난다. 그런데 "땅의 모든 끝(들)이 우리 하나님의 구원을 보았도다"는 정확히 시편 98:3b과 일치한다. 우리는 성경에서 어떤 한 단어가 다른 성경의 한 단어와 일치할 때 연관성이 있다고 본다.

예를 들어 우리는 앞서 하나님의 "팔"(출 15:12)이 "거룩한 팔"(시 98:1)과 상호연관성을 지녔다고 했다. 하지만 다른 성경에서 단어가 아니라 구가 일치할 때는 더욱 밀접한 연관이 있다고 할 수 있다(예. "거룩한 팔"[사 52:10; 시 98:1]). 더군다나 두 개의 서로 다른 본문에서 문장과 문장이 일치할 때는 이 두 본문은 매우 깊은 밀착성을 지닌다.

따라서 시편 98편은 출애굽기 15장보다는 이사야 52장과 더 밀접한 관계가 있다. 이사야 52장은 예루살렘 회복을 확신하며 노래하는 미래의 구원에 관한 것이다. 이와 같이 시편 98편도 과거가 아니라 미래에 있을 확고한 사건으로 이해해야 한다.

하나님은 과거 출애굽을 통하여 하나님께서 크신 능력의 팔로 원수들을 심판하고 그 백성을 구원하신 것을 모든 나라와 민족에게 보여 주셨다. 이제 다시 한번 하나님께서 그 백성에게 그러한 구원을 베푸실 것이다. 비록 그들이 범죄했을지라도 하나님 언약의 신실함을 인하여 그리고 하나님의 이름을 위하여 구원해 주실 것이다.

B (1b-3절)에서 하나님의 백성들에게 구원을 베푸실 것이기에 그들로 하여금 찬양하라고 한다. 그런데 B' (9b-c절)에서 하나님이 세계와 모든 민족에게 임하여 의와 공평함으로 심판을 하실 것이기 때문에 모든 피조물과 민족으로 하여금 찬양하라고 한다. 이는 하나님의 주권적 통치가 이스라엘 백성만이 아니라 온 세상, 모든 민족에 이를 것을 보여 준 것이다.

이사야 11:4에서 이사야는 종말에 메시아가 세상에 오셔서 "의로 가난한 자를 심판하며 공평함으로 세상의 겸손한 자를 판단할 것"이라고 했다. 그 날은 재창조의 날이 될 것이다(사 65:1). 하나님이 함께 하시는 그 성산에는 해함도 상함도 없으며 동물들 사이에도 평화가 있을 것이다(사 11:6-9; 65:25). 그러므로 피조물들도 하나님의 다스리심을 기뻐하고 찬양함이 마땅하다.

당시 하나님의 백성은 이방 나라로 추방되어 고난받고 있다. 그 가운데 과거에 하나님께서 애굽에서 큰 권능으로 그들을 구원한 것을 기억하고, 미래에 다시 한번 구원을 베푸실 것을 믿고 찬양한다. 그들의 구원은 거기에서 끝날 것이 아니라, 장차 하나님께서 온 세상을 다시 창조하여 의와 공평함으로 다스릴 것을 확신한다.

우리는 세상이 무질서하고 혼란스럽게 보일 때 그리고 악이 비록 강해 보이고 정의가 없는 것처럼 보일 때, 창조주 하나님을 바라보아야 한다. 하나님은 그 창조의 능력을 이스라엘 역사 가운데 출애굽과 가나안 입성과 포로의 귀환 등을 통해 보여 주셨다.

그러므로 우리는 하나님께서 궁극적으로 우리 원수 사탄을 물리치고 우리를 구원하시며 세상에 평화를 주실 것을 확신하며 감사와 영광을 돌려야 한다. 사도 바울은 "평강의 하나님께서 속히 사탄을 너희 발 아래에서 상하게 하시리라. 우리 주 예수의 은혜가 너희에게 있을지어다"(롬 16:20; 참고. 창 3:15)라고 우리를 축복한다.[11]

---

11 전후 시편들과의 관계는 시편 96편의 "전후 시편들과의 관계"를 참고하라.

제11장

시편 99편
여호와의 거룩하심과 의로운 심판을 찬양

> 1 여호와께서 다스리시니 민족들로 떨게 하라. 그가 그룹들 [위에] 좌정하시니 땅으로 요동하게 하라.
>
> 2 여호와께서 시온¹에서 위대하시며 높으시도다 그²는 모든 민족³ 위에.
>
> 3 그들로 당신의 크고 두려운 이름을 찬양하게 하소서. 그 [이름]⁴은 거룩하시도다.

---

1 "시온"은 실제 예루살렘 성전이 아니며, 여호와의 보좌가 있는 상징적 여호와의 통치의 장소이자 하늘 성소를 의미한다.
2 "여호와"와 "그"는 평행하는 구절에서 명사와 대명사로 서로 대조를 이룬다.
3 몇몇 중세의 히브리어 사본과 LXXB에는 "신들"로 기록되어 있다(참고. 시 97:9).
4 원문은 이것을 "그것은"(It) 혹은 "그는"(He)이라고 번역할 수 있다. 따라서 이것을 "그 이름"과 "그(여호와)" 모두 가능한번 역이다. 하지만 만일 시인이 여호와를 의도 했다면 문맥상 "당신은 거룩하시도다"라고 해야 했다. 그래서 필자는 "그"를 "당신의 이름"으로 본다. 칠십인역의 3절도 "그것이" 여호와의 이름을 지칭하는 것으로 보았다. "그들로 당신의 위대한 이름에 감사하게 하소서. 그것이 두렵고 거룩하기 때문임이나이다." 비록 여기서 "여호와"와 "그의 이름" 사이에 정확한번 역이 요구되지만, 의미론적 입장에서 여호의 이름은 그 존재와 동일하다. 비록 폰 라드가 신명기의 신학은 여호와는 하늘에 있고 여호와의 이름만이 성소에 거하여, 그 이름이 그 백성과 하나님 사이를 중재한다고 했지만(Gerhard von Rad, *Studies in Deuteronomy*, trans. David Stalker [London: SCM, 1953], 40) 그것은 성경의 견해에 낯설다. 신명기 12장의 중앙 성소는 "하나님이 자기 이름을 두실" 곳일 뿐 아니라(5, 11절), 그가 현존하시는 곳이었다(7, 11절). 이런 면에서 볼 때 3절 말씀이 여호와 자신을 말하는지, 여호와의 이름을 말하든지 크게 의미의 차이가 없다.

4 왕의 능력[5]이 심판을 사랑하고 당신이 친히 공평함을 세우셨으며 당신이 친히 야곱 중에서 심판과 의를 행하셨나이다.

5 여호와 우리 하나님을 높여 그의 발등상에서[6] 경배할지어다. 그는 거룩하시도다.

6 모세와 아론이 그의 제사장 중에 있었으며 사무엘[7]은 그의 이름을 부르는 자 중에 있었도다. 그들이 여호와를 불렀더니 그가 친히 그들에게 응답하셨도다.

7 구름 기둥[8] 가운데 그가 그들에게 말씀하셨으며 그들이[9] 그의 증거들[10]과 그가 주신 규례[11]를 지켰도다.

8 오! 여호와 우리 하나님이여! 당신이 친히 그들에게 응답하셨나이다. 당신은 그들을 용서하시는, 그들의 행위들에 보응하시는 하나님이셨나이다.

---

5   BDB는 "능력"을 여호와의 칭호로 본다. 그렇다면 이 구는 "능하신 자 곧 왕"이라고 볼 수 있다. NIV에서 "왕은 능하시도다 그는 정의를 사랑하시도다"라고 번역한다. 정확히 번역하기는 힘드나 의미는 "능하신 왕이 심판을 사랑하신다"는 것이다. 여기서 "심판"은 "정의"로도 번역될 수 있다. 하지만 이렇게 번역하면 "정의"와 평행이 되는 "공평함"이나 "의"와 별다른 의미에 차이가 없어 중복된 느낌이 든다. 만일 "심판"이라면 "공평함"과 짝을 이루어 "공평한 심판" 그리고 "의"와 짝을 이루어 "의로운 심판"으로 이해할 수 있다.

6   "발등상에서"란 "하나님의 성소의 보좌 앞에서"라는 것이다.

7   사무엘이 언급된 것은 모세와 함께 이스라엘 역사상 가장 위대한 중보 기도의 사람이었기 때문이다(참고. 삼상 12:23; 렘 15:1).

8   구름 기둥은 여호와의 임재를 상징한다(출 13:21-22; 19:9; 40:34-38).

9   6절에서 "그들"이란 모세와 아론과 사무엘이었으나, 여기서는 모세와 아론을 지칭한다.

10   "증거들"은 하나님의 증거나 엄중한 지시로의 법률들을 말한다(BDB).

11   "규례"는 규정된 어떤 것, 혹은 의무와 같은 것을 말한다(BDB).

> 9 여호와 우리 하나님을 높여 그의 거룩한 산[12]에서 경배할지어다. 이는 여호와 우리 하나님은 거룩하심이라.

1. 시편 99편의 구조

A (1-3절) 1) 찬양의 이유(1-2절): 여호와께서 성소에서 온 세상을 통치
        2) 찬양의 대상(3절): 모든 민족,
        후렴: 그 이름은 거룩하시도다
B (4-5절) 1) 찬양의 이유(4절): 이스라엘 백성 중에 여호와의 공평
                하고 의로운 심판
        2) 찬양의 대상(5절): 하나님의 백성,
        후렴: 그는 거룩하시도다
B' (6-9절) 1) 찬양의 이유(6-8절): 모세와 아론의 예를 통한 여호
                 와의 공평하고 의로운 심판
        2) 찬양의 대상(9절): 하나님의 백성,
        후렴: 이는 여호와 우리 하나님은 거룩하심이라

---

12 5절의 "발등상"이 9절에서 "그의 거룩한 산"과 대응이 된다. 5절의 발등상이 법궤를 말하고 9절의 거룩한 산이 시온 산을 말한다면 발등상은 시온에 속할 것이다. 그래서 이 둘은 의미상 계열 관계(Paradigmatic)에 놓여 있다. 계열 관계란 어떤 단어가 같은 범주 내에 있는 다른 단어로 대치될 수 있을 때 이를 계열 관계에 있다고 한다. 참고로 의미상 계열 관계와는 달리 의미상 통합 관계(Syntagmatic)를 이루는 요소들은 좀 더 넓은 단위에서의 결합을 형성하는 것들을 말한다. 예를 들어 "푸른-숲", "녹차-한 잔", "저리-가라" 등은 통합 관계에 있다. 9절에서 성소를 거룩한 산으로 보는 것은 고대 근동에서 만연한 개념인 성소가 "우주적 산"(Cosmic Mountain)이라는 것을 어느 정도 반영하고 있다. 고대에 근동에서 지상에 하늘에 닿은 큰 산이 있고, 그곳에 신들이 거주하고 세상을 통치한다고 보았다. 그곳은 온갖 보석으로 장식되어 있고 거기서부터 우주의 질서가 유지되고 생명과 풍요가 온 세상으로 흘러나온다고 여겼다. 사람들은 오직 거기에서만 신들을 만날 수 있다고 보았다.

2. 해석

시편 99편은 97편과 한 쌍을 이룰 만큼 밀접한 연관성이 있으며, 모두 "여호와의 의로운 통치를 찬양"한다. 시편 99편은 크게 둘로 나누어져 있다. A(1-3절)는 온 세상을 통치하시는 하나님께 모든 민족으로 하여금 찬양하라고 한다. B와 B'(4-9절)는 이스라엘 백성을 통치하시는 하나님께 그들로 하여금 찬양하라고 권한다.

A(1-3절)에서 1-2절은 모든 민족이 여호와를 찬양해야 될 이유를 밝힌다. 1절에서 여호와께서 성소에서 다스리기 때문이고, 2절에서 그가 모든 민족보다 위대하시며 높으시기 때문이다. 여호와께서 그룹들 위에 좌정하신다는 것은 출애굽 때의 성막이나 예루살렘 성전의 법궤 위에 그룹들이 날개를 펴고 있었던 것을 연상하게 된다. 그 법궤가 하나님의 발등상이었으며 하나님은 그룹들 위에 보좌를 베풀고 좌정하셔서 세상을 통치하셨다.

시온은 원래 예루살렘의 한 성곽이었으나 후대에는 예루살렘과 동일하게 하나님의 통치의 상징적 장소가 되었다. 그런데 그룹들은 하나님의 보좌의 역할 뿐만 아니라 하나님의 운송 수단 역할도 했다. 시편 18:11 (삼하 22:11)은 "그가 그룹을 타고 날으심이여 바람의 날개로 높이 뜨셨도다"라고 노래한다. 에스겔 1장에서 에스겔은 바벨론의 그발 강가에서 여호와께서 친히 그룹을 타고 임하시는 것을 보았다. 이는 하나님은 예루살렘 성전에 고정하여 계시는 분이 아니라 그 백성과 함께 하시는 분인 것을 보여 주셨다. 에스겔 11:16은 이를 확증해 준다.

> 그런즉 너는 말하기를 주 여호와의 말씀에 내가 비록 그들을 멀리 이방인 가운데로 쫓아내어 여러 나라에 흩었으나 그들이 도달한 나라들에서 내가 잠깐 그들에게 성소가 되리라 하셨다 하고 (겔 11:16).

또한, 이사야 66:1에서도 "하늘은 주의 보좌요 땅은 주의 발등상"이라는 구절과 함께 여호와의 편재성에 대해 말씀하셨다. 더구나 여호와께서 시내산에 임하셨던 때를 다음과 같이 말하고 있다.

> 모든 백성이 다 떨었다(출 19:16).
> 온 산이 크게 진동하며(출 19:18).

이와같은 기록들이 시편 99:1에 기록된 것과 유사하다. 따라서 여기서 성소는 하늘 성소 혹은 여호와의 상징적 통치 장소를 의미한다. 그런데 흥미로운 것은 하나님의 백성에게는 "그의 발등상"(5절)에서 그리고 "그의 거룩한 산"(9절)에서, 즉 성소에서 여호와께 경배하라고 하는데 이방 민족들에게는 "성소에서 찬양하라"는 구절이 없다. 오직 "크고 두려우시"며 "거룩하신" 여호와를 찬양하라고 하였다.

본문에서의 성소와 연관하여 세 번에 걸친 "여호와가 거룩하시다"는 표현은(3, 5, 9절), 이사야 6장에서 이사야가 기도할 때 하늘 성소에서 스랍들이 아래와 같이 찬양했던 것을 연상하게 된다.

> 거룩하다 거룩하다 거룩하다. 만군의 여호와여! 그 영광이 온 땅에 충만하도다 (사 6:3).

이사야는 이 거룩한 여호와 앞에 자신의 죄를 발견하고 그가 절망적 상태에 놓여 있다는 걸 알게 되었다. 그가 제단의 핀 숯으로 그의 입술을 정결하게 한 후에야 비로소 하나님의 참된 대변자가 될 수 있었다. 성소에서 다스리시는 하나님은 피조물과는 전적으로 구별되는 거룩하신 분이기 때문에, 모든 천사와 민족은 그에 합당한 경배를 하나님께 드려야 한다.

이제 B(4-5절)와 B'(6-9절)를 살펴본다. 4절은 여호께서 야곱 곧 이스라엘 백성 중에서 공평함과 의로 심판하시니 그들로 하여금 찬양하라고 한다. "왕의 능력이 심판을 사랑"한다는 말은 능하신 왕께서 반드시 심판을 하신다는 것이다. 그 심판을 통하여 하나님은 자신의 공평하심과 의로우심을 나타내 보여 주실 것이다. 이 4절과 상응하는 6-8절은 이스라엘 백성 중에서 모세와 아론의 예를 들어 그들 가운데 어떻게 하나님의 의로운 심판이 나타났는지에 대해 기록한다. 모세와 아론은 여기서 둘 다 제사장으로 부르며 백성을 위한 중보자임을 강조한다.

특별히 모세는 시내산에 있는 동안에 아론과 백성들이 금송아지를 만들어 섬겼을 때, 자신의 생명을 걸면서까지 그들을 위해 기도했고 하나님의 응답하심을 받았다(출 32:32). 또한, 하나님께서는 모세의 기도를 들어주셔서 백성을 용서해 주시고 그들과 가나안 땅까지 동행해 주시겠다고 약속하셨다(출 33:17). 여기에 사무엘이 함께 등장한 것은 사무엘도 기도의 사람이었으며, 그는 평생에 하나님의 백성을 위한 중보 기도를 쉬지 않았기 때문이다(삼상 12:23).

예레미야 15:1에서도 모세와 사무엘이 함께 나오는 것도 이 두 사람이 이스라엘 역사상 가장 위대한 중보자였기 때문이다. 지금 현재 민족이 바벨론의 포로로 위기에 처해 있을 때, 이스라엘 백성은 이들과 같은 중보자들을 기대하고 또 그들의 기도에 하나님께서 그들의 기도에 응답하셔서 회복시켜 주시길 바라는 염원을 담고 있다. 그런데 본문은 모세와 아론이 하나님께 기도의 응답을 받을 수 있었던 이유는 그들의 하나님의 율법의 말씀을 순종하였기 때문이라고 본다. 하나님은 의로운 자의 기도를 기뻐 들으신다.

    A 그들이 여호와를 불렀더니 그가 친히 그들에게 응답하셨도다(6b절).
      B 구름 기둥 가운데 그가 그들에게 말씀하셨으며(7a절)
      B' 그들이 그의 증거들과 그가 주신 규례를 지켰도다(7b절).
    A' 오, 여호와 우리 하나님이여!(시인의 부름) 당신이 친히 그들에게 응답하셨나이다(8a절).

여기서 A와 A'는 '인클루지오'(Inclusio)[13]로 하나님이 그들의 기도에 응답하셨다는 말을 반복한다. 중간의 B와 B'는 하나님께서 그들의 기도에 응답한 이유를 밝힌다. 여호와의 영광이 성막으로 그들에게 임재하신 가운데 말씀하셨고 그들은 하나님의 말씀에 순종하였다. 다시 말해 그들이 의로웠기 때문에 하나님께서 그들의 기도에 응답하셨다. 8b절에서 하나님의 의로운 심판이 그들에게도 적용된 것을 볼 수 있다. 그들이 잘못했을 때에도 하나님은 그들을 용서하셨다.

하지만 그들의 잘못된 행동에 대해서는 그에 합당한 책임을 감당해야만 했다. 민수기 20장에는 므리바에서 백성이 물이 없어서 모세와 아론을 원망한 사건이 나온다. 이 때 하나님은 모세와 아론에게 지팡이를 가지고 가서 "반석에게 명령하여 물을 내라"(민 20:8)라고 말씀하셨다. 그러나 그들은 여호와께 영광을 돌리지 아니하고, 마치 자신들이 백성에게 물을 주는 것처럼 "우리가 너희를 위하여 이 반석에서 물을 내랴?"라고 말하며, 모세가 지팡이로 반석을 두 번 쳤다(민 20:10-11).

하나님은 그들이 이스라엘 목전에서 여호와의 거룩함을 드러내지 않는 것을 책망하셨다. 또 반석에게 명령하여 물을 내는 것이 아니라 불순종하여 반석을 두 번 친 것을 "여호와를 믿지 않았다"라고 규정하였다(12절).

그 결과 하나님은 그들에게 백성을 가나안 땅으로 인도하여 들어가지 못하게 하셨다. 와이저는 8b절에 대하여 "여호와가 죄를 용서하시는 자비만큼이나 죄를 심각하게 여기시는 것을 볼 수 있다"라고 했다.[14]

마지막으로 5절과 9절은 거의 반복되어 우리는 구조적으로 B (4-5절)와 B' (6-9절)가 매우 밀접하게 연관되어 있는 것을 확인할 수 있다.

---

13 인클루지오란 반복되는 구절이나 문장의 사이에 들어 있는 내용은 하나의 의미를 갖는 문학적 단위라는 뜻이다.
14 Weiser, *Psalms*, 643.

여호와 우리 하나님을 높여 그의 발등상에서 경배할 지어다. 그는 거룩하시도다 (시 99:5).

여호와 우리 하나님을 높여 그의 거룩한 산에서 경배할 지어다. 이는 여호와 우리 하나님은 거룩하심이라(시 99:9).

여호와의 성소가 거룩한 것은 거룩하신 여호와께서 그곳에 거하시기 때문이다. 그러므로 우리는 여호와의 거룩하심을 찬양해야 한다. 하지만 단지 하나님을 찬양하는데 그치지 않고 그의 거룩함을 본받아 거룩한 생활, 의로운 삶을 살아야 한다.

하나님께서 모세와 아론도 그들의 죄를 징벌하셨다면 우리는 얼마나 더 하나님을 두렵게 섬겨야 하겠는가?

시편 99편은 거룩하신 여호와가 그 성소에서 하나님의 백성을 포함한 모든 백성을 의로 통치하시니 찬양하라는 말씀이다. 하지만 이 주제 이면에 포로 후기 이스라엘 백성의 구원에 대한 소망이 담겨 있다. 그들은 과거 그들의 역사에서 백성을 위한 위대한 중보자였던 모세와 아론과 사무엘을 그리워한다. 하나님께서 그들을 인하여 다시 한번 그들의 민족에게 은혜를 베풀기를 소망한다. 그렇기 때문에 시편의 4권은 그 첫 번째 시편 90편이 모세의 시로 시작하고, 그 중간에 99편에서도 그를 언급하며, 마지막 106편에서도 그의 중보 기도를 언급한다(23절).

다윗의 왕조와 성전이 무너진 상황이기에, 그들은 다윗과 그의 언약을 의존하기 보다 더 절실하게 모세와 그의 언약을 의존하는 것이다. 그러므로 "여호와를 사랑하는 너희는 악을 미워하라. 그가 신실한 자들의 생명들을 보존하시며 악인들의 손에서 그들을 건져내시리라"(시 97:10)라는 말씀처럼, 그들이 의로운 삶을 살고 또 민족을 위해 기도할 때, 하나님께서 악인들을 심판하고 마침내 그들을 구원해 주실 것을 기대하고 찬양할 수 있다.

3. 주변 시들과의 관계

앞서 시편 99편은 97편과 쌍을 이룬다고 했다. 두 시는 모두 세상(시 97:1; 99:1-3)과 하나님의 백성(시 97:12; 99:5)으로 하여금 찬양을 권고 한다. 그들이 하나님을 찬양하는 내용은 세상에 대한 하나님의 의로운 심판(시 97:1-6; 99:1-5)과 하나님의 백성에 대한 의로운 심판(시 97:10-11; 99:4-9)이다. 또 다른 내용은 하나님의 거룩하심을 찬양하는 것이다(시 97:12; 99:9).

이와 같이 두 시가 하나님의 거룩하심과 의로운 심판에 대해 찬양한다면 다음 시편 100편에서 하나님이 창조자와 왕과 목자되심을 찬양하고 그의 선하심과 진실하심과 사랑에 대해 감사의 찬양을 드린다.

제12장

시편 100편
여호와의 왕 되심과 그의 선하심을 찬양하고 감사함

> **감사의 시**
>
> 1 여호와께 외칠지어다 온 땅이여!
>
> 2 여호와를 기쁨으로 섬길지어다. 그 앞에 기뻐 외침으로 나아갈지어다.
>
> 3 여호와 그가 하나님이신 것을 알지어다. 그는 우리를 지으신 자시요 우리는 그의 것이라.[1] 우리는 그의 백성이요 그의 목장의 양이로다.
>
> 4 감사함으로 그의 문들로, 찬송함으로 그의 궁정들로 나아가며 그에게 감사하며 그의 이름을 송축할지어다.[2]
>
> 5 이는 여호와는 선하시며 그의 사랑은 영원하고 그의 신실함은 대대에 이르리로다.

---

1 "우리는 그의 것이라"-MT에는 "우리가 아니라"(and not we)라고 쓰여 있다(이것은 **케팁**으로 히브리어 본문에 이렇게 쓰였다는 것이다). 그러나 마소라 학자들은 "우리는 그의 것이라"(and to him [are] we)로 읽을 것을 권한다(이것은 **퀘레**로 본문의 모음을 여백의 자음과 함께 읽으라는 것). 필자는 **퀘레**를 따라서 "우리는 그의 것이라"로 읽는다.

2 4절은 다른 절보다 같은 음의 반복을 통해 더 리듬감을 보여 준다. '**뽀우**'(나아가라)와 '**빠라쿠**'(송축하라), '**세아라이우**'(그의 문들)와 '**하쩨로타이우**'(그의 궁정들) 그리고 '**뻬토다**'(감사함으로)와 '**트힐라**'(찬송함으로) 사이에 음성적으로 유사하다.

1. 시편 100편의 구조

    A (1-2절) 여호와를 기쁨으로 찬양할 것을 권함-여호와 앞에서
      B (3절) 이유: 그는 우리의 창조자, 왕, 목자(그는 누구인가?)
    A' (4절) 여호와께 감사할 것을 권함-여호와의 성전에서
      B' (5절) 이유: 하나님의 선하심과 사랑과 신실하심(그는 어떤 분인가?).

2. 해석

시편 100편은 "감사의 시"라는 표제가 붙어 있다. 이 시는 하나님께 대한 감사를 성전으로 나아가 찬양으로 표현할 것을 권한다. 이 시는 하나님께 감사할 내용에 따라서 두 부분으로 나눌 수 있다.

첫째, 1-3절로 여호와는 우리의 창조자, 왕 그리고 목자이시기 때문에 찬양해야 한다.
둘째, 4-5절로 여호와의 선하심과 사랑과 신실하심을 인하여 감사해야 한다.

1) 여호와는 누구인가?(1-3절)

1절은 하나님의 백성 뿐만 아니라 땅의 모든 백성도 찬양하라고 한다. 왜냐하면, 하나님은 그 백성만의 하나님이 아니라 모든 백성의 하나님이시기 때문이다. 3a절은 "여호와 그가 하나님이신 것을 알지어다"라고 선언한다. 여호와에 대한 합당한 찬양은 그에 관한 바른 지식에서 비롯되기 때문이다.

시편 46:10은 "너희는 가만히 내가 하나님 됨을 알지어다. 내가 나라들과 세계 중에서 높임을 받으리라"고 한다. 이 말씀은 여호와 그가 하나님이심을 아는 것 자체가 그에게 합당한 영광이 된다는 것이다. 그러므로 와이저는 여호와에 대한 지식이 찬양의 참된 본질이라고 한다.[3]

여기서 하나님은 창조자와 왕과 목자의 이미지로 표현되었다. 하나님은 우리의 창조주이며 왕이며 목자이기 때문에 우리가 하나님께 찬양해야 한다.

첫째, "그는 우리를 지으신 자시요, 우리는 그의 것이라"에서 그가 우리의 창조자이심을 보여 준다. 그는 창조자이기 때문에 신자들 뿐 아니라 불신자들의 아버지도 되신다. 그래서 신자들의 사명은 하나님께 그가 잃어버린 자녀들을 찾아드리는 것이다.

둘째, "우리는 그의 백성이요"라는 구절은 바꾸어 말하면 "그는 우리의 왕"이라는 말이다. 간혹 우리는 세상이 너무나 혼돈과 무질서 가운데 있어서 하나님이 세상을 창조하시고 주무시는지, 혹은 어디로 가셨는지 의심하기도 한다. 하지만 하나님은 지금도 이 세상에서 새 생명을 창조하시고 세상을 다스리신다. 그래서 이 세상에 질서가 유지되는 것이다. 이렇듯 하나님은 세상의 왕이 되시나 신자들은 하나님의 특별한 백성으로 삼으셨다(벧전 2:9). 사실상 "여호와는 우리의 하나님이 되고 우리는 그의 백성이 된다"라는 것은 하나님의 모든 언약의 궁국적 목적이다(출 6:7; 19:5-7 [모세의 언약]; 렘 31:33[새언약]).

셋째, 우리가 "그의 목장의 양이로다"라는 구절에서 그가 우리의 목자이심을 알 수 있다. 여호와가 우리의 목자라는 것이 우리에게 어떤 의미가 있는지 시편 23편에서 잘 묘사해 주었다. 먼저 그는 우리의 일상적 삶을 인도해 주신다. 그는 우리를 날마다 먹이시고 입히시고 재워주신다

---

[3] Weiser, *Psalms*, 646.

(시 23:1-3). 우리가 환란을 당할 때 함께 해 주신다. 원수로부터 보호해 주시고 우리가 다치면 기름을 발라주시고 병이 들면 포도주를 먹여주신다(5절). 앞의 기름과 잔에 대한 해석이 지나치다 싶겠지만 양을 치는 목자들에게는 이런 일들이 낯설지 않다. 마지막으로 여호와가 지금부터 영원에 이르기까지 우리에게 선하심과 사랑을 베풀어 주신다(6절; 시 100:5에 같은 단어들이 나온 것을 기억하라).

2) 그는 어떤 분인가?(4-5절)

2절에 여호와 앞에 나아오라고 했는데 4절에는 더 구체적으로 "그의 문들"과 "그의 궁정들"(courts)로 나아오라고 했다. 이것들은 성전 복합 건물에 속한 것들이다. 따라서 성전으로 나아와 감사와 찬송을 드리라는 것이다. 앞에서 여호와를 감사할 이유가 그는 우리에게 누구신가라는 것이었다. 이번에는 그는 우리에게 어떤 분이신가를 다루고 있다.

앞서서 그의 세 가지 이미지를 언급했는데 여기는 그의 대표적 세 가지 성품들을 말한다. 그것들은 선함과 사랑과 신실함이다. 여호와의 선함은 죄를 용서하기를 기뻐하시는 데서(시 86:5), 그에게 피난처를 삼는 자를 보호하시는 데서(시 34:9; 나훔1:9) 그리고 이스라엘 백성을 포로상태에서 본토로 귀환하게 하는 데서(렘 33:11) 나타난다. 하지만 대부분의 경우에 그의 선함은 그의 영원한 사랑으로 나타난다. 성경의 많은 곳에서 5절과 동일하게 그의 선함과 영원한 사랑이 함께 나온다(대상 16:34; 대하 5:13, 7; 스 3:11; 시 106:1; 118:1, 29; 136:1; 렘 33:1). 사랑('헤세드')은 이와 같이 여호와의 선함과도 연관이 되지만 독립적으로 "언약에 근거한 하나님의 사랑"으로 볼 수 있다.

저자는 앞서 "여호와는 우리의 왕이며 우리는 그의 백성"이 되는 것이 언약의 궁극적 목적이라고 했다. "우리는 그의 백성이요"(3절) 구절이 언약과 관계된다면 "사랑" 역시 언약과 관계된다고 볼 수 있다. 이렇게 언약과 사랑이 연관된 것은 다윗의 삶 가운데도 발견된다. 사무엘상 20장에서 다윗과 요나단은 언약을 맺고 요나단은 다윗에게 하나님의 사랑('헤세드')을 자신과 자신의 후손에게 베풀어서 그들의 생명을 보존해 줄 것을 요구한다(14-16절).

다윗은 대적들을 멸하고 나라가 평안해지자, 요나단과의 언약을 기억하고 요나단의 아들 므비보셋을 찾아 하나님의 사랑('헤세드')을 갚아, 그에게 은혜를 베풀었다(삼하 9:3이하). 그에게 주신 하나님의 언약의 성취를 확고히 믿었던 다윗과도 같이, 언약을 믿는 우리는 우리의 이웃들과 맺은 언약 역시 소중히 여기며, 그들에게 하나님의 사랑을 성실하게 실천해야 한다.

다음으로 "신실함"('애무나')은 "견고함, 확고부동함"이라는 뜻이 있고, 그러므로 "믿을 수 있음"을 의미한다(BDB). 이 신실함이 여러 번 사랑과 함께 나오는데 이 때에는 언약적 "신실한 사랑"으로 이해할 수 있다(시 89:1, 2, 25, 33; 92:3; 98:3). 그런데 이 "신실함"은 사랑과 거의 동일하게 "의"('쩨데크')와도 함께 나온다(시 96:13; 143:1; 사 11:5). 이 신실함이 선함과는 동시에 나오지 않는 것은 하나님의 선하신 성품은 아무래도 의로우신 성품과 대조되기 때문이다. 결론적으로 우리는 여기의 "신실함"이란 것은 하나님께서 사랑을 이루시며 의를 성취하시는 데 있어 신실하시다고 이해할 수 있다.

시편 100편은 하나님의 하나님 됨과 그의 성품을 찬양하고 있다. 우리에게 나라의 지도자가 있고 부모님이 계시다면 그 자체로 감사할 일이다. 더군다나 나라의 지도자가 선하고 부모가 좋으신 분이라면 우리는 너무도 감사할 것이다.

그런데 우리는 하나님이 우리의 하나님이 됨을 인하여, 그리고 그가 선하시고 우리를 사랑하시고 우리에게 신실하심을 인하여 얼마나 감사하는가?

하나님이 우리에게 주시는 선물을 바라고 그것으로만 감사할 것이 아니라 그분 자체에 대해 깊게 묵상하며 찬양하며 감사해야 한다.

3. 주변 시들과의 관계

시편 95편부터 100편까지는 여호와의 통치를 찬양하는 일련의 시들이다. 특별히 시편 95편과 100편은 쌍을 이룰 만큼 유사하다. 시편 95편이 여호와의 왕 되심과 그의 행사들을 찬양하고, 100편은 여호와의 왕 되심과 그의 성품들을 찬양한다. 두 시는 모두 여호와가 우리의 창조주와 왕과 목자가 되신다는 것을 기록한다(시 95:4-7; 100:3).

또한, 시편 95편과 99편도 연관되는데, 시 95:8-11은 이스라엘 백성이 광야에서 범한 죄에 대한 하나님의 의로운 행사에 대해 말씀하는데, 시편 99편에서도 그들의 지도자인 모세나 아론에 대한 하나님의 의로운 심판에 대해 기록되었다(8절). 이렇게 하나님의 통치를 노래하는 일련된 시들을 감사의 시로 마치는 것은 매우 자연스런 귀결이라고 볼 수 있다.

제13장

시편 101편
사랑과 공의로 통치하리라는 왕의 서약

> **다윗의 시**
> 1 사랑과 공의¹를 나는 노래하리라. 당신께 오, 여호와여! 나는 찬양하리라.
> 2 나는 온전한 길에 주의하리라 언제나 당신은 내게 임하시리이까? 나는 내 마음²의 온전함³으로 행하리라 내 집안에서.

---

1. 이 단어의 기본적 뜻은 "심판"이다. 여기서는 사랑과 상응이 되는 공의나 정의로 이해된다. "사랑"과 "공의"는 여호와의 통치를 위한 두 가지 대표적 성품(속성)이다. 이 두 단어는 성경에서 종종 동시에 나온다(시 33:5; 36:5-6; 98:14; 호 2:19, 12:6; 미 6:8; 슥 7:9).
2. "마음"은 "내적 존재"로 여기서 모든 생각과 말과 행동이 나온다(마 15:18-19).
3. 히브리어 본문에는 "온전함(복수)의 길에"로 기록되었다. "온전함"을 "완전함, 순전함, 흠 없음"으로도 볼 수 있다. 이것이 사람에게 사용될 때, 노아에게는 복수로(창 6:9) 그리고 욥에게는 단수로(욥 1:8; 2:3) 쓰였다. 필자는 시편에 붙은 표제는 우리가 가진 가장 오래된 주석과도 같기 때문에 매우 신뢰할 만하다고 믿는다. 이 시의 표제가 저자를 다윗 왕으로 기록하기 때문에 여기서 "집"은 "왕궁"으로 볼 수 있다. 그런데 다윗 언약을 말하는 사무엘하 7:13에서 다윗의 "집"은 다윗의 "보좌"로 대치되어 있다. 이 때의 보좌는 다윗 왕조 전체를 대표하기 때문에 집을 다윗의 왕조로 이해할 수 있다. 따라서 2절의 "집"도 직접적으로는 왕의 집 즉 왕궁이나 왕조로 볼 수 있다.

3 나는 내 눈(들)⁴을 헛된 것⁵에 두지 않으며 반역(들)을 행하는 것⁶을 나는 싫어하리라. 이것이 내게 가까이 못 하리라.

4 비뚤어진⁷ 마음은 내게서 떠날 것이며 나⁸는 악을 알지 아니하리라.

5 그의 이웃을 은밀히 비방하는 자를 나는 멸할 것이며 거만한 눈과 교만한 마음, 그것을 나는 견딜 수 없으리라.⁹

6 내 눈(들)이 땅의 신실한 자들에게 [향하리라]. [그들이] 나와 함께 거하기 위하여. 온전한 길에 행하는 자¹⁰ 그가 나를 섬기리라.

7 내 집안에 거하지 못하리라, 반역¹¹을 행하는 자는. 거짓(들)을 말하는 자는 내 눈(들) 앞에 서지 못하리라.¹² 아침마다¹³ 내가 땅의 모든 악인을 멸하리니 모든 죄악을 행하는 자들이 여호와의 성에서 끊어지리라.¹⁴

---

4 눈은 마음을 반영하는 거울과 같다. 예수께서도 "눈은 몸의 등불이니, 그러므로 네 눈이 성하면 온 몸이 밝을 것이요 눈이 나쁘면 온 몸이 어두울 것이니"(마 6:22-23a)라고 말씀하셨다. 예수의 말씀 가운데 온 몸은 전인격을 말하며 여기에 마음도 포함되어 있다.

5 "헛된 것"(thing of worthlessness, 히브리어로 '**벨리알**')은 "무가치한 것, 혹은 악한 것", 곧 "우상"과 같은 것을 말한다. 고후 6:15에서 '**벨리알**'이 사탄의 이름으로 사용되었다.

6 "헛된 것"와 "반역들을 행하는 것"(to do revolts) 사이에 명사와 전치사 구의 대조를 이룬다. 한편 "헛된 것의 것"(thing)과 "반역들"(revolts) 사이에는 단수와 복수가 대조된다. 반역의 기본적 의미는 "벗어남, 죄악"이다(Holladay).

7 "비뚤어진"의 기본적 의미는 "굽은, 혹은 뒤틀린"이다.

8 "내게서"와 "나" 사이에는 술어의 전치사 구와 주어로 대치된다.

9 "그것을 나는 견딜 수 없나이다"를 칠십인역과 시리아역에서 "그와 함께 나는 [음식을] 먹지 않았도다"라고 읽으나 현재의 MT의 기록이 더 설득력이 있다.

10 "신실한 자들(복수)"와 "완전한 길에 행하는 자(단수)" 사이에 복수와 단수가 서로 대조된다.

11 "반역"은 "거짓"으로도 볼 수 있다(시 78:59). 반역 혹은 거짓을 행하는 자는 믿을 수 없다는 것을 의미한다. 잠언에서 이 단어가 주로 "게으름"이란 의미로 사용되었다(10:4, 12:24, 27, 19:15). "반역"과 "거짓들"은 평행법에서 여성 단수와 남성 복수로 서로 상응을 이룬다.

12 "서지 못하리라"는 것은 "그의 직책을 유지하지 못한다"라고 볼 수 있다(NASB).

13 시리아역은 "아침에"라고 쓰여 있다. NIV 성경(NIV Study Bible)은 MT의 "아침마다"라는 의미는 "열심히 그리고 끊임 없이"라는 의미가 있다(참고. 렘 21:12; 습 3:5).

14 여기서는 앞 절의 결과로 해석했으나 이 구절을 "(… 멸하리라) 모든 죄악을 행하는 자들이 여호와의 성에서 끊어지기 위하여"라고 번역하여 앞 절의 목적으로도 볼 수 있다.

1. 시편 101편의 구조

    A (1-3a절) 온전한 길로 행함
      B (3b-5절) 악과 악인을 멀리함
    A' (6절) 온전한 길로 행하는 자와 함께함
      B' (7-8절) 악인을 멀리함.

2. 해석

이 시는 시인 자신의 마음 자세(1-5절)와 이에 따른 행위(6-9절)를 다루고 있다. 그는 온전한 길로 행하고 악을 멀리하여 하나님께 신실함을 지키겠다고 한다. 따라서 자신과 같은 신실한 자들은 그와 함께 할 것이나, 하나님을 반역하며 거짓을 행하는 악한 자들은 그의 왕궁과 하나님의 성과 세상에서 멸절할 것이라 약속한다.

1) 온전한 길로 행하고 악과 악인을 멀리함(1-5절)

A (1-3a절)에서 시인은 그의 집안에서 온전한 길에 행하며 악을 멀리하겠다고 선언한다. 1절은 이 시 전체의 서문이며, 여기서 그는 여호와께 그의 사랑과 공의를 찬양한다. 앞서 100편에서 여호와의 선함과 사랑과 신실함이라는 성품을 찬양하였는데(5절), 여기서도 계속 사랑과 공의라는 그의 성품을 찬양한다.

그런데 이에 뒤따르는 시인의 찬양은 이러한 성품을 찬양하는데 그친 것이 아니라, 그의 삶과 통치를 통해 이를 실천할 것이라고 서약한다. 시인의 사랑과 공의는 그와 동일한 마음의 신실한 자들은 그와 함께 거하고, 악인들은 멀리하고 진멸하는 데서 나타난다.

2절의 "온전한 길"에서 "온전함"이란 윤리적으로나 도덕적으로나 "올바름, 순전함 그리고 흠 없음"을 의미한다. 이것은 어떤 이가 절대적으로 선하고 의로워서가 아니라, "온전함"을 추구하기 위하여 올바른 길로 시종일관 성실하게 행하는 것을 의미한다. 구약성경에서 두 대표적 의인에게 "온전하다"는 단어를 사용하였다.

창세기 6:9은 "노아는 당대에 온전한 자라 그가 하나님과 동행하였"다고 기록한다. 또한, 욥기 1:8와 2:3에서 하나님께서 사탄에게 욥과 같이 "온전하고 정직하여 하나님을 경외하고 악에서 떠난 자가 없다"고 말씀하셨다. 욥의 온전하고 정직한 마음으로부터 하나님을 경외하고 악에서 떠나는 행동이 나왔다. 앞서 언급했듯이 이들이 도덕적으로 절대적으로 완벽했다기 보다 하나님께서 그들을 온전하다고 인정하시기에 그들이 온전하다.

신약에서 "온전함"의 의미에 대해 보다 명확하게 설명해 준다. 오늘날 그리스도인들이 의롭고 온전한 것은 그들 자신들에게 이 성품이 나온 것이 아니다. 흠 없는 예수께서 그들을 대신하여 자신의 온전한 속죄의 제사를 드렸기 때문에, 하나님은 그들을 현재 온전하게 보신다(히 10:14, 22). 그리스도인들은 이미 하나님께 온전하다 인정을 받았으니 하나님께 담대하게 나아가 그의 은혜를 구할 수 있다(히 4:15).

시인은 그가 작정하고 온전한 길을 고수하면서, 그의 길을 행여나 벗어나게 할 수 있는 헛된 것은 바라보지 않겠노라고 다짐한다. 이 "헛된 것"이란 "악한 것이요 무가치한 것"이다. 거짓 신인 우상이 가장 대표적으로 헛된 것이다. "헛됨"이라는 히브리어는 **'벨리알'**인데 고린도후서 6:15에서 사탄의 이름으로 쓰였다. 여기서는 "헛된 것"이 우상에 제한되지 않고 물질적 욕심이나 성적 욕망이나 하나님을 반역하게 하는(시 101:7-8) 모든 악에 적용될 수 있다.

그런데 시인이 자신의 결심을 기술하는 가운데 갑자기 "언제나 당신은 내게 임하실 것이나이까?"와 같이 여호와께 직접적으로 기도한다. 이것은 일종의 돈호법이다. 돈호법은 문장 도중에 갑자기 사람이나 물건을 의인화하여 부르는 시적 기법을 말한다. 시인은 하나님의 말씀을 따라 온전한 삶을 추구하고 있지만, 그와 그의 공동체의 삶 가운데 여호와가 멀리 떨어져 계심을 느낀다. 악인들도 그들 주위에 활보하고 있다. 욥에게서 볼 수 있듯이 신자들이 의로운 삶을 사는 가운데도 하나님께서 그들을 떠나 계실 수 있다. 이를 통해 하나님은 신자들을 시험하고 훈련하신다.

이 시험이 지나면 하나님은 신자들에게 더 큰 위로와 기쁨을 주신다. 그러므로 우리가 이러한 시기를 겪을 때에는 인내하는 것이 최상의 방책이다. 인내하며 계속 온전한 길을 걸어야 한다.

B (3b-5절)에서 헛된 것을 향하지 않고 온전한 길로 행하겠다는 시인이 이제 자신의 주위에서 악과 악한 자들을 제거하겠다고 한다. 그는 먼저 "반역(들)"을 행하는 것을 싫어한다고 했다. 이 반역의 기본적 의미는 "벗어남, 혹은 범죄"이다. 앞서 시인은 그는 "온전한 길에 주의하겠다"(2a절)고 했는데 여기서는 온전한 길에서 벗어난 행위를 싫어한다고 말한다(3b절). 그는 또한 "마음의 온전함으로 행하겠다"(2c절)고 했는데, 여기서는 "비뚤어진 마음"(4a절)을 그에게서 떠나게 하겠다고 했다. 4b절에서 시인은 "나는 악을 알지 아니하리라"라고 결심한다.

이 구절은 "여호와 그가 하나님이신 것을 알지어다"(사 100:3)라는 말씀과 "여호와를 사랑하는 너희는 악을 미워하라"(시 97:10a)에서 말씀을 연상하게 한다. 하나님을 아는 자는 그를 사랑하고 악에서 떠난 자다. 5절에서 시인은 이웃을 은밀하게 비방하는 자들을 멸할 것이라고 했다. 왜냐하면, 그들이 은밀히 이웃을 괴롭히고 비방하는 이유는 하나님이 그들의 행위를 알지 못하신다는 어리석고 교만한 마음이 그들에게 있기 때문이다.

시편 94:3-7에서도 악인들은 의인들을 괴롭히면서 하나님은 그것을 알지 못한다고 교만한 말을 하였다. 결국, 시인의 온전한 마음이 그로 하여금 온전하지 못한 것과 온전하지 못한 자를 멀리하게 한다.

A'(6절)는 A(1-3a절)와 밀접한 관계를 보여 준다.
다음 평행 구절들을 살펴보라.

    1 내가 온전한 길에 주의하리니(2a절)
      2 나는 내 눈(들)을 헛된 것에 두지 않으며(3a절)
      2' 내 눈(들)이 땅의 신실한 자들에게 [향하리라]
        [그들이] 나와 함께 거하기위하여(6a절)
    1' 온전한 길에 행하는 자, 그가 나를 섬기리라(6b절).

저자는 앞서 헛된 것이란 우상이나 물질에 대한 욕심 같은 무가치한 것이라고 했다. 하나님을 따르지 않고 이런 것을 따르는 것은 하나님께 신실하지 못한 것이며(6a절), 반역이다(참고. 3b절). 또한, 2a절에서 시인은 온전한 길에 주의하리라고 했는데, 6b절에서 그와 같이 온전한 길에 행하는 자가 그를 섬길 것이라 말한다. 여기서 우리는 시인이 높은 지위에 있다는 것을 알 수 있다. 와이저는 시인이 왕이라고 생각하며 이 시의 주제도 '이상적 왕'이라고 하였다.[15]

B'(7-8절)에서 시인은 악인들을 멀리할 뿐만 아니라 그들을 세상과 여호와의 성에서 멸할 것이라고 서약한다. 7절의 "반역을 행하는 자"는 온전한 길에서 벗어난 자이며, 거짓을 말하는 자는 신실하지 못한 자다. 더 나아가 8a절에 그는 아침마다 세상의 모든 악인을 멸할 것이라고 한다. 그리고 모든 죄인을 여호와의 성에서 없어지게 하겠다고 한다.

7절은 예레미야 21:12을 연상하게 한다.

    나 여호와가 이와 같이 말씀하시니라. 다윗의 집이여! 너는 아침마다 정의롭게 판결하여 탈취 당한 자를 압박자의 손에서 건지라. 그러하지 아니하면 너희의 악행

---

15 Weiser, *Psalms*, 647-79.

때문에 내 분노가 불 같이 일어나서 사르리니 능히 끌 자가 없으리라(렘 21:12).

먼저 이 두 구절은 다윗의 집 곧 다윗의 왕조에 대한 말씀이다. 두 번째 "아침마다"라는 구절이 반복되는데 실제 "아침마다"보다는 "부지런히" 혹은 "끊임없이"를 의미한다. 마지막으로 두 구절은 왕의 공의로운 판결에 대해 말한다. 다윗 왕은 이 공의를 실현하겠노라고 서약하였는데, 불행히 그의 후손들은 이것을 실행하지 못했다. 그러므로 그의 왕조와 예루살렘은 멸망하고 말았다.

시편 101편은 여호와의 사랑과 공의를 찬양할 뿐 아니라 이것을 시인의 삶과 사역에 실천하는 것을 볼 수 있다. 그는 온전한 길을 걸으며 하나님께 신실함을 유지했으며 자신과 같은 의로운 자들을 세우고 함께 사역했다. 반면에 그는 온전한 길을 떠나 신실함을 버린 자들을 멀리하였다. 더 나아가 악인들을 여호와의 성과 세상에서 몰아내려고 노력한다.

다윗은 결국 여호와께서 그에게 약속하신 메시아가 오셔서 모든 나라를 심판하여 정의로운 세상이 이루어지는 것을 소망했을 것이다(시 110:5-7). 기도로 사무엘을 얻은 한나도 하나님의 참된 왕을 통해 하나님의 온전한 통치가 온 세상에 이루어질 것을 바라보았다(삼상 2:10). 하나님 앞에서 이미 의롭고 온전하게 된 우리도 이들을 본받아 하나님의 거룩한 나라가 이 땅에 이루어지기를 꿈꾸며 노력해야 한다.

3. 주변 시들과의 관계

시편 제4권의 중심에 있는 시편 95편부터 100편까지는 일련의 시들로 "세상에 대한 하나님의 통치와 의로운 심판"을 찬양하였다. 시편 101편부터 106편까지는 두 편씩 쌍을 이루는 시들로 구성되었다. 먼저 시편 101-102편에서, 101편은 통치로서 시인은 하나님의 사랑과 공의를 실천할 것을 서약한다. 시편 102편은 고난받는 시인과 하나님의 백성에게 하나님의 사랑과 공의가 이뤄지길 위해 기도하고 찬양한다.

  하나님의 의로운 통치를 소망한다는 점에서 이 두 시가 앞선 시들과 밀접한 연관이 있다. 다음으로 시편 103-104편에서, 103편은 시인과 하나님의 백성에게 나타난 여호와의 행사들을 찬양한다. 시편 104편은 창조 세계에 나타난 하나님의 행사들을 찬양한다.

  마지막으로 시편 105-106편에서 두 시는 모두 이스라엘 역사 가운데 하나님의 행사들을 찬양한다. 서로 구별되는 점은 시편 105편은 역사 가운데 나타난 하나님의 은총을 중심으로 기술한 반면 시편 106편은 백성의 범죄를 중심으로 역사를 기술하였다.

제14장

시편 102편
고난 가운데 기도와 확신

고난받는 자의 기도, 그가 기력을 잃고 여호와 앞에 그의 불평을 토로할 때

1 여호와여, 들으소서! 나의 기도를 나의 도움을 위한 부르짖음이 당신께 도달하게 하소서.

2 당신의 얼굴을 내게 숨기지 마소서. 나의 고통의 날에 당신의 귀를 내게 기울이소서. 내가 부르는 날에 속히 내게 응답하소서.

3 이는 내 날들이 연기로[1] 사라졌으며, 내 뼈들이 [숯]불 덩이[2]처럼 탔음이니이다.

4 내 마음이 풀처럼 상함을 입어 말랐나이다. 이는 내가 내 음식 먹기[3]를 잊었음이니이다.

5 내 신음 소리를 인하여 내 뼈가 내 살가죽[4]에 붙었나이다.

6 나는 광야의 펠리컨[5]과 같았고 나는 황폐한 곳의 올빼미와 같았나이다.

---

1 많은 중세의 사본들과 칠십인역(LXX)와 타르굼역(Targum)에 따라 "연기같이"로 읽는다.
2 [숯]불 덩이로 번역한 히브리어 "불타는 덩어리"(BDB)며, 다르게는 "화덕"(NET, NASB, NKJ)으로 번역된다.
3 시리아역(Syriac Version)에서 "음식 먹기"를 "음식" 자체로 본다.
4 BHS는 "내 신음 소리를 인하여" 다음에 "내가 지치고"나 "내가 약해지고"와 같은 동사가 빠진 것으로 생각한다.
5 "펠리컨"(LXX, BDB, NASB, NKJ), 혹은 "올빼미"는 폐허에 거하는 어떤 종류의 새를 말한다(습 2:14).

7 나는 깨어 지냈고 지붕 위의 외로운 새와 같았나이다.

8 종일 나의 원수들이 나를 비난했으며, 내게 분노하는 자들이[6]저주하였 나이다.

9 이는 내가 재를 음식같이 내가 먹었으며, 내 음료들에 눈물을 섞었음이 니이다.

10 이는 당신의 분과 노로 인하여, 당신이 나를 들어 던지셨음이니이다.

11 내 날들이 기울어지는[7] 그림자와 같고 나 자신[8]은 풀과 같이 마르나이다.

12 그러나 당신은, 오 여호와여! 영원히 거하시고 당신의 이름[9]은 대대에 이르나이다.

13 당신이 일어나 시온을 긍휼히 여기시리이다. 이는 지금은 그것[10]에게 은혜를 베푸실 때임이니이다.[11] 이는 정한 때가 이르렀음이니이다.

14 이는 당신의 종들이 기뻐했으며 그것의 돌들을, 그것의 티끌을 좋아함이니이다.

15 그러므로 나라들이 여호와의 이름을 두려워하리이다 땅의 모든 왕이 당신의 영광을.[12]

16 이는 여호와께서 시온을 건설하셨고, 그 영광 중에 나타나셨음이니이다.[13]

---

6 칠십인역에서 "그리고 나를 칭송한 자들이"라고 읽는다. 할러데이(Holladay)는 "비방하는 자들이"라고 본다.
7 칠십인역과 시리아역에서 이것을 명사를 한정하는 분사로가 아니라 술어로 "내 날이 그림자와 같이 기울어지나이다"라고 해석한다.
8 히브리어는 동사에 주어가 포함되어 있어 주어를 쓸 필요가 없다. 그런데 주어를 따로 기록했다는 것은 그 만큼 주어를 강조하기 때문이다.
9 "이름"은 히브리어 원래 의미는 "기념"이지만, 여기서는 "이름"으로 번역한다. 시편 97:12의 각주를 참고하라.
10 히브리어 본문에서 여성형(그녀에게)이다.
11 시리아역에서 "이는 그것에게 은혜를 베푸실 때가 이르렀음이니이다"라고 기록되어 있다.
12 많은 중세의 사본들은 "보리이다"라고 기록하고 있다.
13 "건설하셨고 … 나타나셨음이니이다." 16-17, 19절의 동사들은 모두 그 시제가 완료형이다. 이것은 저자가 미래의 사건이 반드시 성취될 확신하기 때문에 완료형을 써서 미래 시제를 표현한 것이다. 이것이 선지서들에서 매우 빈번하게 나타나기 때문에 선

17 그가 빈곤한 자의 기도를 돌아보셨고, 그들¹⁴의 기도를 멸시하지 아니하셨도다.

18 이것이¹⁵ 다가올 세대를 위하여 기록될 것이며, 창조될 백성이 야[웨]¹⁶를 찬양하리이다.

19 이는 여호와가 그의 거룩한 산에서부터 굽어 보셨고 하늘로부터 땅을 감찰하셨음이니이다.

20 갇힌 자의 신음을 듣고 사망 선고 받은 자들¹⁷을 해방하기 위하여

21 여호와의 이름을 시온에 선포하기 위하여, 그의 찬송을 예루살렘에.

22 그때에 민족들이 함께 모이리라. 나라들도 여호와를 섬기기 위하여.

23 그가 내 힘을 중도에 약하게 하셨으며 내 날들을 줄이셨도다.

24 내가 고하나이다. 오, 나의 하나님! 내 날들의 중간에 나를 데려가지 마소서. 당신의 연수들은 대대에 이르나이다.

25 옛적에 당신이 땅을 세우셨으며 하늘은 당신의 손의 행사이니이다.¹⁸

지자적 완료형으로 부른다. 참고로 선지서는 장르상 시다. 어떤 선지자가 참된 선지자인 것을 알려면 그의 예언이 실제로 이루어져야만 했는데, 예언이 성취되려면 오랜 시간이 필요하기 때문에, 그 기준으로 참된 선지자를 구별하기는 쉽지 않다. 하지만 어떤 선지자가 성령의 영감을 받아 시를 통해 예언을 선포하면 그는 사람들의 즉각적 관심을 얻을 수 있었다. 따라서 거의 모든 선지서는 시로 쓰였다.

14 뒷 절에서 "빈곤한 자"(단수)를 "그들"(복수 대명사)로 대치했다. 이것은 분명히 문법적으로는 틀리다. 하지만 히브리어 시에서 매우 빈번하게 서로 상응하는 단어를 이렇게 단수와 복수로 교차하여 기록한다. 여기서 이같이 기록한 것은 빈곤한 자가 문제가 아니라 "기도하는 자들"을 강조하기 위한 것이다.

15 "이것이"란 앞에 기록된 것(13, 16-17), 즉 "하나님께서 역사에 개입하셔서 시온을 건설하실 것이라는 기록"을 말한다(NET 노트).

16 히브리어 본문은 '야'로 되어 있고 이는 '야웨'의 준말이다. 필자가 주로 사용하는 "여호와"는 마소라 본문의 독법을 따른 것이다. 참고로 "여호와"의 이름의 뜻은 구약학자들은 보통 출애굽기 3:14의 문맥에 따라 "하나님의 백성과 함께 계신 분"으로 이해한다(더 자세한 것은 hwh에 관한 BDB 설명을 참고하라).

17 문자적으로 "사망의 아들들"이다. "갇힌 자"와 "사망의 아들들"은 평행법에서 단수와 복수 그리고 명사와 명사에 수식하는 명사가 있는 형용어의 대조를 보인다.

18 히브리서 기자는 25-27을 그리스도에게 적용시켰다(1:10-12). 그는 구약의 여호와 하나님이 그리스도를 지칭하거나 여호와와 그리스도가 동등하다는 입장에서 이렇게 해석했을 것이다. 그의 해석은 정당하고 탁월하다. 하지만 그가 시 102편의 일부를 그리

> 26 그것들[19]은 사라지나 당신은 여전하며 그것들은 모두 겉옷처럼 낡아지리이다. 의복처럼 당신이 그것들을 변하게 하시며, 그것들은 변하리이다.[20]
> 27 그러나 당신은 동일하시며 당신의 연수들은 다함이 없으리이다.
> 28 당신의 종의 자녀들은 거할 것이며 그들의 후손은 당신 앞에 세워지리이다.

1. 시편 102편 구조

1) 고난 가운데 기도(1-11절)

    A (1-2절) 도입 기도

    B (3-11절) 고난에 대한 기술

        a (3-4a절) 생명이 짧음(이는…연기, 마른 풀)

          b (4b절) 음식을 싫어함

            c (5절) 육체적 고통

              d (6절) 외로움

              d' (7절) 외로움

            c' (8절) 심리적 고통

          b' (9-10절) 음식을 싫어함

        a' (11절) 생명이 짧음(이는…그림자, 마른 풀).

    스도에게 적용시켰다고 해서, 이 시편 102편 전체가 그리스도에 관한 시라고 생각해서는 안된다.
[19] "그것들"은 구체적으로 "하늘과 땅"을 말한다. 하지만 "하늘과 땅"은 하나님이 창조하신 우주 전체를 의미한다. 이와 같이 부분을 가지고 전체를 말하는 것을 제유법(Synecdoche)이라 한다.
[20] "당신이 그것들을 변하게 하시며, 그것들은 변하리이다." 앞 구절의 "그것들"은 목적격이나 뒷 구절의 "그것들"은 주격이다. 이것은 평행법에서 격의 대조이다. 또 "변하게 한다"는 것은 히브리어의 사역형이며 "변한다"는 일반형이다. 이것은 평행법에서 어형의 대조이다.

2) 고난 가운데 확신(12-28절)

> A (12-14절) 여호와는 영원하심과 시온을 긍휼히 여기심
>   B (15절) 모든 나라가 여호와를 두려워함
>   C (16-17절) 여호와가 시온에서 다스림(빈곤한 자를 도우심)
>   D (18절) 미래 하나님의 백성의 찬양
>   C' (19-20절) 여호와가 그의 거룩한 산에서 다스림
>   (갇힌 자와 사망 선고 받은 자들)
>   B' (21-22절) 모든 나라가 여호와를 섬김
> A' (23-28절) 여호와는 영원하심과 그의 백성을 긍휼히 여기심.

2. 해석

시인은 자신이 겪는 고난으로 인하여 하나님 앞에 애통함으로 기도를 시작한다. 하지만 그는 후반부에서 하나님께서 언젠가 예루살렘을 회복시키시고, 고통받는 사람들을 구원해 주실 것을 확신한다. 이 시는 크게 둘로 구별된다. 1-11절은 시인 개인의 고난에 대해 애통이고 12-28절은 개인 보다는 공동체의 고난(17, 20절)과 시온의 회복을 통한 구원에 대한 확신으로 기록되어 있다.

1) 고난 가운데 기도(1-11절)

(1) 도입 기도(1-2절)
여기서 시인은 그의 고통으로 인하여 절박하게 여호와를 부른다.
2절을 자세히 살펴보자.

A 당신의 얼굴을 내게 숨기지 마소서
　B 나의 고통의 날에
A' 당신의 귀를 내게 기울이소서
　B' 내가 부르는 날에
A" 속히 내게 응답하소서.

여기서 "나의 고통의 날에"와 "내가 부르는 날에"가 중앙에 배치 되어 있다. 이 경우 B구절은 A와 A'에 동시에 연관되고, B'는 A'와 A"에 동시에 연관되어 B와 B'는 이중적 역할을 하고 있다. 이를 통해 시인은 그의 고통과 간구를 강조하며, 여호와가 속히 그에게 응답하시기를 소망한다. 특히 시인이 여호와의 얼굴과 귀를 구하는 것은 여호와께서 그의 삶에 떠나 계시다고 여기기 때문이다. 여호와가 그에게 떠나 계신 것은 그에게 여호와의 은총이 없다는 것을 의미한다.

(2) 고난에 관한 기술(3-11절)

여기서 시인은 그의 고난에 관해 말한다. 그의 덧없는 인생은 지금 생명을 잃어가고 있다(3-4절; 9-11절). 그는 그의 삶의 짧음을 "연기"와 "숯 덩이"와 "풀"과 "그림자"의 이미지를 통해 기술한다. 그는 삶의 소망이 전혀 없기에, 식욕을 잃어버렸다(4b, 9절). 그런데 10절에 보면 시인은 이러한 그의 고난이 자신의 죄로 인해서 하나님께서 분노하셨기 때문이라고 생각한다. 그는 육체적 고통으로 인하여 몸이 야위어졌다(5절). 그런데 그의 원수들은 그를 위로하기는 커녕 오히려 그를 비방하고 저주한다.

아마도 그들은 그에게 "너의 하나님은 어디에 있느냐?"(시 42:3), 혹은 "너는 하나님께 도움을 받지 못한다."(시 3:2)라고 비방했을 것이다. 하나님도 사람들도 그를 버렸으니, 그는 "광야의 펠리컨"과 "황폐한 곳의 올빼미" 그리고 "지붕위의 외로운 새"와 같다고 했다. 여기서 보이는 광야와 황폐한 곳의 모습은 마치 14절의 황폐하여 티끌만 남은 예루살렘을 연상하게 한다.
　따라서 시인의 고난이 예루살렘의 파멸과 연관된 것을 알 수 있다. 그는 잠으로 위안을 삼고 싶었으나, 그 역시도 여의치 않아 잠도 제대로 잘 수 없었다. 시인의 고난은 욥의 고난과 너무 유사하다. 욥도 질병이 심해서 그의 피부와 살가죽이 뼈에 붙을 정도로 말랐다(욥 19:19). 그 역시 친구들로 부터 비방을 받았으며 주위에 아무도 그의 편이 없는 외로움을 겪었다. 그는 밤낮으로 아팠으며(욥 30:17) 잠을 자려고 해도 악몽에 시달려 잠도 들지 못했다(욥 9:10). 무엇보다도 고통 가운데 하나님을 찾으나 발견할 수도 없었다.
　시인은 어떻게 그러한 고난 가운데 벗어나고 확신과 소망을 가질 수 있었는가?
　이 시의 후반부는 이를 기록하고 있다.

2) 고난 가운데 확신(12-28절)

(1) A (12-14절)와 A' (23-28절) 여호와의 영원하심과 시온을 긍휼히 여김

　이 시의 후반부에서 고난 가운데 시인의 확신과 소망이 나타난다. 그의 확신의 출발점은 자신의 덧없는 삶에 비하여 여호와는 영원하신 분이라는 사고에 있다. 그는 연기와 숯덩이와 풀과 그림자 같이 사라지는 존재다. 그는 기력이 쇠하여져서 곧 종말을 맞이할 것이다(23-24a절). 그러나 여호와는 영원하시고 그의 연수는 대대에 이를 것이다(24b절).
　다음으로 그는 하늘과 땅을 포함한 우주의 유한함과 하나님의 영원하심을 비교한다. 우주는 하나님께서 붙들고 계시기에 존재한다. 하지만 "겉옷"이나 "의복"과 같이 하나님께서 놓으시면 색깔이 변하고 낡아져서 사라져 버릴 것이다. 그러므로 영원한 여호와께서 시인과 그의 후손에게 은혜를 베푸시면 그들이 대대로 여호와와 함께 거할 수 있다(28b절; 참고. 시 90:1).

다음으로 시인은 시온을 향한 여호와의 사랑을 의존한다. 시온은 성전을 포함한 예루살렘을 말한다(21절). 이 시온은 하늘 성소와 상응하는 여호와의 임재와 통치의 상징적 장소다. 하나님의 백성이 전에 시온의 돌들을 기뻐했으며, 이제는 그 티끌까지도 좋아한다는 것(14절)으로 보아 당시에 예루살렘은 성전과 함께 이미 무너진 것을 알 수 있다.

예루살렘은 하나님의 진노로 말미암아 무너졌기에 회복을 위해는 하나님의 긍휼하심이 필요하다. 시인은 하나님께서 반드시 예루살렘을 다시 건설하실 것을 확신하였기에, 이제 정해진 때가 이르렀다고 선언한다(3c절). 예루살렘이 건설되면 포로된 하나님의 백성을 불쌍히 여기셔서 그곳으로 인도하실 것이다(렘 31:38-40). 거기서 그들의 후손이 대대로 하나님을 섬길 것이다(28절).

(2) B (15절)와 B' (22절) 모든 나라와 민족이 여호와를 두려워하며 섬김

여호와께서 시온을 건설하시고 그 백성으로 그곳에 거하게 하실 때에 시인은 나라들과 땅의 모든 왕이 두려워할 것이라고 한다. 그때 여호와는 시온에서 모든 나라와 민족으로부터 찬양과 섬김을 받을 것이다(21-22절). 그가 이것을 확신할 수 있었던 이유는 이사야와 같은 선지자들이 나라들과 민족들의 예루살렘 순례에 대해 예언했기 때문이다.

> 말일에 여호와의 전의 산이 모든 산 꼭대기에 굳게 설 것이요 모든 작은 산위에 뛰어나리니 만방이 그리로 모여들 것이라. 많은 백성이 가며 이르기를 오라 우리가 여호와의 산에 오르며 야곱의 하나님의 전에 이르자. 그가 그의 길을 우리에게 가르치실 것이라. 우리가 그 길로 행하리라 하리니 이는 율법이 시온에서부터 나올 것이요 여호와의 말씀이 예루살렘에서부터 나올 것임이니라(사 2:2-3; 4:1-2).

일어나라. 빛을 발하라. 이는 네 빛이 이르렀고 여호와의 영광이 네 위에 임하였음이니라. 보라 어둠이 땅을 덮을 것이며 캄캄함이 만민을 가리려니와 오직 여호와께서 네 위에 임하실 것이며 그의 영광이 네 위에 나타나리니 나라들은 네 빛으로 왕들은 비치는 데 광명으로 나아오리라 (사 60:1-3).

(3) C (16-17절)와 C' (19-20절) 여호와가 시온과 하늘 성소에서 다스림

여호와가 시온을 건설하신 것은 하늘 성소에서 포로된 자들의 고통을 들으셨기 때문이다. 19절의 "거룩한 산"은 하늘 성소다. 여호와께서 하늘에서 굽어 땅을 감찰하셨다. 여호와께서 감찰하신 대상은 "갇힌 자"와 "사망 선고 받은 자들"이다. 이들은 바벨론에 포로된 자들을 의미한다. 17절에 "빈곤한 자"도 역시 포로된 자를 의미한다. 메시아에 관해 예언하는 가운데 이사야 61:1이 있다.

주 여호와의 영이 내게 내리셨으니 이는 여호와께서 내게 기름을 부으사 가난한 자들에게 아름다운 소식을 보내게 하려 하심이라. 나를 보내서 마음이 상한 자들을 고치며 포로된 자들에게 자유를, 갇힌 자들에게 놓임을 전파하며 (사 61:1).

여기서 "가난한 자들"과 "마음이 상한 자들"이 쌍을 이루고 "갇힌 자들"이 "포로된 자들"과 쌍을 이룬다. 정확히 같은 단어가 아니라고 해도 "빈곤한 자"(17절)와 "가난한 자들"(사 61:1)이 상응하고 같은 어원의 "갇힌 자"(20절)가 "갇힌 자들"(사 61:1)이 상응하는 것으로 보아 이들이 이방 나라에 포로된 자들이라고 볼 수 있다.

하나님은 그들의 고통 가운데 부르짖는 소리를 들으시고 구원하실 것이다. 이는 마치 하나님의 백성이 애굽에서의 고된 노동으로 인한 고통 소리를 들으시고 그들을 구원하셨던 것과 같다 (출 2:24-25). 하나님께서는 포로된 자들을 구원하시고 그들의 본토로 귀환시키시며 예루살렘과 성전을 다시 건설하실 것이다. 그리하여 그곳에 하나님께서 다시 임하여 그 백성들을 통치하실 것이다.

(4) D (18절) 미래 하나님 백성의 찬양

18절은 후반부의 정점을 이룬다. 하나님께서 이스라엘의 역사 가운데 개입하셔서 포로된 자들을 해방시키시며 시온을 건설하시는 일들은 반드시 기록될 것이다. 왜냐하면, 미래에 창조될 하나님의 백성이 이것들을 읽으며 여호와을 찬양할 것이기 때문이다.

하나님께서는 과거에 이스라엘 백성을 애굽에서 건져내시고 하나님의 백성으로 창조하셨다(출 19:4-6). 이제 하나님은 바벨론에 갇힌 자들을 다시 제2의 출애굽을 하게 하고 하나님의 백성으로 재창조하실 것이다. 이 새로운 하나님의 백성에는 이방인들도 포함될 것이다(22-23절). 이 일이 실현될 때 하나님의 백성은 찬송하고 모든 나라와 민족은 하나님을 두려워하며 섬길 것이다.

시편 102편에서 시인은 자신의 고난과 이스라엘 공동체가 겪는 고통을 하나님께 고한다. 그러나 그는 육체와 마음의 고통과 극심한 외로움과 절망 가운데 소망과 확신을 발견한다. 그것은 인생은 짧고 덧없으나 하나님은 영원하시다는 것이다. 그래서 사람들이 그 영원하신 하나님을 의지할 때 하나님은 대대로 그들의 거처가 되실 것이다.

시인은 또한 하나님께서 시온과 시온의 백성을 사랑하시고 긍휼히 여기신다는 것을 믿었다. 하나님은 고통받는 백성의 기도를 들으시고 그들을 구원하실 것이며 시온을 건설하시고 거기에서 다스리실 것이다. 지금 겪는 우리의 고통이 아무리 크다고 해도 하나님은 우리의 기도를 외면하지 않으신다. 결국, 하나님은 온 세상을 의로 심판하실 것이다. 그리고 그를 바라보는 자들에게는 하나님께서 그들의 영원한 처소가 되어 주실 것이다(계 21:22-23).

3. 주변 시들과의 관계

시편 102편은 그 내용면에서 시 90편의 모세의 기도와 상당히 유사하다. 모세는 하나님의 영원하심에 비하여 인생의 짧음을 애통해 하였다. 그는 인생의 짧음을 "티끌", "밤의 한 경점", "풀" 그리고 "한 숨"과 같은 비유를 사용한다. 게다가 모세는 인생이 짧은 것도 슬픈데 죄로 인하여 하나님의 진노 가운데 고통받고 사는 것을 슬퍼하였다(시 90:7, 11; 참고. 시 102:10). 또한, 그가 하나님께서 대대로 그와 그 후손에게 거처가 되기 위해 시편 90:16에서 "당신의 종들에게 당신의 행사를, 당신의 영광을 그들의 아들들에게 나타내소서"라고 기도한다.

이것은 시편 102:28의 "당신의 종들의 자녀들은 [당신 앞에] 거할 것이며, 그들의 후손은 당신 앞에 세워지리이다"라는 확신과 유사하다. 이 두 시는 개인이나 공동체의 고난이 모두 죄로 인한 결과이며 영원하신 하나님을 의존할 때 이것을 해결할 수 있다는 것을 보여 준다.

앞선 시편 101편에서 시인은 여호와 앞에서 온전한 삶을 살고 헛된 것에 마음을 두지 않고 하나님께 신실함을 지키겠다고 맹세했다. 그는 그와 동일한 온전하고 신실한 자들과 함께 하며 거짓된 자들과 악인들은 그의 집안과 예루살렘 성과 세상에서 멀리하며 진멸하리라고 약속했다.

다시 말하자면 그는 하나님의 사랑과 공의를 세상에서 성취하겠다고 서약했다. 그런데 시편 102편을 보면 예루살렘 성은 무너졌으며 하나님의 백성은 포로된 가운데 신음하며 고통을 받고 있다. 이러한 상황에서 시인은 하나님께서 속히 자신과 신앙의 공동체에 하나님의 사랑과 공의가 이루어지게 해달라고 간청한다. 두 시가 이렇게 내용상 유사성이 있는 반면에, 시편 101편은 102편에서 하나님의 백성이 고난을 받는 원인을 제공한다. 다윗 왕조의 왕들이 하나님 앞에 온전히 행하며 악을 진멸하겠다는 서약을 지키지 못했기 때문에 이스라엘 백성에게 바벨론에 포로되는 고난이 찾아왔다는 것이다.

제15장

시편 103편
여호와의 사랑과 자비를 찬양

> 다윗의 시
>
> 1 여호와를 송축하라, 내 영혼아! 내 안에 있는 모든 것아!¹ 그의 거룩한 이름을 [송축하라].²
>
> 2 여호와를 송축하라, 내 영혼아! 그의 모든 은택³을 잊지 말지어다.
>
> 3 그가 네 모든 죄악⁴을 사하시며, 네 모든 질병을 고치시며,
>
> 4 네 생명을 구덩이⁵에서 구속하시며, 사랑과 자비(들)⁶로 네게 관을 씌우시도다.

---

1 "내 안에 있는 모든 것"이란 신명기 6:5(참고. 마 22:37)에서 여호와를 "마음"과 "영혼"과 "힘"을 다해 사랑하라고 말한 것처럼 사람의 "전 존재와 전인격"을 의미한다. 시인은 자신을 마치 다른 사람에게 권하는 것처럼 여호와에 대해 찬양할 것을 독려한다.

2 본문에 "송축하라"는 단어가 생략되었다. 시에서 이러한 생략을 통해 산문보다 문장을 짧게 만든다. 앞 구절에서 송축할 대상은 "여호와"였으나 여기서는 "그의 거룩한 이름"으로 구체화되었다. 여호와의 이름은 그의 존재와 같기에 여호와의 거룩하심을 찬양하라는 것이다.

3 "은택들"은 여호와께서 "행하신 일들"을 말한다. 타르굼역(Targum)은 이것을 "은택"이라고 단수로 기록한다.

4 쿰란의 시편(4 Q Ps)과 마소라 본문은 단수로 기록한다. 이 경우에 "죄악"은 집합명사이다. 반면에 많은 중세의 사본들과 칠십인역(LXX)에서 복수로 "죄악들"이라고 기록한다. 여기서 "죄악"(단수)과 "질병들"(복수)가 상응을 이룬다. 이 구절에서 죄악과 질병이 어느 정도는 연관되는 것으로 여긴다.

5 "구덩이"는 "스올"과 같이 죽음의 세계나 무덤을 의미한다.

6 히브리어 본문은 복수로 "자비들"('**라하밈**')이라고 기록하고 4절의 가장 끝에 나온다. 자비들이라고 복수로 기록하는 것은 6절의 마지막 단어인 "억눌린 자들"('**아수킴**')과

5 네 소망[7]을 좋은 것으로 만족하게 하사 네 청춘으로 독수리[의 것][8] 같이 새롭게 하시도다.

6 여호와는 의(들)을, 심판[9]들을 모든 억눌린 자를 위하여 행하시고,

7 그가 그의 길들[10]을 모세에게, 이스라엘의 자녀들에게 그의 행사들을 알리셨도다.

8 여호와는 자비로우시며 은혜로우시며 노하기를 더디 하시며 사랑[11]이 풍부하시도다.

9 그는 항상 다투지 않으시며 영원히 [그의 노]를 품지[12] 아니하시도다.

10 우리의 죄들을 따라 그는 우리에게 행하지 아니하시고, 우리의 죄악들을 따라 그는 우리에게 보수하지 아니하시도다.[13]

　　음운을 맞추기 위한 것이다.
7 　"소망"으로 번역한 것은 칠십인역을 따른 것이다. 이 단어의 히브리어 뜻은 "장식품"이라는 것으로, 이해되기 힘들다. 따라서, 이 단어가 "네가 살아있는 한", "네 생명"(BDB, NET), "네 노년의 날들"(타르굼역), "네 연수들"(NASB)로 다양하게 번역된다.
8 　여기서 독수리는 힘의 상징으로 쓰였다(사 40:31을 참고하라).
9 　히브리어에서 "의(들)"은 여성 복수이고 다음 행의 "심판들"은 남성 복수다. 이 절에서 이 두 단어가 여성과 남성의 성의 대조를 이루며 마치 합성어처럼 "의로운 심판들"을 의미한다. 여기서 "심판들"을 "정의들"로도 볼 수 있다.
10 　이 구절과 출애굽기 33-34장과의 밀접한 연관성을 인하여 여기서 "여호와의 길"은 "그의 영광" 혹은 "그의 성품들"(출 33:13, 18; 34:6-7)로 본다. 신명기 32:4에서도 여호와의 길이 그의 행사와 상응을 이루었고 이것이 여호와 자신이 어떤 분이신가를 보여 주었다. "그는 반석이시니 그가 하신 일이 완전하고 그의 모든 길이 정의롭고 진실하고 거짓이 없으신 하나님이시니 공의로우시고 바르시도다."
11 　출애굽기 34:6과 시편 86:15의 마지막에는 "사랑과 진실"이 풍성하시다고 기록되었다.
12 　"품다"라고 번역된 단어는 "간직하다, 지키다"라는 뜻이다. 여기에 "그의 노"가 생략된 것으로 본다. 왜냐하면, 이사야 57:16에 "내가 영원히 다투지 아니하며, 내가 항상 노하지 아니하며"라고 기록되었기 때문이다.
13 　이 구절에서 쓰인 "죄"는 히브리어로 '헤테'이고 "죄악"은 '아온'이다.

11 이는 하늘이 땅 위에[14] 높음과 같이, 그의 사랑이 그를 경외하는 자들에게 크시도다.[15]

12 동이 서에서 먼 것 같이 그가 우리의 죄과들[16]을 우리에게서 멀리 옮기셨으며,

13 아비가 자녀들에게 자비함과 같이 여호와께서 그를 경외하는 자들에게 자비하시도다.

14 이는 그가 우리의 구조[17]를 아시며 우리가 티끌임을 기억하심이로다.[18]

15 사람은 그의 날들이 풀과 같으며, 들의 꽃과 같이, 그렇게 그가 피도다.

16 바람이 그것을 지날 때, 그것이 사라지며, 그 처소가 더 이상 그것을 기억하지 못하도다.

17 그러나 여호와의 사랑은 그를 경외하는 자들에게 영원부터 영원까지 이르도다. 그의 의는 자녀들의 자녀들에게.

18 그의 언약을 지키는 자들에게, 그의 교훈들을 행하기 위하여 기억하는 자들에게.

19 여호와는 하늘에 그의 보좌[19]를 세우시며 그의 왕국은 모든 것을 다스리도다.

---

14 BHS는 칠십인역과 시리아역을 따라 "땅으로부터, 혹은 땅보다"라고 읽을 것을 제안한다. 이 경우에 "땅" 앞에 놓인 히브리어 전치사(민, -부터)의 ㅁ이 "하늘"('샤마임')의 마지막 자음 ㅁ과 같아(즉 '샤마이ㅁ-민 하아레쯔', 하늘이 땅으로부터) 필사자가 실수로 ㅁ을 떨어뜨렸다고 본 것이다(Haplography). 그런데 본문에 번역된 대로 읽어도('알-하아레쯔', 땅 위에) 충분히 이해가 간다. 동일한 전치사 '알'(위에)이 시편 95:2와 96:4에서 "모든 신 위에" 그리고 시편 99:2에서 "모든 백성 위에"라는 구절들에 쓰였다.
15 BHS는 "크시도다"를 앞 행과 같이 "높도다"라고 읽기를 권한다.
16 "죄과"의 히브리어는 '페솨'다.
17 히브리어 명사 "구조"(frame)의 동사의 뜻은 "형성하다, 구성하다"이다. 따라서 명사는 "어떤 요소로 형성된 것, 구성된 것"을 말한다. 후반부에서 보면 우리는 "띠끌, 혹은 흙"으로 형성되었다.
18 칠십인역에서 이 구절을 2인칭 명령형으로 "우리가 티끌임을 기억하소서"라고 기록되었다.
19 "보좌"란 일부를 가지고 전체를 말하는 제유법으로 "왕국"을 말한다. 따라서 "보좌"는 "왕국"에 속한 단어이며 이 둘 사이에는 계열 관계의 법칙(Paradigmatic Rule)이 작용한다.

> 20 여호와를 송축하라, 그의 천사들아! 능력의 용사들아, 그의 말씀의 음성에 순종하여 그의 말씀을 수행하는 자들아!
> 21 여호와를 송축하라, 그의 모든 천군아! 그의 뜻[20]을 행하는 그의 종들아!
> 22 여호와를 송축하라, 그가 통치하시는 모든 곳에서 그가 만드신 모든 것아! 여호와를 송축하라, 오, 내 영혼아!

1. 시편 103편의 구조

    A (1-2절) 개인적 찬양

      B (3-5절) 개인에 대한 여호와의 사랑과 자비를 찬양

      B' (6-19절) 백성에 대한 여호와의 사랑과 자비를 찬양

        a (6절) 여호와의 의로운 통치를 찬양

        b (7-10절) 백성에 대한 사랑과 자비로운 행사

        b' (11-18절) 백성에 대한 사랑과 자비로운 행사의 이유

          1 (11-13절) 여호와의 사랑은 하늘처럼 크고 자비는 아비와 같다("이는[왜냐하면]"으로 시작[11절])

          2 (14-18절) 인생의 덧없음에 비하여 하나님의 사랑과 의는 영원하다("이는[왜냐하면]"으로 시작[14절])

        a' (19절) 여호와의 의로운 통치를 찬양

    A' (20-22절) 개인적, 우주적 찬양.

---

20   "뜻"은 "기쁨"으로 번역되기도 한다. 따라서 이 구절은 천사들이 여호와의 기뻐하시는 것을 수행한다는 것을 말한다.

2. 해석

A (1-2절)와 A' (20-22절)는 찬양하는 주체에 대해 말한다. A(1-2절)에서 그 주체가 자신이며 시인은 마치 다른 사람에게 권하는 것처럼 자신에게 찬양할 것을 권고한다. 그가 그의 영혼과 그 안에 있는 모든 것으로 찬양하라는 것은 그의 마음과 영혼과 힘 등의 전인격과 전존재를 다하여 여호와를 찬양하라는 말이다. 그의 찬양의 내용은 그의 삶에서 그를 향한 하나님의 은택들 곧 자비로운 행사들이다.

A'(20-22절)에서 그는 찬양의 주체를 자신에게서 천사들과 우주의 모든 피조물에게까지 확대시킨다. 그는 천사들을 "능력의 용사들", "그의 말씀을 수행하는 자들", "천군들" 그리고 "그의 뜻을 행하는 종들"로 부른다. 천사들은 능력이 강하지만 하나님의 말씀에 철저히 순종하는 그의 종들이다. 히브리서 기자는 이 천사들이 하나님의 뜻을 따라 성도들을 섬긴다고 한다.

> 모든 천사는 섬기는 영으로서 구원받을 상속자들을 위하여 섬기라고 보내심이 아니냐 (히 1:14).

다음으로 시인은 하나님의 모든 피조물로 하여금 그를 찬양하라고 한다. 찬양의 내용은 구체적으로 언급하지 않으나, 시인이 "그가 통치하시는 모든 곳에서"라고 덧붙이는 것으로 보아 하나님의 의로운 통치를 찬양하라는 것으로 짐작할 수 있다.

B (3-5절)는 시인의 하나님께 찬양을 드리는 내용에 대해 기록한다. 찬양의 내용은 앞서 2절에서 나와있는 "하나님의 은택들"이다. 하나님은 그의 모든 죄를 용서하셨으며 그의 질병들에서 구원하셨다. 그가 죽음의 세계인 스올과도 같은 "구덩이"에서 건짐을 얻었다는 것으로 보아 그의 생명이 위독한 상태에 있었는데 구원받은 것을 알 수 있다.

더구나 그의 소망들을 하나님 편에서 좋은 것들로 만족하게 하셨다. 우리의 삶에 때로는 우리의 소망과 다르게 어떤 일이 일어나지만, 그것은 하나님께서 우리에게 더욱 유익하다고 여기시기에 허용하신다. 로마서 8:28은 "우리가 알거니와 하나님을 사랑하는 자 곧 뜻대로 부르심을 입은 자들에게는 모든 것이 합력하여 선을 이루느니라"라고 말씀한다. 이와 같이 우리는 하나님의 아들이기에 아들에 합당한 자격을 갖추기 위해 하나님은 우리의 모든 삶의 상황을 사용하여 우리를 훈련시키고 성장시킨다.

다음으로 하나님은 그의 젊음을 마치 독수리의 한창 때 활력있는 모습처럼 회복 하셨다. 이사야 40:31에서 독수리는 능력의 상징으로 사용되었으며, 여호와를 바라는 자에게 새 힘을 주신다고 약속하셨다.

> 오직 여호와를 앙망하는 자는 새 힘을 얻으리니 독수리가 날개치며 올라감 같을 것이요 달음박질하여도 곤비하지 아니하겠고 걸어가도 피곤하지 아니하리로다
> (사 40:31).

결론적으로 하나님께서 시인의 삶에서 보여 주신 은택들은 "하나님의 사랑과 자비로운 행사들"이다(4a절). 우리는 어려울 때 하나님의 도움을 간절히 구한다. 그런데 그 문제가 해결되면 하나님의 은혜를 기억하지 못하고 다시 죄악의 나락으로 떨어질 때가 많다. 그러나 시인은 우리와는 달리 하나님께 감사하고 찬양하기 위하여 그 자신을 향한 과거의 하나님의 사랑과 자비를 늘 기억하였다.

B' (6-19절)는 백성에 대한 여호와의 사랑과 자비를 찬양한다. 6절과 19절은 모두 여호와의 통치를 노래하는 수미상관을 보여 준다.[21]

---

21 수미상관법(*Inclusio*)은 시에서 주로 나타나는데 첫 연과 마지막 연이 동일하거나 비슷한 형태를 띄는 형식을 말한다. 이것을 통해 그 안에 들어 있는 내용이 하나의 의미를 가지고 있다는 것을 알려준다.

a (6절) 여호와는 의(들)을 행하시고, 심판들을 모든 억눌린 자를 위하여
[행하시도다].
a' (19절) 여호와는 하늘에 그의 보좌를 세우시며 그의 왕국은 모든 것을
다스리도다.

먼저 19절을 살펴보면 여기서는 여호와의 우주적 통치를 찬양한다. 그의 통치 장소는 하늘에 있으며 그의 통치권이 미치지 않는 곳이 없다. 그런데 6절에서 이 우주적 통치에 비해 사람들에 대한 하나님의 통치를 언급한다. 그의 통치가(혹은 심판이) 억울하게 억눌린 자들과 가난한 자들과 고난받는 자들에게는 구원과 기쁨을 준다. 그들은 이것을 통하여 하나님의 사랑과 자비를 경험한다. 반면에 악인들에게 하나님의 심판은 재앙이며 이를 통하여 하나님의 의로우심이 증명된다.

b (7-10절)는 모세 시대 이스라엘 백성에게 보여 주신 여호와의 사랑과 자비를 찬양한다. 이 부분은 출애굽기 33-34장을 그 배경으로 한다. 모세는 여호와께 자신이 참으로 여호와의 목전에 은총을 입었다면 "주의 길"을 그에게 보여 그에게 주를 알게 해 달라고 기도한다(출 33:13). "주의 길"을 아는 것은 곧 "주"를 아는 것이다. 모세는 또한 "주의 길"을 다른 표현으로 바꾸어 "주의 영광"을 그에게 보여 달라고 한다(출 33:18). 따라서 그가 말한 주의 길이나 시편 103:7에 나온 "그의 길들"은 여호와의 성품들 곧 그의 영광을 말한다. 출애굽기 34:6-7에서 하나님께서는 모세의 간구대로 그의 영광을 보여 주신다.

여호와께서 그의 앞으로 지나시며 선포하시되 여호와라 여호와라 자비롭고 지혜롭고 노하기를 더디하고 사랑과 진실이 많은 하나님이라 사랑을 천대까지 베풀며 악과 과실과 죄를 용서하리라 그러나 벌을 면제하지는 아니하고 아버지의 악행을 자손 삼사 대까지 보응하리라 (출 34:6-7).

시편 103:7-8과 출애굽기 34:6-7의 깊은 연관성을 볼 때, 여호와의 길들과 행사들은 여호와가 어떤 분이신가를 보여 주는 것이다. 그리고 그의 여러 성품 중에 가장 특징적이라 할 수 있는 것이 바로 사랑과 자비이다. 시편 103:9-10은 위의 출애굽기 34:7에 대한 시인의 해석이라고도 볼 수 있다. 시편과 출애굽기 모두 하나님의 사랑과 자비가 그의 공의보다 훨씬 더 크다고 말한다. 출애굽기 34:7은 마치 아버지의 죄로 인해서 죄 없는 자손이 벌을 받는 것으로 보인다. 하지만 우리는 고대 사람들의 가족 구성이 오늘 우리와는 다르다는 사실을 고려해야만 한다.

고대는 보통 3, 4대의 가족이 함께 살았다. 그래서 만일 가장이 범죄하여 징벌을 받으면 그는 가족의 경제의 주체이기에 당연히 그 가족 전체 생계는 영향을 받을 수 밖에 없다. 그 외에 우리는 구약에서 종종 하나님의 축복과 저주가 가족이나 지파 등의 단위로 임하였음을 기억해야 한다. 물론 신약에서도 "주 예수를 믿으라 그리하면 너와 네 집이 구원을 받으리라"(행 16:31)라는 구절을 보면 하나님의 가족 단위의 축복이 오늘도 유효하다는 것을 알 수 있다.

출애굽기 34:7의 말씀과 같이 하나님은 그의 백성에게 영원히 진노하지 않으신다(시 103:9). 또한, 우리가 죄를 질 때마다 하나님은 이것을 기다렸다는 듯이 우리를 때리지 않으신다(시 103:10). 따라서 우리를 향한 그의 사랑과 자비는 그의 공의보다는 훨씬 더 크다.

b' (11-18절)에서 백성에 대한 사랑과 자비로운 행사의 이유를 밝힌다. 11절과 14절의 첫 번째 단어를 "이는"(왜냐하면 히브리어로 '키')으로 시작하여 시인의 의도를 놓칠 수 없게 한다. 그 이유는 그의 사랑이 하늘이 땅에서부터 높음 같이 크기 때문이라고 한다(11절). 그런데 시인은 그 하나님의 사랑과 자비의 대상이 명목상 하나님의 백성이 아니라 "그를 경외하는 자들에게"라고 분명히 밝히고, 이를 세 번씩이나 반복한다(11, 13, 17절). 시인은 또한 하나님을 경외하는 것이 무엇을 의미하는 지도 분명히 제시한다. 곧 여호와를 경외하는 자들은 그의 언약을 지키고 그의 교훈들 혹은

가르침들을 행하려고 기억하는 자들이다.

본문이 "경외하는 자들"을 이렇게 강조하는 것은 그만큼 그것이 중요하기 때문이다. 이 시편의 주제는 한마디로 "여호와께서 그의 사랑과 자비를 그를 경외하는 자들에게 베푸신다"는 것이다. 12-13절에서 그의 신실한 자들에 대한 하나님의 자비를 아버지의 자녀에 대한 자비와 연관시킨다. 이전 11절에는 그들에 대한 하나님의 사랑이 크다는 것을 땅과 비교할 수 없을 만큼 하늘의 높음을 통해 나타낸다. 그런데 여기서는 하나님의 죄용서하시는 자비를 동과 서의 먼 거리를 통해 묘사한다.

"우리 죄과들을 멀리 옮기셨다"는 구절은 레위기의 아사셀("[죄의] 완전한 제거를 위하여"라는 뜻[BDB]) 염소(The Azazel-goat)를 떠올리게 한다. 이스라엘 백성은 대속죄일에 두 염소 중에 제비를 뽑아 한 염소는 속죄제를 드리고, 또 다른 염소는 대제사장이 그 염소의 머리에 두 손으로 안수하여 이스라엘 백성의 죄를 전가하고, 사람이 접근하기 어려운 먼 광야로 그것을 내보낸다(레 16:21-22).

이 염소는 거기서 맹수들의 먹이가 된다. 이같이 하는 이유는 백성의 죄가 그들과 그들이 거하는 성을 멀리 떠나서 다시 그들 곁에 있지 못하게 하려는 것이다. 그래서 하나님께서는 그들의 죄를 완전하게 용서하시고, 다시 기억하지 않으신다(사 43:25).

다음으로 하나님의 사랑과 자비가 경외하는 자들에게 임하는 이유는 인생은 연약하고 순간적이나 하나님의 사랑은 영원하기 때문이다(14-18절). 인생은 그 구성 요소가 흙이니 흙으로 돌아갈 수 밖에 없다(14절). 그것도 들의 풀이나 꽃과 같이 덧없는 존재들이다. 인생이 사라지면 지면에서 그가 있었던 흔적도 찾을 수가 없다(15-16절).

이렇게 유약하고 덧없는 존재이나 하나님의 사랑은 그를 경외하는 자들에게 영원하다. 하나님의 의 역시 그들의 후손에 이르기까지 대대로 이른다(17b절). 여기서 "하나님의 사랑과 의"에 대해 기록했으나 우리는 앞에서 하나님의 의보다 그의 자비가 더 풍성하다는 것을 확인했다. 결론적으로 하나님께서 우리에게 사랑과 자비를 베푸시는 이유는 그의 사랑이 크고 그의 자비는 넓기 때문이고, 인생은 짧으나 그의 사랑과 자비는 영원하기 때문이다.

우리는 이 시편처럼 하나님의 사랑과 자비를 얻기 위해 항상 하나님을 경외하고 그의 말씀에 순종해야 한다. 그래서 우리의 삶을 통해 그의 사랑과 자비를 체험해야 한다. 사도 바울은 에베소서 3:16-18에서 성도들을 위해 이렇게 기도한다.

> 그의 영광의 풍성함을 따라 그의 성령으로 말미암아 너희 속사람을 능력으로 강건하게 하시오며 믿음으로 말미아 그리스도께서 너희 마음에 계시게 하시옵고 너희가 사랑 가운데서 뿌리가 박히고 터가 굳어져서 능히 모든 성도와 함께 지식에 넘치는 그리스도의 사랑을 알고 그 너비와 길이와 높이와 깊이가 어떠함을 깨달아 하나님의 모든 충만하신 것으로 너희에게 충만하게 하시길 구하노라 (엡 3:16-18).

하나님의 사랑에 거하면서 그 사랑을 깊게 깨달을 때, 하나님의 사랑과 지식과 능력과 의 등의 모든 하나님의 성품이 우리에게 가득하게 된다. 그리하여 우리가 이 땅에 온 그 목적을 성취하게 된다.

3. 주변 시들과의 관계

시편 102편에서 시인은 심한 고난 가운데 하나님께 부르짖었다. 그는 육체적으로 심한 고통에 시달리며, 금방이라도 그의 생명이 소멸할 것같은 위태로움을 느꼈다(3, 23-24절). 그는 그러한 자신의 고통이 자신의 죄로 인하여 하나님께서 분노하신 것으로 이해한다(10절). 그런데 시편 103편은 마치 동일한 시인이 그러한 고난 가운데 하나님께서 그의 기도를 들으시고 구원해 주신 것을 감사하는 듯한 느낌을 받는다. 하나님께서 그의 생명을 건져주셨고 더 나아가 독수리처럼 활력있게 하셨다(4-5절).

그는 또한 죄 용서를 받음으로 하나님의 사랑과 자비를 체험하였다. 그래서 시편 102편은 고난 중에 드리는 애통의 기도라면 103편은 고난 중에 구원을 체험하고 드리는 감사와 찬양이다.

제16장

시편 104편
여호와 창조의 질서와 풍요를 찬양

1 여호와를 송축하라 내 영혼아! 여호와, 나의 하나님, 당신은 지극히 위대하시도다. 당신은 위엄과 영광[1]을 입으셨나이다.

2 그는 빛을 겉옷처럼 두르시며 하늘을 휘장처럼 펼치시며,

3 물(들)[2] 위에 그의 다락방들의 들보들을 얹으시며, 구름(들)[3]을 그의 수레로 삼으시며, 바람의 날개들로 왕래하시며,

4 바람을 그의 사자들[4]로, 타는 불[5]을 그의 종들로 만드시도다.

5 그가 땅을 그것[6]의 기초들 위에 두시어 영원히 요동하지 않게 하셨도다.

6 당신이 그것[7]을 깊음[8]으로 겉옷같이 덮으사 산들 위에 물(들)이 자리잡았나이다.

---

1 "위엄"과 "영광"은 서로 바꿔 사용해도 좋을 만큼 의미가 유사하다.
2 "물(들)"은 창세기 1:7의 하늘 위에 있는 물이다.
3 "구름"은 특별히 "검고, 두터운 구름"을 말한다.
4 "사자들"은 "천사들"로도 번역된다(히 1:7).
5 BHS 편집자는 "타는 불"을 "불과 화염"으로 읽을 것을 제안한다.
6 땅이 여성형이기 때문에 "그것"은 여성형이다.
7 여기서 "그것"은 남성 대명사다. 따라서 헬라어 아퀼라 역이나 데오도리안역과 타르굼역(Targum)에서 이것을 여성 형으로 바꾸지만, 히브리어 시에서 남녀 사이의 성을 빈번하게 번갈아 사용하기에 이것은 불필요한 교정이다.
8 "깊음"은 창세기 1:2의 땅을 덮고 있었던 물이다. 이 물은 빙하의 얼음과 같이 소금물이 아니라 민물이었다.

7 당신의 책망으로 그들이 달아나며,⁹ 당신의 천둥소리에 그들이 서둘러 떠나나이다.

8 그들이 산들로 오르며 골짜기들로 내려가서, 당신이 그들에게 정하신 장소에 이르나이다.

9 당신이 경계를 정하셨기에 그들이 넘지오지 못하며, 땅을 덮으려고 돌아오지 못하나이다.

10 그가 샘들을 계곡들로 보내셔서 산들 사이로 그들이 지나며,

11 그들이 땅¹⁰의 모든 생물에게 마시게 해서 들나귀들도 그들의 갈증을 해소하도다.

12 그들의 곁에 하늘의 새들이 거하며, 무성한 잎들¹¹에서 소리를 발하도다.

13 그가 그의 다락방들로부터 산들에게 마시게 하고, 당신의 행사들의 열매¹²로 땅은 흡족하도다.

14 그가 자라게 하시도다 풀들을 동물을 위하여, 식물을 사람의 노동¹³을 위하여 [사람이] 땅에서 양식을 생산하도록

15 사람의 마음을 즐겁게 하는 포도주와 사람의 얼굴을 빛나게 하는 기름과 사람의 마음을 견고하게 하는 양식을 [생산하도록].

---

9 문법적으로는 우리말 성경처럼 "산[들]은 오르고, 골짜기[들]는 내려 갔나이다"(NASB 참고) 라는 해석이 가능하지만 11절과 13절이 계속 "물들"에 관하여 말하고 있다는 점에서 이렇게 번역해야 한다(NIV, NKJ 참고).

10 "땅"은 혹은 "들"로도 번역된다.

11 "무성한 잎들"은 다른 말로 "나무 가지들"로 번역할 수 있다. 이것은 마소라 학자들의 독법(퀘레)을 따른 것으로 원래 쓰여진(케팁) 단어는 읽기 어렵기 때문에, 칠십인역과 시리아 페쉬타역은 "바위들 가운데"라고 이해한다.

12 BHS 편집자는 이 구절을 "당신의 구름이 뻗침으로", 혹은 "당신의 창고의 비들로"라고 읽을 것을 제안한다. 비록 이러한 자연의 현상으로 말미암아 물이 땅에 적셔지는 것은 사실이지만 시인은 이 모든 것이 하나님의 행사들로 보고 있기에 이러한 표현이 더 적당하다.

13 "노동"이란 단어의 히브리어 동사의 기본 의미는 "섬기다"이다. 하지만 개역개정이 창세기 2:5에 번역한 대로 "경작하다"라는 뜻에 더 가깝다. 이 구절은 하나님이 사람들에게 식물을 주셔서 사람들로 하여금 노동을 통하여 양식을 얻게 하신다는 말이다.

16 여호와의 나무들[14]과 그가 심으신 레바논의 백향목들이 흡족하도다.

17 거기에 새들은 그들의 둥지들을 지으며, 황새는 그것의 집을 전나무들에 [짓도다].

18 높은 산들은 산양들에게, 절벽들[15]은 바위 오소리들에게 피난처로다.

19 그가 정한 절기들[16]을 위하여 달을 만드시며, 해는 그 지는 곳[17]을 알도다.

20 당신이 어둠을 정하여 밤이 되니, 그 때에 숲의 모든 생물이 기어 다니나이다.

21 젊은 사자들이 울부짖나이다 먹이를 위하여, 하나님께 그들의 양식을 구하기 위하여

22 해가 돋을 때, 그들이 함께 모여 그들의 굴(들)에서 눕도다.

23 사람은 그의 일을 위하여 나가도다. 저녁까지 그의 노동을 위하여.

24 당신의 행사들이 얼마나 많은 지요, 오, 여호와여! 당신이 그들 모두를 지혜로 만드셨나이다. 땅은 당신의 창조물[18]로 가득하나이다.

25 여기 바다는 크고 양쪽으로[19] 넓으며, 거기에 움직이는 것들과 셀 수 없는 크고 작은 생물들이 있나이다.

26 거기에 선박들과 당신이 그 안에서 놀도록 지으신 리워야단[20]이 왕래하나이다.

---

14 "여호와의 나무들"은 "에덴 동산의 나무들"을 연상하게 한다. 에스겔 31:8-9에서 에덴동산의 나무들과 레바논의 백향목이 비교되었다.
15 "절벽들"은 혹은 "험한 바위들"로 번역된다.
16 "정한 절기들"은 단순히 "계절들"을 말하는 것이 아니다. "정한 절기들"에 대하여 레위기 23장에서 안식일(2-3절), 유월절과 무교절(4-6절), 초실절(10절), 칠칠절(16절), 대 속죄일(27절), 장막절(34절) 등을 언급한다.
17 문자적으로는 "출입구"이지만, 시편 113:3, 말라기 1:11에 해와 관련하여 "지는 곳"이라는 뜻으로 쓰인다.
18 "창조물"은 혹은 "소유물"로 번역된다(칠십인역).
19 히브리어 본문에는 문자적으로 "양쪽으로, 혹은 양손으로"라는 단어가 있으나 대부분의 번역본들에서 불필요한 것으로보고 생략한다.
20 바알과 대적했다는 머리가 일곱 개인 바다괴물인 **'로탄'**이라고도 한다. 이사야 27:1에서 하나님께 대적하는 대표적 세력을 상징하며 "날래고 꼬불꼬불한 뱀"으로 묘사되어 있다.

27 그들 모두가 그들의 양식을 각자의 때에 주시기를 위하여 당신을 바라나이다.

28 당신이 그들에게 주시니 그들이 [이것을] 모으고, 당신이 당신의 손을 펼치시니 그들이 좋은 것으로 흡족하나이다.

29 당신이 당신의 얼굴을 숨기시니[21] 그들이 놀라며, 당신이 그들의 호흡[22]을 거두시니 그들이 죽어서 그들의 먼지로 돌아가나이다.

30 당신이 당신의 호흡을 보내시니 그들이 창조되고, 당신은 지면을 새롭게 하시나이다.

31 여호와의 영광은 영원할 것이며, 여호와께서 그의 행사들로 즐거워하시리로다.

32 그가 땅을 보시니, 이것이 진동하며, 그가 산들을 만지시니, 이것들이 연기를 발하도다. 내 평생에 내가 여호와를 노래하며, 내가 사는 동안에 나의 하나님을 찬양하리로다.

34 나의 묵상으로 그를 기쁘시게 할지라![23] 나 자신은 여호와를 즐거워하리로다.

35 죄인들이 땅에서 소멸될 지며, 악인들이 더 이상 있지 못하게 할지라! 여호와를 송축하라 내 영혼아! 할렐루야.

---

21 하나님의 얼굴을 숨기신다는 표현은 그가 은총을 베풀지 않으신다는 것이다(민 6:25-26).
22 여기서 "호흡"(또한 30절)은 히브리어 '루아흐'로 영으로도 볼 수 있다.
23 이 구절과 31a절은 히브리 문법상 간접 명령법으로 1인칭이나 3인칭 주어를 권면하거나 명령할 때 사용한다.

1. 시편 104편 구조

　　A (1-4절) 하늘에 나타난 여호와의 영광을 찬양
　　　B (5-9절) 공간의 경계를 정하심
　　　　C (10-18절) 땅의 생물들에게 물과 양식을 공급
　　　B' (19-23절) 시간의 경계를 정하심
　　　　C' (24-30절) 땅(특별히 바다)의 생물들에게 양식과 생명을 공급
　　A' (31-35절) 땅에 나타난 여호와의 영광을 찬양.

　이 시의 구조를 나누는데 여호와의 창조를 표현하는 히브리어 '아솨' (동사로 "만들다", 혹은 명사로 "행사"라고 번역되었다)라는 용어가 도움을 준다. 이 용어는 4, 13, 19, 24, 31절에 반복되고, 이에 따라서 1-4, 5-13, 14-18, 19-23, 24-30, 31-35절로 본문을 나눌 수도 있다. 여기서 A (1-4절)와 A' (31-35절)는 수미상관법(Inclusio)으로 되어 있다. 1절에서 "여호와를 송축하라 내 영혼아!"로 시작하여 "여호와를 송축하라 내 영혼아! 할렐루야"로 마친다. 그런데 A (1-4절)는 하늘에 나타난 여호와의 영광을 노래한다. 땅에 대한 찬양은 5절부터다.
　A' (31-35절)는 하나님에 대한 영광을 찬양하되 땅에 나타난 그리고 앞으로 나타날 영광에 집중되어 있다. 32절에 "그가 땅을 보시니 그것이 진동하며." 35절에 "죄인들이 땅에서 소멸할 것이며"라고 찬양한다.
　B (5-9절)에서 하나님께서 땅과 바다의 경계를 나누신 것을 묘사하고, B' (19-30절)에서 달과 해를 통하여 시간의 경계를 나누신 것을 말한다. 하나님은 이같이 시공간 경계를 정하심으로 창조의 질서를 유지하신다.
　C (10-18절)는 하나님께서 땅의 동물들에게 물을 공급하시고 물을 통하여 풀들과 식물들이 자라서 동물과 사람에게 양식과 거주지를 제공한 것을 기록한다. C' (24-30절)는 땅에 속한 영역 중에 특별히 바다의 생물에 관해 여호와께서 양식을 주시고 생명 자체를 주장하시는 것을 묘사한다.

이 시는 창세기 1장의 창조 순서와도 아래와 같이 대략적으로 연관되어 묘사된다.

첫째 날(빛과 어둠)은 1-2절
둘째 날(궁창 위의 물과 아래의 물)은 3-4절
셋째 날(땅과 바다, 식물)과 **여섯째 날**(땅의 동물, 사람)은 5-18절
넷째 날(해와 달)은 19-23절
다섯째 날(공중의 새들, 바다의 생물들)은 24-30절.

2. 해석

이 시는 창조에 나타난 여호와의 행사를 찬양한다. 창조는 이스라엘 신앙에서 구원과 함께 가장 근본적 신앙 내용이며 찬양의 대상이다(시 8:1-9; 19:1-6; 100:1-3, 5; 136:3-9). 그런데 창조는 신약보다 구약성경에 더 많이 기술되어 있고, 창조가 창세기 1-11장에만 나온 것이 아니다. 창조는 지혜서와 율법서에서도 많이 기록되어 있고, 이스라엘의 지혜와 율법의 토대를 이룬다. 게다가 선지서와 시편에서도 창세기의 창조와 다른 창조의 이야기들을 기록한 것을 볼 수 있다(예. 겔 28:11-19).

창조에 관한 성경의 여러 기록 가운데 시편 104편의 특징은 시인이 하나님의 구원을 인하여서가 아니라 오직 창조만을 인하여 하나님을 찬양한다는 것이다.

이에 비하면 우리는 하나님이 창조주라는 사실을 얼마나 깊이 묵상하며, 하나님의 창조에 대해서 얼마나 많이 찬양하고 있는가?

1) 하늘에 나타난 여호와의 영광(1-4절)

시인은 1절에서 하나님의 위대하심과 위엄과 영광이 피조물 가운데 드러났다고 노래한다. 그는 2절에서 하나님께서 하늘의 빛을 옷처럼 입으셨다고 한다. 이 빛은 하나님의 영광을 가장 잘 드러내 주기 때문에 성경에서 하나님 자신이 곧 빛이라고 한다(요일 1:5). 요한복음 1장은 빛을 예수의 생명의 근원됨과 절대 거룩성을 묘사하는 이미지로 사용한다(요 1:4-5).

하나님께서 하늘을 휘장처럼 펼쳐 놓으심으로 하늘을 땅과 절대적으로 구별된 하나님의 영역으로 만드셨다. 모세와 이스라엘 백성이 시내산에 임재하신 여호와의 모습을 보니, "그 발 아래에는 청옥을 편 듯하고 하늘 같이 청명하였다"(출 24:10)라고 한다. 에스겔도 그발 강가에서 궁창 위에 계신 여호와의 영광을 보았는데, 궁창이 수정처럼 펼쳐 있었다고 증거한다(겔 1:22).

하나님께서는 물을 하늘 위의 물과 하늘 아래의 물로 나누시고 하늘 위의 물 위에 그의 궁정과 다락방을 세우셨다. 그런데 하나님께서 하늘 궁정에만 제한되어 계신 것이 아니라, 3절에서 보면 구름과 바람을 타고 자유롭게 운행하신다. "구름을 그의 수레로 삼으시며 바람의 날개로 왕래하시며"라는 구절은 "그가 그룹들을 타고 날으심이여, 바람 날개를 타고 빨리 날으셨도다"(시 18:10[삼하 22:11])와 유사하다.

시편 18:10에 쓰인 "타다"라는 명사형이 바로 3절의 "수레"라는 단어와 같고, "날으심이여"와 "빨리 날으셨도다"라는 동사들의 명사형은 "새"라는 단어다. 하나님께서 좌정하셨을 때에는 그룹들은 하나님의 보좌의 발등상을 이룬다(삼상 4:4; 삼하 6:2; 왕상 13:6; 왕하 19:15). 그렇지만 하나님께서 운행하실 때에는 그들은 수레가 되어 새처럼 그들의 날개로 하나님을 모신다.

또 4절 "바람을 그의 사자들로, 타는 불을 그의 종들로 만드셨도다"라는 말씀을 보면 시인은 계속해서 태풍이나 토네이도와 같은 바람과 번개 등을 하나님의 뜻을 실행하는 대리자나 도구로 본다. 또한, 성경에서 이러한 바람과 번개 등이 자주 하나님의 나타남의 모습으로 묘사한다(출 19:16; 시 18:12-14).

2) 공간의 경계를 정하심(5-9절)

여기서는 창세기의 창조 셋째 날에 여호와께서 바다와 육지로 나누신 것을 묘사한다. 창세기에서 간략하게 기록하나 여기서는 이것이 5절에서 9절까지 묘사되어 있다. 먼저 5절에서 땅이 요동치 않고 영원히 견고할 수 있는 근거는 하나님께서 창조 시에 땅을 그것의 기초 위에 얹어 놓으셨기 때문이라고 말한다.

욥기 9:6도 "그가 땅을 그 자리에서 움직이시니 그 기둥들이 흔들리도다"라고 기록한다. 그런데 욥이 말하는 "기둥들"이 실재가 아니라 상징적이라는 것을 욥기 26:7("그는 북쪽을 허공에 펴시며 땅을 아무 것도 없는 곳에 매시며")을 통해 알 수 있다. 그런데 오늘날까지도 땅이 견고한 것은 하나님께서 지금도 창조 질서를 유지하시기 때문이다.

창세기와 마찬가지로 그 땅을 물이 뒤덮고 있었는데 여호와께서 하늘 위의 물과 아래의 물로 나누었다(창 1:6-7; 시 104:3). 그리고 다시 하늘 아래의 물을 바다로 모으시고 육지를 드러나게 하시고 다시 물이 땅을 덮지 못하도록 바다의 경계를 정하셨다. 고대 사람들에게 있어 폭우나 홍수나 해일이나 쓰나미 등은 그들의 생명에 대한 가장 큰 위협이었다. 현대 문명 사회에도 이는 가장 큰 위협의 하나이기에 고대 근동에서 물을 신으로 여긴 것도 무리가 아니다.

아카드어로 기록된 '에누마 엘리쉬'(I. 71-77)에서 고대 바벨론 신화에서 **압수**(민물) 신이 **에아** 신에게 대항하였으나, 패하여 그 몸이 지하 세계와 하늘로 나뉘었다. 이와 유사하게 **에아**의 아들 **마르둑**에게 **티아맛**(바다, 우리 성경의 "깊음"[창 1:2]과 같음) 신이 도전했으나 패하였다. 가나안에서 **얌**(바다) 신이 **엘** 신에게 대항했으나 그의 아들 바알에게 패하였다. 본문과 같은 성경에서 물을 신으로 보지 않으나 때로는 창조의 질서를 위협할만한 "교만한" 존재로 묘사한다. 예를 들어 욥기 38:8-11에서 하나님께서 이렇게 말씀하신다.

> 바다가 그 모태에서 터져 나올 때에 문으로 그것을 가둔 자가 누구냐. 그 때에 내가 구름으로 그 옷을 만들고 흑암으로 그 강보를 만들고, 한계를 정하여 문 빗장을 지르고 이르기를, 네가 여기까지 오고 더 넘어가지 못하리니 네 높은 [혹은 교만한] 파도가 여기서 그칠지니라 하였노라(욥 38:8-11).

이 말씀은 바다가 단순히 해안선의 경계를 넘어 육지를 덮치는 것을 묘사하는 것이 아니다. 그의 도전은 우주적이었기에 하늘 위에 물을 올려놓고서 구름과 흑암으로 감싸고 하늘 문의 빗장을 채워서 내려오지 못하게 하신 것이다(욥 26:8). 비록 본문의 시편에서 바다와 육지의 경계를 묘사하는 내용이지만, 물이 가지고 있는 잠재적 위협을 간과하지 않는다. 그러나 여호와의 꾸짖으심에 물은 놀라 달아나 자기 처소에 틀어박혀 더 이상 나올 생각을 못한다. 이렇게 해서 창조 때 공간의 질서가 유지되었다.

3) 땅의 생물들에게 물과 양식을 공급하심(10-18절)

인간에게 물은 생명의 위협이되지만, 또 한편으로 물이 없이는 살 수 없기에 생명의 근원도 된다. 앞서 하나님께서는 물을 제어하셔서 공간의 질서를 유지시키셨다. 하나님께서는 물을 제압하실 뿐 아니라 지상의 생물들을 위하여 물을 적절하게 공급하신다. 다음의 구조를 살펴보면 하나님께서 동물들에게 물을 통해 양식과 처소를 제공하는 하는 것을 볼 수 있다.[24]

---

24 VanGemeren, *The Psalms*, 661을 참고하라.

A (10절) 여호와께서 샘물을 공급하심

　B (11-12절) 들짐승들과 새들이 마심

A' (13절) 여호와께서 다락방에서 물을 공급하심

　B' (14-15절) 가축과 사람에게 양식이 제공됨

A" (15절) 여호와께서 나무에게 물을 공급하심

　B" (17-18절) 새들과 황새와 산양과 바위 오소리의 처소가 제공됨.

10절에 여호와께서 지하의 깊은 곳에서 물을 솟아나게 해서 이것이 골짜기를 통해 대지를 적시게 하신다. 이 물이 들짐승들에게 직접적으로 공급되며 새들도 그 유익을 누린다. 13절에서 하늘 위에 있는 그의 다락방에서 빗장을 열고 비를 적당하게 내리게 하신다. 시인은 이러한 비가 자연현상이 아니라 하나님의 계속되는 창조의 사역으로 보며, 그 결과 땅에 풍요와 만족이 있다고 한다.

하나님의 창조가 피조물에게 가져다 주는 풍요를 "땅은 흡족하다"(13b절)는 것과 "여호와의 나무들과 레바논의 백향목들이 흡족하다"(16절)라고 표현하였다. 이 물이 풀과 식물을 자라게 하여 동물들과 사람들의 양식이 된다. 그런데 하나님께서 사람들에게는 양식을 직접 공급하신 것이 아니라 그들의 노동을 통하여 얻게 하신다.

땅을 경작하고 섬기는 것은 타락 이전에 하나님께서 정하신 것이며(창 2:5, 15), 타락 이후에도 이것은 우리에게 주신 축복이다. 우리는 노동을 통하여 포도주와 기름과 온갖 좋은 것으로 풍요를 누린다. 하나님의 공급하시는 물은 백향목이나 전나무를 자라게 하여 새들과 황새들에게 보금자리를 제공하였다. 또한, 산은 산양과 바위 오소리의 처소를 제공한다. 이와 같이 하나님의 창조에는 복과 풍요가 있다. 이 복이 하나님이 주시는 물을 통하여 생물들에게 생명과 양식과 처소를 제공하는 것으로 나타났다.

결국, 하나님 자신이 복과 풍요의 원천이라는 것이다. 에스겔이 본 성소 환상에서도 성소 제단으로부터 흘러나온 생수가 신비한 치료의 능력이 있는

각종 과실 나무를 자라게 하고 사해 바다를 소생시킨다고 했다(겔 47:1-12). 이 말씀 역시 창조의 모든 복과 은총이 여호와로부터 시작된다는 의미다.

따라서 하나님의 형상을 따라 그의 대리자로 세움을 받은 우리는 하나님의 창조의 복이 우리를 통해 세상 모든 사람에게 전달되도록 해야 한다(사 58:10-12). 다시 말하자면 하나님의 창조는 우리가 사회적 책임을 다해야 하는 윤리의 근거다. 왜냐하면, 창조의 질서를 유지하시는 분이 지상의 사회적, 윤리적 질서도 유지하시는 분이기 때문이다(시 146:6-10).

4) 시간의 경계를 정하심(19-23절)

위에서 하나님께서는 물의 한계를 정하심으로 공간에 대한 질서를 부여하신다. 이제 하나님께서는 낮과 밤과 절기들을 나누심으로 시간에 대하여 질서를 부여하신다. 비록 창세기 1:14에서 해와 달이 모두 "계절들"(정한 절기들)과 "날들"과 "해들"을 나타내는 표지들이라고 했으나 여기서는 "달"만을 언급한다. 밴게메렌(VanGemeren)은 "달"만을 절기들과 연관시킨 것은 이스라엘 백성이 다른 동양인들과 마찬가지로 절기를 월력에 따라 정하기 때문이라고 한다.[25] 여기서 정한 절기들에는 안식일, 월삭, 유월절 등의 주기적으로 지내는 이스라엘의 종교적 절기들을 말한다.

이스라엘 백성은 이러한 절기들을 통하여 하나님의 창조를 기념하고 창조의 복을 감사하였다. 이스라엘 사람들의 시간(역사)관에 창조, 출애굽, 광야 생활, 가나안 입성 등의 직선적 시간관만 있는 것이 아니다. 그들에게는 순환적 시간(역사)관도 있었다. 예를 들어 그들은 안식일, 월삭, 절기들을 통하여 하나님의 창조를 주기적으로 반복하여 기념하였다. 여기서 "해"보다 "달"을 먼저 기록한 것은 유대인들이 저녁부터 하루가 시작된다고 보기 때문이다(창 1:5, 8, 13).

---

25 VanGemeren, *The Psalms*, 661.

하나님께서 숲 속의 야생 동물들을 위하여 밤을 두셨다. 해가 비추고 무대가 바뀌면 사람들이 나와서 일을 시작한다. 이렇게 해서 동물들과 사람들이 서로를 해치지 않고 조화롭게 살아갈 수 있게 하셨다. 바로 여기에 하나님의 창조의 지혜가 드러나 있다.[26]

시인은 흥미롭게도 사자의 울부짖는 소리가 하나님께 양식을 구하는 것이라고 본다. 야생 동물들이나 사람들이나 모두 그들의 양식은 하나님께 전적으로 달려있다. 예수께서도 하나님께서 공중의 새들도 먹이시고 들풀도 입히신다고 말씀하신다(마 6:26, 30). 하나님께서 오늘도 피조물을 먹이신다는 점에서 창조는 지금도 계속되는 하나님의 사역이다.

5) 땅(특별히 바다)의 생물들에게 양식과 생명을 공급하심(24-30절)

이스라엘 세계관[27]에 바다는 땅과 마찬가지로 지상 세계에 속하기에 여기서 땅의 생물들과 함께 바다의 생물들에 대하여 기록하였다. 앞서 이미 하나님께서 땅의 생물들에게 물과 양식과 거처를 제공하신 것을 언급했기 때문에(10-18절), 이 부분이 부연 설명처럼 여겨지기도 하지만, 시인은 신비한 바다 괴물 리워야단에 대한 언급을 통해 하나님의 공급하심과 그의 계속적 새생명을 창조하는 사역을 강조한다.

특별히 이 부분은 전체가 하나님을 2인칭을 사용하여 직접적으로 부르며 그와 대화한다. 이것은 일종의 돈호법으로 시인은 하나님의 창조 사역에 대하여 찬양하는 가운데, 하나님의 많은 행사와 깊으신 지혜로 말미암아 하나님께 직접적으로 그의 경이로움을 찬송한다.[28]

---

26 Weiser, *Psalms*, 669.
27 이스라엘의 세계관은 하나님의 영역인 하늘과, 땅과 바다의 지상세계 그리고 지하세계 이렇게 세 영역으로 구성되어 있다.
28 이 시에는 이 부분 외에도 1, 6-9, 13b, 20절이 하나님과의 직접적 대화들로 기록되어 있다.

여기서 시인의 경이는 바다에도 하나님의 무수한 크고 작은 생물들이 존재한다는 것에도 있다. 그들 중 대표로 바다의 제왕 리워야단을 언급한다. 왜냐하면, 숲의 제왕인 사자와 마찬가지로 이것 역시도 하나님께 그 양식을 의존하고 있기 때문이다. 리워야단은 가나안에서 바알에게 대적했던 머리가 일곱 개의 바다괴물 '로탄'으로도 알려져 있다.[29]

욥기 41장에서 세상에 아무것도 그와 필적할 수 없고 그는 두려움이 없는 것으로 지음받았으며, 모든 높은 자와 교만한 자에게 군림하는 왕으로 묘사되었다(33-34절). 시편 74:14은 하나님께서 창조 시에 무찔렀던 악의 세력의 대표로서 묘사하였고, 이사야 27:1은 주께서 이 생물을 종말에 다시 한번 제거할 것이라고 하였다. 그런데 이 시는 리워야단을 악과 혼돈 세력의 대표로 묘사하지 않는다. 그는 단지 피조물의 하나일 뿐이며 하나님은 바다를 그의 놀이터로 제공하셨다. 와이저(Weiser)가 이해하는 것처럼 그를 하나님의 "애완동물"로 삼으신 것이다.[30]

그는 27절에서 리워야단을 비롯한 바다의 모든 대소 생물이 하나님께서 각기 때를 따라 양식을 주시기를 바란다고 한다. 하나님께서 양식을 주시면 그들이 만족하고 하나님께서 은총을 베풀지 않으며 그들이 두려워한다. 이제 그는 마지막으로 하나님의 모든 피조물의 생명 자체가 직접적 하나님의 창조의 행사와 관련이 있음을 밝힌다. 29b절과 30절을 살펴보자.

    A. 당신이 그들의 호흡을 거두시니
      B. 그들이 죽어서
        C. 그들이 티끌로 돌아가나이다.
   A' 당신이 당신의 호흡을 보내시니
     B' 그들이 창조되고
       C' 당신은 지면을 새롭게 하시나이다.

---

29   G. R. Driver, *Canaanite Myths and Legends* (Edinburgh: T & T Clark, 1956) 1.i. 1-3.
30   Weiser, *Psalms*, 669.

여기서 하나님의 "호흡"(바람, '루아흐')은 그의 "영"으로 볼 수도 있다. 구약에서 때로 호흡(혹은 바람)과 하나님의 영을 구별하기 힘들 때가 있다. 아무튼 지상의 모든 생물의 생명은 하나님께서 창조하신다. 하나님께서 생물들의 생명의 근원을 거두어 가시면 그들이 왔던 땅의 티끌로 돌아간다. 하나님께서 다시 그 티끌에 생명을 부여하시면 생물들이 창조된다. 예수께서는 참새 한 마리도 하나님의 허락 없이 땅에서 떨어지지 않는다고 말씀하신다(마 10:29). 그렇다면 지금 새로운 생명이 태어나는 것도 하나님의 계속적 창조 사역의 결과다.

6) 땅에 나타난 여호와의 영광을 찬양(31-35절)

시인은 이 땅의 창조 가운데 나타난 여호와의 영광을 찬양하면서 시를 마친다. 창세기 1장에서 하나님께서 그가 지으신 것들을 보시고 기뻐하셨듯이, 그가 영원토록 지으신 것을 기뻐하시기를 소망한다(4, 10, 12, 18, 21, 25, 31절). 하나님께서 그 피조물들을 보고 기뻐하시는 것은 그의 신성과 능력과 같은 영광이 그 피조물들에 드러나 있기 때문이다(롬 1:20). 32절의 "그가 땅을 보시니, 이것이 진동하며, 그가 산들을 만지시니, 이것들이 연기를 발하도다"라는 표현은 과거에 시내산에서 하나님께서 이스라엘 백성에게 임재 하셨던 것을 연상하게 한다(출 20:18).

이러한 하나님의 영광의 나타남과 그의 행사들을 바라보고서 시인은 그를 영원토록 찬양하고 즐거워하리라고 고백했다. 하나님을 영화롭게 하고 영원토록 그를 즐거워하는 것은 인간의 첫 번째 본분이다. 그러나 피조물 가운데 나타난 하나님을 영화롭게도 하지 않고 순종 하지도 않는 자들은 결국 소멸될 것이다.

이 시의 극적 반전은 마지막 절에 있다. 만일 시인이 하나님의 창조의 세계 가운데 여전히 내재해 있는 악과 악인들에 대하여 간과한다면 오늘 우리는 이 시를 크게 공감하지 못했을 것이다.

그러나 시인은 그의 주위에 있는 무질서와 혼란과 악에 대하여 눈을 감고 있지 않다. 다만 시인에게 있어 하나님의 창조 사역이 결국 그가 모든 악인을 소멸할 것이라는 소망으로 자리잡는다.

  이 시는 이스라엘에서 하나님의 창조가 그 자체로 찬양의 대상임을 보여 준다. 여기서 하나님의 창조는 우리에게 질서와 풍요로움을 가져다 주었다. 동시에 하나님의 창조는 창세기에서 끝난 것이 아니라, 오늘도 그가 세상에 질서를 유지하고 생명을 창조하며 돌보시는 현재 진행형의 사역이다. 하나님의 창조의 질서와 풍요는 오늘날 우리가 창조의 질서를 유지하기 위해 자연환경을 보호해야 하고 이웃에게 사랑을 베풀어야할 윤리 근거가 된다. 더 나아가 하나님의 창조 능력은 우리로 하여금 그가 현재의 모든 불의와 무질서를 제거하고 창조를 완성할 것을 소망하게 한다. 창조에 대한 찬양과 기도는 하나님의 창조 능력이 오늘 우리의 삶 가운데 역사하게 하는 원동력이다.

  인류는 지금 코로나19 바이러스의 영향으로 큰 위기에 직면해 있다. 이러한 때에 우리는 하나님의 창조에 대해 더욱 진지하게 생각해야 한다.

  우리가 겪는 수많은 고통이 물질 숭배 사상과 동성애와 유전자 조작과 같은 창조의 질서를 어김으로 발생한 것은 아닐까?

  역사는 진보하리라는 우리의 믿음이나, 역사 자체가 몰락하고 있을 때 우리는 창조를 기억해야 한다. 우리가 창조의 질서를 따르지 않을 때 지상과 우주의 질서가 파괴되고 그로 말미암아 인류는 종말을 맞이할 것이다. 그러므로 우리는 창조주 하나님께 순종하며 창조의 질서에 순응하는 방법을 배워야 할 것이다.

3. 주변 시들과의 관계

시편 103편과 104편은 그 시작과 끝이 모두 "내 영혼아 여호와를 송축하라"로 되어있다 (시 103:1, 22; 104:1, 35). 내용 면에서 시편 103편은 개인의 삶과 (1-5절) 이스라엘 공동체의 역사 가운데 (6-22절) 나타난 여호와의 행사에 대하여 기록한다. 반면에 시편 104편은 창조에 나타난 여호와의 행사를 노래한다. 시편 103편의 마지막 절(22절)은 영적 존재들이든지 지상의 생물들이든지 모든 피조물로 하여금 여호와를 찬양하라고 권하는데 이 구절이 자연스럽게 하나님의 창조에 대한 찬양으로 이어지고 있다.

칠십인역에서 이 두 시를 다윗의 저작으로 돌리고 있는데, 이는 상당히 설득력있다. 위에서도 언급한 적 있지만 다윗의 저작인 시편 18편과 이 시편 104편에 매우 유사한 구절들이 있다. 예를 들어 시편 18:7-8은 본문의 32절과, 시편 18:10은 3절과, 시편 18:12-14은 4절과 비교할 때, 사용된 용어들이 매우 유사하다.

다음 시편 105편과 106편은 이스라엘 역사에 있었던 여호와의 행사를 찬양한다. 이스라엘 백성이 창조와 구속 역사 가운데 나타난 여호와의 행사들을 찬양하는 이유는 하나님께서 당시 고난 가운데 있는 그들을 속히 건져주시기를 소망하기 때문이다.

제17장

시편 105편[1]
이스라엘 역사 가운데 나타난 여호와의 행사

> 1 여호와께 감사하라. 그의 이름을 부르라. 그의 행사들을 민족들 중에 알게 하라.
> 2 그에게 노래하라. 그를 찬양하라. 그의 모든 기이한 일을 선언하라.[2]
> 3 그의 거룩한 이름을 자랑하라. 여호와를 구하는 자들[3]의 마음이 즐거울지로다.
> 4 여호와와 그의 능력[4]을 찾으라. 그의 얼굴을 계속 구하라.[5]
> 5 그의 행하신 기이한 일들을 기억하라 그의 이적들과 그의 입의 심판들을.

---

1 시편 105:1-15는 역대상 16:8-22에도 나와있다.
2 "선언하라"는 "묵상하다"라고 쓸 수 있다.
3 쿰란의 시편과 칠십인역(LXX)의 역대상 16:10은 "그의 기쁨 (혹은, '은총')을 구하는 자들"로 되어 있다.
4 칠십인역과 시리아역(Syriac Version)은 "능력"을 수동 명령태 동사로 보고 "강하여져라"라고 기록한다.
5 여기서 "구하라"와 "찾으라"라는 동사는 상호교환 가능한 동사다. 그의 얼굴을 구한다는 것은 여호와의 은총을 구한다는 것이다(여호와의 얼굴과 그의 은총이 밀접하게 연관되어 있는 민 6:25과 시 104:29을 참고하라). 또한, 이 구절은 주님께서 기도를 응답해 줄 것을 믿고 끊임없이 기도할 것을 말씀하신 "구하고, 찾고, 문을 두드리라"는 마태복음 7:7-8과도 연관된다.

6 오, 그의 종⁶ 아브라함⁷의 자손아! 오, 그의 택하신 자들, 야곱의
　아들들아!
7 그는 여호와 우리 하나님이시요, 온 땅에 그의 심판들이 있도다.
8 그는 그의 언약을 영원히 기억하셨도다⁸ 그가 명하신 말씀을 천대까지.⁹
9 이것은 아브라함과 맺으신 것이며, 이삭에게 [주신] 그의 맹세이며,
10 야곱에게 이것을¹⁰ 규례로, 이스라엘에게 영원한 언약으로 확증하셨도다.
11 이르시길, 내가 네게 가나안 땅을 너희 기업의 영토로 주리라 [하셨도다].
12 그들이¹¹ 수가 적었을 때, 매우 적고 그곳에서 이방인들이 되었을 때,
13 그리고 그들이 이 나라에서 저 나라로, 한 왕국에서 다른 민족에게로 방
　랑했을 때,
14 그가 아무도 그들을 억압하지 못하게 하셨으며, 그들을 인하여 왕들을
　꾸짖으셨도다.
15 나의 기름부음 받은 자들을 손대지 말며, 나의 선지자들을 해하지 말라.¹²
16 그가 기근을 그 땅에 불러들이시며, 모든 양식의 막대를 꺾으셨도다.¹³
17 그가 그들에 앞서 한 사람을 보내시며, 요셉이 종으로 팔렸도다.
18 그들이 그의 발들을 족쇄로 상하게 하고, 그의 목은 쇠사슬에 매였도다.¹⁴

6　쿰란의 시편과 LXX **베로나** 역에서 "그의 종"을 문법적으로 "그의 택하신 자들"과 일
　치시키기 위하여 복수로 "그의 종들"로 변경한다. 그런데 여기서 "그의 종"은 "자손"
　을 수식한 것이 아니라 "아브라함"을 수식하기 때문에 단수가 적당하다. 이것은 42절
　에서 아브라함을 "그의 종"이라고 부르고, 43절에서 하나님의 백성을 "그의 택한 자
　들"로 부르고 있는 것과 일치한다.
7　몇몇 중세의 사본들과 역대상 16:13에서 "아브라함"이 "이스라엘"로 쓰여 있다.
8　몇몇 중세의 사본들과 역대상 16:15에서 "기억하라"라고 기록되어 있다.
9　8-11절의 아브라함 언약은 창세기 15:9-21에 나와 있다(참고. 눅 1:72-73).
10　이것은 여성형으로 "맹세"를 가르친다.
11　많은 중세의 사본들과 시리아역과 역대상 16:9에서 "너희가"로 되어 있다.
12　이구절의 배경은 아브라함이 아내 사라를 아비멜렉에게 속여 해를 당할 뻔했으나 하나
　님께서 아비멜렉의 꿈에 나타나 아브라함이 그의 선지자이기 때문에 해를 가하지 말라
　고 하셨던 사건이다(창 20:7).
13　"양식의 막대를 꺾었다"는 "양식의 공급을 끊었다"는 것이다.
14　혹은 "그의 몸(생명)은 철장에 갇혔도다"로 볼 수 있다. 타르굼역(Targum)과 유대인

19 그의 말씀[15]이 성취될 때까지, 여호와의 말씀이 그를 연단하였도다.[16]

20 그가 한 왕을 보내어 그를 해방하였고, 민족들의 통치자가 그를 자유하게 하였도다.[17]

21 그가 그를 그의 집의 주로, 그의 모든 소유의 통치자로 삼았도다.

22 이는 그가 그의 관리들을 임으로 결박하고,[18] 그의 장로들을 지혜롭게 하기 위함이라.

23 그때 이스라엘이 이집트로 갔고, 야곱이 함[19]의 땅에서 거하였도다.

24 그가 그의 백성을 매우 번성하게 하였으며, 그가 그[20]를 그의 원수들보다 강하게 하셨도다.

25 그가 그들의 마음을 변하여 그의 백성을 미워하게 하시며, 그의 종들에게 교활하게 행하게[21] [하셨으며]

26 그가 그의 종 모세와 그가 택하신 아론을 보내셨도다.

27 그들이 그들 가운데 그의 놀라운 표적들[22]과 기사들을 함의 땅에 행하였도다.

의 성경(TNK)은 "쇠사슬"(혹은, 철쇄)을 주어로 보고 "쇠사슬이 그의 목에 둘렸도다"라고 기록한다. 하지만 이 절의 동사는 여성형이기 때문에 주어는 동일한 여성형인 "목이나 생명"이다. 18절의 배경은 창세기 39:20-23의 요셉이 감옥에 갇힌 사건이다.

15 여기의 말씀('다발')은 남성형이며 뒤의 말씀('이멜라')은 여성형이다. 두 단어는 평행법에서 성의 교환을 통한 문법적 평행을 이룬다.

16 "연단하다"라는 동사는 "시험하다"라는 동사와 바꾸어 쓸 수 있다.

17 시리아역은 "그리고 그가 그를 그의 백성들 위에 통치자로 삼았도다"라고 기록한다.

18 "결박하고"는 "제어하고"로도 볼 수 있다. 칠십인역과 시리아역과 불가타역(Vulgate)에서 "훈계 혹은 지도하고"라고 되어 있다.

19 함 족속은 남쪽 땅 거주자들이나 역사적, 정치적으로 그들과 관련된 사람들을 말한다. 이스라엘 역사 후기에 함 족속은 이 구절에서 보듯이 이집트 사람을 지칭한다.

20 여기의 "그"는 "하나님의 백성"이다.

21 혹은 "악행하게"로 볼 수 있다. 출애굽기 1:10에는 이집트 사람들이 이스라엘 자손이 수가 많고 강하게 되니, "우리가 그들에게 대하여 지혜롭게 하자"하면서 그들을 학대하고 강제노동을 시켰다. 이집트 사람들의 편에서 이것이 지혜로울지(히브리어 동사의 원형은 '하캄') 모르나 이스라엘에게 그들의 행위는 교활한 것이다(동사의 원형은 '나칼').

22 "그의 놀라운 표적들"은 문자적으로, "그의 표적들의 일들"이다.

28 그가 어둠을 보내시어 [그곳을] 어둡게 하셨으며, 그들은 그의 말씀들을 거역하지 않았도다.[23]

29 그가 그들의 물들을 피로 변하게 하셨으며, 그들의 물고기를 죽게 하셨도다.

30 그들의 땅이 개구리들로 가득하였으며, 그들의 왕들의 방들에도 [있었도다].

31 그가 말씀하시니 파리떼와 이들[24]이 그들의 온 지경에 왔도다.

32 그가 우박을 그들의 비로 주셨으며, 타는 불[25]을 그들의 땅에 [주셨도다].

33 그가 그들의 포도나무와 그들의 무화과나무를 치셨으며, 그가 그들의 토지의 나무를 꺾으셨도다.

34 그가 말씀하시니 메뚜기와 무수한 황충이[26] 와서,

35 그들이 그들의 땅의 모든 풀을 삼켰고, 그들의 지면의 열매를 삼켰으며,

36 그가 그들의 땅의 모든 초태생, 그들의 모든 기력의 시작을 치셨도다.

37 그가 그들을 은과 금을 가지고 나오게 하시니[27] 그의 지파들[28] 가운데 비틀거리는 자[29]가 없었도다.

38 애굽이 그들이 나올 때 기뻐하였으니, 그들의 공포가 그들에게 임하였음이라.

39 그가 구름을 덮개로 펼치셨으며, 불을 밤을 밝히기 위하여 [펼치셨도다].[30]

---

23 칠십인역과 시리아역은 부정어를 제외하고 "거역 하였도다"라고 기록한다. 이 경우에 이들은 주어가 "모세와 아론"이 아닌 "이집트 사람들"로 보고 있다
24 "이들"은 혹은 "모기들"로 보기도 한다.
25 "타는 불"은 번개와 같은 것을 말한다.
26 "메뚜기와 황충이"를 HALOT에서 "기어다니는 메뚜기와 벌레"로 보고, NASB에서 "메뚜기들과 어린 메뚜기"로 번역한다.
27 37절의 배경은 출애굽기 12:35-36이며 하나님은 이미 그의 은총으로 말미암아 이스라엘 백성이 빈 손으로 나오지 않을 것을 출애굽기 3:21-22에서 예언하셨다.
28 "그의 지파들"이란 하나님께 속한 지파들로 본다(NASB).
29 "비틀거리는 자"는 "연약한 자"로 볼 수 있다.
30 구름과 불은 하나님 임재와 보호의 상징이다(출 16:10; 24:16-18; 34:5; 40:38).

> 40 그들이 구하니 그가 메추라기를 보내셨고, 하늘의 양식으로 그들을 충족하게 하셨도다.
> 41 그가 바위를 여시니, 물이 흘러 메마른 곳들에 강[처럼] 흘러갔도다.
> 42 이는 그가 그의 거룩한 말씀과 아브라함, 그의 종을 기억하였음이로다.
> 43 그가 그의 백성을 기쁨으로, 즐거이 외침으로 그의 택한 자들을 나오게 하셨으며,
> 44 그가 그들에게 나라들의 땅들을 주시며, 민족들의 수고의 열매[31]를 기업으로 얻게 하셨도다.
> 45 그리하여[32] 그들이 그의 규례들을 지키며 그의 율법들을 따르리로다 할렐루야.

1. 시편 105편 구조

    A (1-11절) 족장들에 대한 언약 기억하심을 찬양

        (그의 기이한 일들을 찬양하고 선포하기 위하여)

      B (12-15절) 족장들을 광야에서 보호하심

        C (16-23절) 이스라엘을 이집트로 인도하심

        C' (24-38절) 이스라엘을 이집트에서 불러내심

      B' (39-41절) 이스라엘을 광야에서 보호하고 공급하심

    A' (42-45절) 족장들에 대한 언약 기억하심을 찬양

        (그 결과 이스라엘이 그의 계명을 지키게 된다).

---

31 "수고의 열매"란 "수고나 노동을 통해 얻은 것"을 말하고 여기서는 그들의 땅을 의미한다. 44절의 언약의 성취의 내용이 여호수아 21:43-45에 기록되었다.

32 "그리하여" 이하 구절은 하나님께서 아브라함의 언약을 성취하신 결과에 관한 내용이다. 여러 성경에서 이것을 목적을 의미하는 절로 보나 필자는 결과를 의미하는 절로 본다. 그 이유는 이 절을 이끄는 접속사의 히브리어는 전치사와 명사로 구성되었는데, 명사의 본래의 뜻이 "생산, 결과"라는 것이기 때문이다.

A (1-11절)와 A' (42-45절)의 관계를 살펴보고자 한다. 이 시는 여호와에 대한 찬양을 권함으로 시작해서 찬양으로 마친다. 그 찬양의 핵심적 내용은 여호와께서 과거 이스라엘의 족장들과 맺으신 언약을 기억하고 이것을 성취하셨다는 것이다(8, 42절). 시인은 그가 그의 언약을 기억하신 것처럼 백성들로 하여금 그의 기이한 일을 기억하라고 권한다. 이것은 그의 행사를 찬양하고 열방가운데 선포하기 위함이다. A' (42-45절)에서 시인은 여호와께서 그의 언약을 성취하셨기 때문에 그의 백성은 그의 율법과 규례를 지키야 한다고 말한다(45절).

B (12-15절)와 B' (39-41절)에서, B는 과거 족장들이 광야에서 방랑생활을 할 때 하나님께서 그들을 보호하신 내용이며, B'는 그가 이스라엘 백성들을 구출하셔서 구름기둥과 불기둥으로 보호하고 인도하시며 만나, 메추라기, 물을 공급하신 내용이다.

C (16-23절)와 C' (24-38절)에서, C에서 하나님께서 이스라엘을 이집트로 보내시기 위하여, 기근을 보내셨고(16절), 요셉을 보내셨고(17절), 요셉을 위하여 한 왕을 보내셨다(20절). C'는 이 시의 절정으로 그가 이스라엘을 이집트에서 구출하기 위하여 행하신 일곱 가지 기사들에 초점이 맞추어져 있다. 이와 동시에, 그가 이스라엘을 이집트에서 불러내기 위하여 모세와 아론을 보내셨고(26절), 어둠을 보내셨고(28절), 말씀하시니 파리떼와 이가 왔고(31절), 말씀하시니 메뚜기와 황충이 왔다(34절)는 사실은 앞의 C와의 밀접한 연관성을 보여 준다.

2. 해석

1) 족장들에 대한 언약을 기억하심 찬양(1-11절)

시인은 여호와를 찬양하고 그가 이스라엘 역사 가운데 행하신 기이한 일들을 열방 가운데 선포하라고 한다. 그의 구원의 역사는 그들의 과거에만 국한된 것이 아니라 현재에도 동일하게 계속될 것이니, 그의 은총을 끊임없이 기대하고 구하라는 것이다. 왜냐하면, 그들의 조상 아브라함과 하나님과 맺은 언약에는 그들 역시 포함되어 있기 때문이다. 여기서 그들을 "그의 종 아브라함의 자손", "그의 택하신 자들", "야곱의 아들들"(6절) 그리고 "그의 백성"(43절)이라고 불렀는데, 이 모든 명칭은 그들이 하나님의 언약의 백성이라는 것을 가르쳐 준다.

비록 본문이 이스라엘 백성이 아니라 아브라함 만을 "하나님의 종"이라고 불렀지만 이스라엘 역시 예외가 아니다("그러나 나의 종, 너 이스라엘아, 내가 택한 야곱아, 나의 벗 아브라함의 자손아"[사 41:8]를 참고하라). "종"과 "택한 자"가 상호 교환될 수 있다는 것은 26절, "그가 그의 종 모세와 그의 택하신 아론을 보내셨도다"에서도 확인된다. 모세와 아론은 모두가 하나님의 종이며 택하신 자다. 이 두 용어는 하나님이 특별한 목적을 위하여 어떤 이를 세우셨다는 것을 의미한다. 이사야에서도 여호와의 고난받는 종을 그의 택하신 자라고 불렀다(사 42:1).

이스라엘은 이처럼 언약의 백성으로 불린 반면에 여호와는 이스라엘의 하나님이시라고 선언한다(7절). 이스라엘은 하나님의 백성이 되고, 하나님은 그들의 하나님이 된다는 것은 아브라함을 비롯하여, 모세와 다윗과 맺은 언약들과 새언약의 궁극적 목적이다(창 17:8; 출 19:5-6; 삼하 7:15-16; 렘 31:33). 여기서 족장들과 맺은 하나님의 언약을 "명하신 말씀"(8절)과 "맹세"(9절)와 "규례"(10절)와 "거룩한 말씀"(42절)으로 표현한다.

하나님께서 족장들에게 "가나안 땅"을 언약하셨다. 이 가나안 땅은 하나님과 이스라엘 사이에 언약적 관계를 유지하는 담보물과 같다. 하나님은 그의 언약을 기억하셔서 이스라엘 백성으로 하여금 그 땅을 얻게 하셨다. 바로 그가 그의 언약을 기억하고 성취하신 것처럼 이스라엘 백성 역시 그의 언약과 성취를 기억해야 한다. 그들이 이것을 기억해야만 그를 찬양할 수 있고 열방 가운데 선포할 수 있다.

또한, 그들이 기억해야만 현재의 압제와 고난 가운데 해방과 구원을 소망하고 찬양 할 수 있다. 그들의 구원이 마침내 성취됨을 통해 여호와의 이름이 온 땅에서 존귀하게 되고 찬양을 받게 된다.

2) 족장들을 광야에서 보호하심(12-15절)

시인은 하나님께서 이스라엘을 처음 택하셨을 때, 다른 민족보다 적었음을 상기시킨다. 그들이 너무나 유약했기 때문에 하나님께서는 언약을 지키기 위하여 주변의 왕들로부터 보호해 주셨다. 사실상 하나님께서 이스라엘을 택하신 이유가 그들이 수가 많아서가 아니라 오직 그들을 사랑하셨기 때문이라고 했다(신 4:37; 7:7-8). 시인은 족장들을 하나님의 "기름 부음 받은 자들"과 "선지자들"이라고 한다(15절). 이것은 시인이 창세기의 아브라함의 기사를 염두에 두고 있다는 것을 보여 준다.

창세기 20장에서 아브라함이 그랄 지역에 거했을 때, 그는 그 곳의 왕 아비멜렉에게 자신의 아내 사라를 누이라고 속였다. 하지만 하나님께서 꿈에 아비멜렉에게 나타나 아브라함은 선지자이기 때문에 그의 가족에게 해를 입히지 말고 돌려 보내라고 하셨다(7절). 그런데 이러한 하나님의 보호는 아브라함에게만 국한 되지 않았다. 그는 이삭 또한 그랄 왕 아비멜렉으로부터 보호하셨고(창 26:6-11, 26-33), 세겜에서 벧엘로 올라가는 야곱과 그의 가족을 주변의 백성들에게서 보호해 주셨다(창 35:5).

3) 이스라엘을 이집트로 인도하심(16-33절)

16절의 기근은 가나안 땅과 이집트 땅 전체에 있었던 7년간의 대기근을 말한다. 하나님께서 이 기근에 앞서서 이스라엘을 보존하기 위하여 요셉을 앞서 이집트로 보내셨다. 이것은 창세기 저자의 관점과도 일치한다. 요셉은 훗날 형제들을 만나서 "하나님이 큰 구원으로 당신들의 생명을 보존하고 당신들의 후손을 세상에 두시려고 나를 당신들 보다 먼저 보내셨나니 그런즉 나를 이리로 보낸 이는 당신들이 아니요 하나님이시라 하나님이 나를 바로에게 아버지로 삼으시고 그 온 집의 주로 삼으시며, 애굽 온 땅의 통치자로 삼으셨나이다"라고 했다(창 45:7-8).

많은 사람이 요셉에 관하여 그와 같이 꿈을 잃지 말라고 설교한다. 이것은 성경이 말하는 의도와 무관하다. 창세기나 요셉의 삶을 평가하는 본문에서도 꿈에 대한 이야기는 없다. 요셉의 꿈은 오늘 우리가 생각하는 "비전"이 아니며, 오히려 하나님의 계시와 말씀에 더 가깝다. 본문에서도 "여호와의 말씀이 그를 연단하였도다"라고 했는데, 여기서 "연단"이라는 말은 "시험을 통과해서 정금과 같이 순수한 것으로 증명되었"음을 의미한다(참고. 시 66:10; 롬 5:3-4).

하나님은 그의 구원 역사를 이루시는 과정에서 성도들에게 때로는 극심한 환란을 경험하게 하신다. 요셉이 종으로 팔려가고 감옥에서 생명의 위협을 받았던 것이 그러하다. 그러한 고난의 원인은 성도들의 죄가 아니며, 하나님의 능력에 문제가 있어서도 아니다. 요셉은 형제들의 시기로 말미암아 이집트의 종으로 팔려 고난을 받았다. 그런데 하나님은 이 형제들의 악함까지 사용하여 요셉의 가족과 애굽 백성과 다른 민족들의 생명을 구원하는 선을 이루셨다(창 50:20).

창세기 첫 부분에서 사람의 죄가 사람과 세상이 함께 고통하는 결과를 가져왔다. 그런데 창세기의 마지막 부분에서 요셉의 생애를 통하여 하나님은 사람의 악까지도 하나님의 선을 이루는 방편으로 사용된 것을 보여 준다. 이를 통하여 창세기는 비록 세상에 악과 이로 인한 고통이 있을지라도 궁극적으로 하나님의 선한 뜻이 이루어지리라는 것을 우리로 하여금 소망하게 한다. 마찬가지로 로마서 8:28-30은 하나님이 우리의 삶의 모든 것을 사용하여 우리의 구원을 완성하는 선으로 사용하신다고 말한다.

4) 이스라엘을 이집트에서 불러내심(24-38절)

하나님은 이집트로 내려간 이스라엘을 번성하고 강하게 하셨다. 이러한 축복이 이집트 사람들에게 시기와 미움을 사서 고난으로 다가왔다. 이집트인들은 이스라엘 사람들에게 강제 노동을 시키고, 남자 아이를 낳으면 죽게 하는 등의 악행을 저질렀다(출 1:8-22). 그런데 25절에서 시인은 하나님께서 이러한 이집트의 악행을 허용하시는 정도가 아니라, 오히려 주도적으로 이집트 사람들의 마음을 바꾸어 증오하게 하고 교활한 행동을 하게 하셨다고 말한다. 당시 이스라엘 백성들은 그 고난의 원인을 알 수가 없어서 당황하고 혼란과 무질서 가운데서 고통 받았을 것이다.

하지만 하나님 편에서 그의 다스림의 질서에는 아무런 문제가 없으며 오히려 절대 주권 가운데 모든 일을 행하셨다. 이스라엘 백성의 고난은 그들이 고난 가운데 결국 구원을 받은 후에 돌이켜보면 하나님의 놀라운 기적과 은총을 체험하는 과정이었다.

그러므로 고난의 의미는 원인에 있지 않고 결과에 있다. 성도들이 고난 받을 때, 때로 그 원인을 이해할 수 없을 수 있다. 아마도 욥에게 끝까지 그의 고난의 원인이 숨겨져 있었던 것처럼 그들이 고난받는 원인을 결코 모를 수 있다. 하지만 어떠한 순간에도 하나님이 행하시는 지혜와 그 능력을 의심해서는 안된다. 성도들은 고난 가운데 오직 하나님께서 건져주실 것을 바라며, 하나님을 믿고 순종해야 한다.

여기서 이스라엘을 구원하고 이집트에 하나님의 기사들을 보이기 위하여 출애굽기에서 이집트에 내린 열 가지 재앙을 일곱 가지로 배열하여 제시한다.

두 기록의 차이를 다음과 같이 대조해 본다.

출애굽기(7-12장)	시편 105편
1. 나일강의 피(7:14-25)	9. 출애굽기 순서: 흑암(28절)
2. 개구리(8:1-15)	1. 나일강의 피(29절)
3. 이(8:16-19)	2. 개구리(30절)
4. 파리(8:20-32)	4, 3. 파리와 이(31절)
5. 악질(9:1-7)	
6. 독종(9:8-12)	
7. 우박(9:13-35)	7. 우박(32-33절)
8. 메뚜기(10:1-20)	8. 메뚜기(34절)
9. 흑암(10:21-29)	
10. 초태생(11:1-12:36)	10. 초태생(35절)

여기서 몇 가지 재앙은 생략되어 있고, 순서도 조금 다른 것을 볼 수 있다. 이는 시인이 시간적 순서에 따라 역사를 기술하지 않고, 보는 관점과 중요도에 따라 임의로 기술하고 있기 때문이다. 시인이 7개로 재앙을 재배열한 것은 10이 아니더라도 7이라는 숫자만으로 재앙의 완전함을 나타내는 데 충분하기 때문이다. 더구나 다음 시편 106편에서 이스라엘 백성이 출애굽 이후 광야에서 범한 죄들 가운데 일곱 가지를 구체적으로 언급하는데, 하나님의 기사들과 이스라엘의 죄들이 모두 일곱 가지로 제시된 것은 결코 우연이 아니다.

이를 통해 우리는 하나님께서 이스라엘을 구원하시기 위해 행하셨던 위대한 역사들에도 불구하고 이스라엘 백성들은 곧 하나님의 기사들을 잊고서 그를 철저하게 배반했다는 것을 깨닫는다.

이제 시인이 이 기사들을 기술하는 구조를 통해 그의 의도를 살펴보자.

A (25절) 그가 변하게 했다(백성의 마음을)
　B (26절) 그가 보냈다(모세와 아론을)
　　C (27절) 이것이 바로 표적과 기사이다
　B' (28절) 그가 보냈다(어둠을)
A' (29절) 그가 변하게 했다(물들을 피로).

이 구조에 나온 반복되는 구절은 히브리어 원문에도 같은 단어들이다. 여호와께서는 사람들의 마음이나 물을 임으로 바꾸신다. 또한, 그는 모세와 아론 같은 사람들과 어둠과 같은 자연 만물을 임으로 보내신다. 그리고 그 중심되는 27절을 보면 여호와의 이런한 행사들은 그가 과연 누구라는 것을 보여 주기 위한 표적과 기사라고 한다.

다음의 기사들도 이러한 반복되는 구조를 보여 준다.

A (31절) 그가 말씀하시니 왔다(파리와 이)
　B (33절) 그가 치셨다(포도와 무화과 나무를)
A' (34절) 그가 말씀하시니 왔다(메뚜기와 황충이)
　B' (36절) 그가 치셨다(초태생을).

"파리"는 출애굽기의 네번째의 재앙이고 "이"는 세 번째의 재앙이다. 그러나 시인의 관심사는 재앙의 순서에 있지 않다. "파리"든 "이"든 메뚜기든 곤충들이 여호와의 말씀에 의해 움직이는 것이 중요하다. B (33절)와 B' (36절) 사이의 관계도 재미있다. B에서 여호와께서 식물들을 치셨다. 그런데 B'에서 여호와께서 동물들을 치셨다. 따라서 식물이든지 동물이든지 그는 심판을 단행하신다. 앞에서 살펴본 것처럼 이 모든 기사는 하나님만이 참된 신이라는 표적이다.

사실상 출애굽기의 열 가지 모든 재앙은 단순히 하나님이 바로와 그 백성들에게 하나님의 능력을 보여 주려는 것이 아니다. 이 재앙들은 이집트

신들에 대한 심판이다("모든 신에게 재앙을 내리리라"[출 12:12; 민 33:4]). 고대 이집트 사람들은 태양신 "라"를 섬겼다. 그런데 흑암이 이집트 사람들이 사는 곳에만 임하였다는 것은 태양신이 이스라엘의 여호와께 힘을 상실한 것을 알 수 있다. 다음으로 나일강은 이집트에서 생명과 풍요를 주는 곳으로 여신으로 숭배되어 왔다.

이집트의 대부분은 척박한 땅이지만 나일강 삼각주로 인하여 모든 백성이 먹고도 남을 만큼 충분한 식량을 얻을 수 있다. 그런 상태에서 나일강이 생명수의 역할을 상실하는 것은 재앙 중 재앙이다. 개구리 재앙 역시 이집트의 신과 관련이 있다. 이집트의 **해카** 신은 개구리 머리의 여신으로 알려져 있다. 그런데 이 개구리가 백성의 온 집들과 왕의 침실들에도 가득 차 있어서 경배를 받던 신이 오히려 혐오의 대상이 되었다.

이밖에 파리나 이 같은 곤충들도 이집트에서 신으로 경배를 받던 소와 같은 가축들에게 큰 피해를 주었다. 결론적으로 여호와께서는 이러한 기이한 일들을 행하심으로 자신만이 참된 신이라는 사실을 증명하셨다. 그러므로 하나님의 백성들은 그를 신뢰해야 하며 이방인인 이집트의 바로왕이나 그 백성들도 그의 명령을 따라야 한다.

여호와의 행사의 절정은 이스라엘이 처음에 이집트에 들어갈 때에는 기근으로 말미암아 궁핍한 가운데 들어 갔는데 나올 때에는 금과 은을 많이 가지고 나온 것에 있다. 이집트 사람들이 이스라엘 백성을 억압하고 학대했는데 하나님의 심판을 경험하고 두려움 가운데 그들이 나가자 오히려 위안을 느끼고 기뻐했다. 그들은 잠시 받는 고난을 통하여 하나님의 더 큰 은총과 구원을 체험했다.

5) 이스라엘을 광야에서 보호하고 공급하심 (39-41절)

여기서 하나님은 족장들을 광야에서 보호하신 것처럼 이스라엘 백성을 보호하셨음을 보여 준다. 먼저 구름 기둥과 불 기둥은 하나님의 임재와 보호의 상징이다. 하나님은 구름과 불기둥 가운데 계셔서 그들을 보호하시고 밤에도 낮과 같이 그들을 인도하셨다(출 13:21-22). 그는 백성의 기도를 들어 만나와 메추라기를 하늘에서 공급해 주셨다. 광야에서 이스라엘 백성은 그들이 애굽 땅을 떠나왔기 때문에 다시 말해 당시에 땅이 없기 때문에 고기와 양식을 만족하게 먹지 못한다고 하나님께 불평했다.

그런데 하나님께서는 땅이 아니라 하늘에서 양식을 비 같이 내려 주시겠다고 약속했고 실제로 이를 성취하셨다(출 16:3-4). 이를 통해 하나님은 양식의 근원이 땅이 아니라 하늘, 곧 하나님이라는 것을 보여 주셨다. 모세 오경에서나 다음의 시편 106편에서 이 사건에 대하여 백성의 탐욕에 초점을 맞추었지만 여기서는 하나님의 은총을 강조한다(출 16장; 민 11장; 시 106:14-15).

다음으로 하나님께서 맛사 혹은 므리바 반석에서 물을 공급하신 것도 동일한 관점으로 기록되었다. 그는 광야 같은 곳에서도 생수의 근원이 되신다(사 43:19-27; 겔 47:1-12). 여기서 그의 풍성한 은혜를 강조하고 있는 반면 다른 성경들은 백성의 죄악에 주안점을 두고 있다(출 17장; 민 20장; 시 106:32-33).

6) 족장들에 대한 언약 기억하심을 찬양(42-45절).

하나님께서 이 모든 기사를 행하시고 마침내 그의 언약을 성취하셔서 이스라엘 백성에게 가나안 땅을 기업으로 주셨다. 시인은 다시 한번 이 모든 것이 족장들과 맺은 언약 때문이라는 것을 밝혔다. 그리고 그들의 땅을 "민족들의 수고"라고 했는데 이는 신명기에서 언급한 것처럼 그들의 수고로 건축하지 않았던 성읍과 집과 우물과 포도원과 감람나무 등을 값 없이 이방 민족들로부터 차지했기 때문이다(신 6:10-11).

이와 같이 하나님께서 그들에게 언약을 성취해 주셔서 그 결과 그들로 하여금 그의 "규례들과 율법들"을 지키도록 하신다. 그들은 율법을 지킴으로 하나님을 경외하고 의로워지며, 그로부터 지속적 복을 누릴 수 있다 (신 6:24-25). 신약의 성도들은 하나님의 은혜(딛 2:11-14)와, 그리스도의 중보 기도(히 4:14-16)와, 성령의 도우심(롬 8:26-30)으로 말미암아 능히 하나님의 말씀을 행하며 거룩한 열매를 맺을 수 있다. 시편 105편의 주제는 여호와께서 족장들과의 언약을 기억하고 성취해 주셨기 때문에 그의 백성은 이것을 기억하고 선포하고 찬양하고 그의 계명에 순종하여야 한다는 것이다.

3. 전후 시편들과의 관계

시편 104편은 창조에 나타난 하나님의 행사들에 관해 말하고 있다. 시편 105-106편은 이스라엘 역사 가운데 나타난 그의 행사들에 대하여 찬양한다. 시편 105편과 106편의 관계에서, 105편의 경우에는 족장들과 맺으신 그의 언약을 인하여 그가 이스라엘 역사가운데 행하신 놀라운 기사들을 강조하였다. 시편 106편의 경우에는 이스라엘 역사 가운데 그의 백성의 실패에 대하여 집중하고 있다. 하지만 하나님께서 그들을 버리지 않으시고 은혜를 베푸시는 것은 105편과 같이 그가 족장들과의 언약을 기억하셨기 때문이다(시 106:45).

포로기에 있던 백성에게 족장들과 모세의 언약은 그들이 본토에 귀향할 수 있다는 큰 소망이 된다. 이를 위하여 그들 역시 하나님의 언약을 기억하고 그의 말씀을 항상 실천해야 한다(시 105:45; 106:3).

제18장

시편 106편
이스라엘 역사 가운데 백성의 범죄와 하나님의 은총

1 할렐루야 여호와께 감사하라 이는 그는 선하심이며, 이는¹ 그의 사랑은 영원하심이라.

2 누가 그의 능하신 일들을 말할 수 있으며, 그의 모든 찬양받으실 일을 선포할 수 있으랴.

3 복이 있도다, 공의²를 지키는 자들과 의³를 항상 행하는 자여!

4 나를 기억하소서. 여호와여! 당신의 백성을 향한 은총 가운데 내게 임하소서!⁴ 당신의 구원으로.

5 그리하여 당신의 택하신 자들의 형통을 바라보며, 당신의 나라의 기쁨으로 기뻐하며, 당신의 기업과 함께 자랑하게 하소서.

6 우리가 우리의 조상들처럼 범죄하며, 죄악을 저지르며, 악을 행하였나이다.⁵

---

1 "이는"(이유를 의미하는 접속사 '키'[Kî])이 두 번 쓰였다. 이것은 시인이 하나님을 찬양하는 이유를 그만큼 강조하기 때문이다.

2 "공의"는 신명기 6:1, 20등에서 하나님이 명령하신 "법도"로도 번역된다.

3 "의"는 신명기 6:25에서 하나님이 명령하신 계명들을 지키는 것이라고 한다.

4 이 단어의 기본 뜻은 "오다, 방문하다"이다. 그런데 주어로 하나님이 나타날 때 "은혜를 베풀다, 돌보아 주다"라는 뜻이 있는가 하면(창 21:1; 50:24; 출 13:19), 상반된 "보복하다, 벌하다"라는 뜻도 있다(삼상 15:2; 렘 9:8). 왜냐하면, 하나님은 악인을 찾아가서는 벌주시며 의인은 찾아가서는 은혜를 베푸시기 때문이다. 이 구절에서 "임하소서"라는 의미는 오셔서 은혜와 구원을 베풀어 달라는 것이다.

5 "범죄하다"('하타')의 기본적 의미는 "목표를 놓치다"고, "죄악을 저지르다"('아와')의 기본적 의미는 "길에서 벗어나다"고, "악을 행하다"('라솨')는 여기서의 의미가 기본

7 우리의 조상들이 애굽에서 당신의 기이한 일들을 깨닫지 못하며, 당신의 사랑(들)이 많음을 기억하지 못하며, 바다에서 [곧] 홍해에서 반역하였나이다.

8 그러나 그는 그들을 구원하셨도다. 그의 이름[6]을 위하여, 그의 능하신 일을 알리기 위하여

9 그때에 그가 홍해를 꾸짖으시니 그것이 마르고, 그들로 깊음(들)[7]을 광야처럼 건너가게 하셨도다.

10 그가 그들을 미워하는 자의 손에서 구원하시며, 그들을 원수의 손[8]에서 구속하셨도다.

11 물(들)이 그들의 대적들을 덮어서, 그들 중에 아무도 살아남지 못하였도다.

12 그때에 그들이 그의 말씀들을 믿고 그의 찬양 받으실 일을 노래하였도다.[9]

13 그들이 즉시 그의 일들을 잊고 그의 뜻[10]을 기다리지 않았으며,

14 그들이 광야에서 크게 탐욕하며, 사막에서 하나님을 시험하였도다.[11]

15 그때에 그가 그들이 원하는 것을 그들에게 주셨으나, 그가 쇠약함[12]을 그들의 심령에 보냈도다.

적 의미며 이밖에 "유죄 판결을 받다"라는 뜻이 있다. 아무튼 히브리어에서 죄를 의미하는 세 가지 대표적 단어들이 이 구절에 함께 나왔다.

6　여기서 "이름"은 "명성"을 뜻한다(참고. 시 23:3).
7　"깊음"은 태고적에 땅을 덮고 있던 "깊음"을 연상하게 한다(창 1:2).
8　"손"은 "권세와 능력"을 상징한다.
9　홍해를 건넌 뒤 모세와 미리암의 찬양이 출애굽기 15:1-21에 나온다.
10　"뜻"은 43절의 "뜻"과 같은 단어이며, "의견, 충고, 조언, 지혜"로 번역할 수 있다.
11　이 사건의 배경은 므리바 혹은 맛사에서 일어난 일이다(출 17:1-7).
12　"쇠약함"('라존')은 다른 말로 "야윔", 혹은 "결핍"이라고 볼 수 있다. 앞 행과의 의미의 연관성을 고려하여 칠십인역(LXX)과 시리아역에서 "풍요", 혹은 "양식"으로 본다. 그러나 두 번째 행이 앞 행에 대한 여호와의 심판이라고 볼 수 있기 때문에 이렇게 교정할 필요가 없다. 앨런(Allen)은 이 용어를 "쇠약하게 하는 질병"으로 본다(Allen, Psalms 101-150. WBC [Waco: Word Books, 1983], 45). 민 11:33에 의하면 하나님께서 백성에 진노하려고 어떤 재앙이나 질병을 보냈다는 점에서 필자는 앨런에 동의한다.

16 그들이 진중에서 모세와 여호와의 거룩한 자 아론을 시기하였도다.
17 땅이 [입을] 열어서[13] 다단을 삼키며, 아비람[14]의 회중을 덮었도다.
18 불이 그들의 회중을 태우며, 화염이 악인들을 살랐도다.
19 그들이 송아지를 호렙에서 만들어, 주상[15]을 경배하였으며,
20 그들의 영광[16]을 풀을 먹는 소의 모양으로 바꿨도다.
21 그들이 그들을 구원하신 하나님을 잊었도다. 이집트에서 위대한 일들과
22 함의 땅에서 기이한 일들과 홍해에서 두려운 일들을 행하신 자를 [잊었도다].
23 그러므로, 그가 그들을 멸하리라고 말씀하셨을 것이라 만일 모세, 그의 택한 자가 파멸[17] 가운데 그의 앞에 서서 [그들을] 멸망시키는 것으로부터 그의 진노를 돌이키지 않았더라면.
24 그들이 귀중한 땅[18]을 멸시하고 그의 말씀을 믿지 않으며,
25 그들이 그들의 장막들에서 투덜거리며[19] 여호와의 말씀에 순종하지 않았도다.
26 그러므로 그가 그들에게 맹세 하셨도다.[20] 그들이 광야에서 쓰러지게 하며,
27 그들의 후손이 나라들 가운데 쓰러지게 하며, 그들이 [여러] 땅들로 흩으리라.[21]

---

13 칠십인역, 시리아역, 타르굼역(Targum), 불가타역(Vulgate)에서 "입을"이라는 용어가 히브리어에 나타나지 않아서 수동형으로 "열려져"라고 교정한다. 그러나 민수기에서 이들의 반역을 묘사하는 기록에는 "땅이 그 입을 열어"라고 능동형으로 되어 있기에 본문이 더 설득력이 있다(민 16:32, 26:10).
14 '아비람'이라는 이름은 "높으신 자는 나의 아버지(즉 하나님)"라는 뜻이 있다. 그런데 그가 교만하여 하나님의 심판을 받았다는 것은 매우 역설적이다.
15 "주상"이란 금속을 녹여 만든 우상을 말한다.
16 서기관들의 교정(Tiqqun Sopherim)은 "그의 영광" 혹은 "나의 영광"으로 읽을 것을 권한다. 본문의 "그들의 영광"도 역시 "하나님"을 말하기에 굳이 교정할 필요는 없다.
17 "파멸"은 [진노]의 폭발로 볼 수 있다(참고. 출 32:11-14, 31-32).
18 혹은 "기쁨이 되는 땅"으로 본다. 신명기 8:7, 10에는 "좋은 땅"으로 기록되어 있다.
19 이 말은 "불평을 인하여 중얼거리다"는 뜻이다.
20 "그가 그들에게 맹세하셨도다"는 문자적으로, "그가 그의 손을 그들에게 들었도다"이나 관용적으로 이런 뜻으로 이해한다(출 6:8; 신 32:40).
21 레위기 26:33; 신명기 28:64을 참고하라.

28 그들이 또 바알 브올[22]에게 연합하여 죽은 신들에게 바쳐진 제물들을 먹었도다.

29 그들이 그들의 행위들로 인하여 그를 격노하게 하였으며, 전염병이 그들 중에 발생하였도다.

30 그때에 비느하스가 일어나 중재하니,[23] 전염병이 그쳤도다.

31 그러므로 이것이 그에게 의로 여김을 받았도다 대대로 영원히.

32 그들이 또 므리바[24] 물가에서 [그를] 진노하게 하였으며, 그들로 인하여 화가 모세에게 미쳤도다.

33 이는 그들이 그의 심령[25]을 거역하여[26] 그가 그의 입술로 성급히 말하였음이라.

34 그들은 여호와께서 그들에게 [멸하라고] 명령하신 백성들을 멸하지 아니하였도다.

35 그들이 나라들과 섞여서 그들의 행위들을 배우며,

36 그들의 우상들을 섬겨서 그것들이 그들에게 올무가 되었으며,

37 그들의 아들들과 그들의 딸들을 악령들[27]에게 제사로 드렸도다.

---

22 "바알 브올" 자체가 모압의 풍요와 다산을 준다는 신명칭일 수도 있고 모압의 브올 지방에서 섬기는 바알 신을 말할 수 있다(Franz Delitzsch, *The Psalms*, vol. 3, trans. Francis Bolton [Grand Rapids: Eerdmans, 1968], 156).

23 혹은 "처벌하니"로 번역할 수 있다.

24 "므리바"는 "다툼"이라는 뜻이다.

25 여기서 "심령"은 하나님의 "영"과 같은 단어이기에, NIV, NASB, NKJ에서 "하나님의 영"이라고 번역한다. 하지만 이 절은 모세에게 화가 미쳤던 이유를 설명하고 있기 때문에 "모세의 심령"이 더 설득력이 있다.

26 BHS는 두 중세의 사본과 칠십인역, 시리아역, 불가타를 따라 "(그의 심령을) 상하게 하여", 혹은 "화나게 하여"라고 읽을 것을 권한다.

27 "악령들", 혹은 "사신들"은 이곳 외에 오직 신명기 32:17에만 나온다. G. A. 브릭스(G. A. Briggs)에 의하면 히브리어 '쉐딤'은 고대 가나안에서 "주들"이라는 뜻이며, 초기에 바알에 대한 숭배와 연관되어 악평을 얻었고, 이스라엘 사람들에게는 악령들과 같은 존재로 여겨지게 되었다(G. A. Briggs, *Psalms*, vol 2, ICC [Edinburgh: T. & T. Clark, 1979], 353).

38 그들이 무죄한 피를 흘려서, 가나안의 우상들에게 제사로 드린 그들의 아들들과 그들의 딸들의 피를,[28] 그 땅이 그 피들로 더러워졌도다.[29]

39 그들은 그들의 일들로 부정하게 되고, 그들의 행사들로 간음하였도다.

40 그러므로 여호와의 노가 그의 백성에게 발하고 그가 그의 기업을 혐오하사,

41 그들을 나라들의 손에 넘기시니, 그들을 미워하는 자들이 그들을 다스렸으며,

42 그들의 원수들이 그들을 억압하고 그들은 그들의 손 아래 복종하게 되었도다.

43 여러 번 그가 그들을 구원하였으나 그들 자신은 스스로의 뜻을 따라 반역하여 그들의 죄악으로 인하여 낮추어졌도다.[30]

44 그러나 그가 그들의 고통을 지켜보시며, 그들의 외침을 들으시면서,[31]

45 그가 그들을 위하여 그의 언약을 기억하시며, 그의 많은 사랑들[32]을 따라 그들을 불쌍히 여기시며,

46 그가 그들로 자비들을 얻게 하셨도다 모든 그를 사로잡는 자 앞에서.

47 우리를 구원하소서. 여호와 우리 하나님! 우리를 모으소서. 나라들로부터! 그리하여 당신의 거룩한 이름에 감사하며, 당신의 찬양받으실 일을 자랑하게 하소서.

48 송축 받으소서. 여호와, 이스라엘의 하나님! 영원부터 영원까지. 모든 [그의] 백성은 아멘 할지어다. 할렐루야.

---

28 *BHS*에서 "가나안의 … 피를"이 불필요한 부분으로 제외시킬 것을 권한다.
29 무죄한 자의 피흘림은 땅을 더럽힌다(민 35:33; 렘 3:2, 9).
30 한 중세 히브리어 사본은 "낮추어졌도다"를 "쇠약해졌도다"라고 읽는다(레 26:39).
31 44-45절은 출애굽기 2:23-25을 연상하게 한다.
32 MT 본문은 단수로 기록되어 있으나(케팁) 복수로 읽을 것을 권한다(퀘레).

1. 시편 106편의 구조

    A (1-3절) 하나님을 찬양
      B (4-5절) 하나님께 간구
        C (6-12절) 홍해에서 백성의 범죄와 하나님의 은총
          D (13-27절) 광야에서 백성의 범죄
          D' (28-33절) 광야에서의 백성의 범죄
        C' (34-46절) 가나안 땅에서 백성의 범죄와 하나님의 은총
      B' (47절) 하나님께 간구
    A' (48절) 하나님을 찬양.

A (1-3절)와 A' (48절)는 "할렐루야"로 시작해서 "할렐루야"로 끝날 뿐 아니라, 3절의 하나님의 백성에 대한 "복이 있도다"와 하나님에 대한 "송축 받으소서"가 정확히 동일한 단어로 되어 있다. 더구나 본문 1절은 역대상 16:34와 본문 47-48절은 역대상 16:35-36과 거의 일치한다.

    여호와께 감사하라 이는 그는 선하시며, 이는 그의 사랑은 영원하심이라(대상 16:35; 시 106:1).

    외치라! 우리를 구원하소서 여호와 우리 하나님! 우리를 건지시고 우리를 모으소서 나라들로부터! 그리하여 당신의 거룩한 이름에 감사하며, 당신의 찬양받으실 일을 자랑하게 하소서. 송축 받으소서. 여호와, 이스라엘의 하나님! 영원부터 영원까지. 그때의 모든 [그의] 백성은 아멘하고 여호와를 찬양하였도다(대상 16:36-37; 시 106:47-48).

시편 106편에서 처음과 끝으로 나누어진 구절이 역대상 16:35-37에서 연속된 구절이었을 만큼, 그 의미가 밀접하게 연관된다는 것이다.

B (4-5절)에서 시인이 자신과 자신이 속한 공동체의 구원과 (4절) 그 구원의 결과인 복된 상태를 묘사한다(5절). B' (47절)에서도 역시 시인이 공동체의 구원과 그 결과에 대해 기록한다.

C (6-12절)에서 홍해 바다 앞에서 백성들이 비록 여호와의 행사들을 잊고 불신했지만 여호와께서 족장들에 대한 언약을 인하여 그들의 원수들을 물리치고 백성을 구속하였음을 기록한다. C' (34-36절) 역시 이스라엘 백성이 가나안 땅에서 범죄하였으나 하나님께서 그들을 멸망시키지 않으시고 족장들과의 언약을 인하여 은혜를 베푸셨다는 내용이 서로 유사하다. 게다가 동일한 단어들을 통한 대조는 이 둘 사이의 연관성을 더욱 분명히 보여 준다.

10절에서 "당신이 그들을 미워하는 자의 손에서 구원하시며, 그들을 원수의 손에서 구속하시며"라고 했는데, 41-42절에서 "그들을 이방 나라들의 손에 넘기시니, 그들을 **미워하는 자들**이 그들을 다스렸으며, 그들의 **원수들**이 그들을 압박하고, 그들은 그들의 손 아래 복종되었도다"라고 말하고 있다.

하나님께서는 과거 이스라엘이 범죄하였지만 그의 원수의 손에서 건져내셨다. 하지만 이제 이스라엘의 죄악이 점점 심해졌기 때문에 원수들에게 억압을 당하게 하신 것이다. 비록 그들의 죄로 인하여 이스라엘이 포로가 되었으나, 그들의 부르짖음과 조상들과 맺은 언약을 인하여 하나님께서는 포로된 중에도 그들을 사로잡은 자들에게 자비를 얻게 하셨다.

D (13-27절)과 D' (28-33절)는 모두 광야에서 백성의 범죄들에 초점을 맞추고 있다. 이스라엘 백성의 여섯 죄를 나열하고 그에 따른 하나님의 징벌을 기록한다. 시인은 이 사건들을 역사적 순서를 따라 기술하지 않고, 자신의 신학적 입장에 따라 임으로 배열한다. 그럼에도 이 부분을 둘로 나눌 수 있는 근거는 D와 D'에 반복적 패턴이 나타나기 때문이다.

첫째, 두 부분 모두에서 음식에 대한 탐욕과 그 결과 전염병이 임한다 (13-15절; 28-29절).

둘째, 호렙에서 우상숭배와 이에 대한 여호와의 진노를 모세가 중재한 사건(19-23절)과 바알 브올에서 우상숭배와 이에 대한 비느하스의 중재 사건이(28-30절) 유비가 된다.

셋째, 가데스바네아에서 정탐꾼의 보고를 듣고 이스라엘 백성이 하나님의 말씀에 대해 불신과 불순종한 것으로 그 세대가 광야에서 멸망하게 되는데(24-27절) 이것이 므리바에서 모세의 불신과 불순종으로 그가 가나안 땅을 밟지 못하게 된 것과 유사하다(32-33절).

2. 해석

1) 감사와 간구(1-5절)

시인은 지금 이방 나라에서 포로인 상황에 있다(47절). 그런데 그가 감사하는 이유는 하나님께서 그와 그의 백성을 환란 가운데 건져 주셨기 때문이 아니라 미래에 건져 주실 것이기 때문이다. 그의 백성은 환란 가운데 그의 선하심과 능력을 체험하고 이것을 선포하고 찬양할 것이다. 또한, 그들은 하나님이 주신 규례와 법도를 지켜서 그와의 바른 관계를 통하여 복을 누리기를 소망한다.

4-5절은 시인의 간구의 목적에 관하여 기록한다. 그는 하나님의 백성에 대하여 하나님의 "택하신 자", "나라", "기업"으로 묘사하였다. 이는 "백성"과 마찬가지로 하나님의 언약의 대상이라는 말이다(창 17:7-8; 출 19:5-6). 여기서 시인은 공동체의 대표로서 하나님께 구원을 간구하고 있다. 하지만 그는 자신의 의나 믿음을 내세우기보다는, 하나님의 은총과 언약의 신실하심을 의존한다. 더구나 그는 자신은 조상들이나 현재의 공동체의 성원들보다도 못하다는 겸손함으로 하나님께 나아간다.

당신의 백성에 대한 은총으로 나를 기억하소서. 여호와여! 당신의 구원으로 내게 임하소서(4절).

그는 지금 하나님께서 그에게 멀리 떠나 계셔서 그를 잊으신 듯하며, 아무리 기도를 해도 듣지 않으신 듯한 심정이다. 그럼에도 그가 바라는 바는 하나님께서 과거처럼 그의 언약으로 인하여 언젠가 그의 백성을 구원하실 것인데 그때 자신도 기억해 달라는 것이다. 그의 간구의 목적은 하나님의 구원을 통한 하나님의 백성이 형통함과 기쁨을 함께 맛보고 이를 자랑 혹은 찬양하려는 데 있다. 여기서는 무엇을 자랑할 것인가에 대하여 나타나지 않았으나, 47절에서 여호와의 "찬양받으실 일"을 자랑하게 해달라고 간구하였다.

2) 홍해에서 백성의 범죄와 하나님의 은총(6-12절)

시인이 이 부분을 통해 의도하는 바는 이집트에서 구원받은 백성이, 그 당시의 하나님의 백성의 전형이 된다는 것이다. 과거 사람들이 범죄했으나 구원을 체험하고 찬양한 것처럼, 당시 공동체도 범죄했으나 구원을 체험하고 찬양할 것을 보여 준다. 그는 조상들과 마찬가지로 범죄한 사실을 기술하기 위하여, 성경에서 죄에 대한 용어로 가장 많이 나오는 "범죄"('하타')와 "죄악"('아온')과 "악"('라솨')의 동사형을 사용한다.

이것은 이스라엘 백성이 종교적이든지, 도덕적이든지, 사회적이든지 간에 모든 면에서 하나님 앞에 전적으로 범죄 하였음을 고백하는 것이다. 7절에서 조상들은 애굽에서 하나님의 능하신 행사들을 체험했었다. 그럼에도 그들은 그 일들을 마음 속 깊이 새기지 않았고 하나님의 능력을 의심했다. 앞의 시편 105편에서 여호와께서 행하신 기사들에 관해 자세히 설명하였으나, 여기서 그것들이 생략되어 있다.

시편 105편은 여호와의 기사들에 초점이 있고, 106편은 이스라엘의 범죄에 초점이 있다. 시편 105편이 출애굽기에 나타난 열 가지 재앙을 의도적으로 일곱 가지로 줄여서 표현한다는 것과 106편이 출애굽 세대의 많은 죄 중에 구체적으로 일곱 사건[33]을 언급하는 것에서 이러한 대조는 더욱 확실하게 드러난다.

이스라엘 백성은 하나님의 기사와 사랑을 잊고 의심하고 원망하여 그를 반역했다(출 14:10-13). 그러나 그는 다시 한번 그의 은총과 기사를 그의 백성에게 베풀어 구원하여 주셨다. 이것은 백성들이 의로워서가 아니라 여호와께서 그의 이름을 걸고 그들의 족장들과 언약을 맺으셨기 때문에 그의 이름을 인하여 그리고 그의 이름을 열방 가운데 선포하기 위하여 그의 백성을 구원했다.

이때 9절에 하나님께서 홍해를 "꾸짖"으셔서, 그들이 "깊음(들)" 사이로 건너가게 하셨다는 표현이 흥미롭다. 시편 104편에 하나님께서 창조 사역 가운데, "깊음"의 물(들)을 "꾸짖"으셨다는 것과 같은 히브리 단어다. 다시 말하면 출애굽 때에 홍해 바다를 가르는 사건은 창조 때 깊음을 하늘과 땅으로 그리고 땅과 바다로 나누는 사건을 연상하게 한다는 것이다.

시인은 창조와 출애굽 때에 나타난 하나님의 놀라운 역사가 다시 한번 포로 된 그의 백성에게 나타나서 이방 나라들로부터 약속의 땅으로 인도하여 주시길 소망한다. 이사야 선지자도 하나님의 창조와 홍해에서의 구속이 하나의 전형이 되어, 이스라엘 백성에게 궁극적 구원을 주실 것을 기대하였다(사 51:9-11). 하나님의 백성이 고난 가운데 있을 때, 성경에 기록된 하나님의 기사들이나 과거의 개인의 삶 가운데 행하셨던 하나님의 행사들을 기억하는 것이 현재의 어려움을 극복할 수 있는 계기가 된다.

---

33 1. 홍해에서의 불신(6-7). 2. 광야에서의 고기를 탐함(14-15). 3. 모세와 아론의 권위에 대한 도전(16-18). 4. 호렙에서의 금송아지와 모세의 중재(16-23). 5. 가데스바네아의 불신(24-27). 6. 바알브올에서의 범죄와 비느하스의 중재(28-31). 7. 므리바에서의 모세와 백성의 범죄(32-38).

3) 광야에서 백성의 범죄(13-33절)

(1) 탐욕과 쇠약하게 하는 질병(13-15절)

이 내용은 출애굽기 16장과 민수기 11장에 백성이 양식과 고기를 인하여 여호와를 원망했을 때 여호와께서 만나와 메추라기를 주신 사건을 기록한 것이다. 모세 오경에서 이 사건은 모든 양식은 땅에서 나오는 것이 아니라 하늘의 하나님께로부터 나옴을 의미한다. 백성들은 "애굽 땅"에서 양식과 고기를 먹던 일을 추억했다(출 16:3). 그런데 당시에는 그들이 광야에서 유리하고 있었으므로 그들에게 땅이 없고 결과적으로 양식을 얻을 수 없다.

그런데 하나님께서 모세를 통해 하신 말씀은 땅이 아니라 "하늘"에서 양식을 주시겠다는 것이다(4절). 민수기 11장에서도 여호와께서 60만 명을 한 달 동안 고기를 먹이겠다고 하시자 모세는 그것을 믿지 못하였다. 그런데 31절에 "바람이 여호와에게서 나와" 바다에서부터 메추라기를 모아 백성의 진영에 내리게 했다고 했다. 그러므로 여기서 백성이 배워야 할 교훈은 영적 양식이든지 육적 양식이든지 우리의 모든 양식이 하늘의 하나님으로부터 나오기 때문에 하나님만을 의존해야 한다는 것이다(신 8:3).

바로 이것이 우리가 주기도문에서 "[하늘로부터] **오는**[34] 양식을 주옵소서"라고 기도하는 이유다. 이때 하나님께서는 이스라엘 백성에게 메추라기 고기를 주셨지만 진노하사 탐욕했던 자들에게 재앙을 보내 죽게 하셔

---

34 필자는 주기도문(마 6:11)의 "일용할"을 "(하늘로부터) 오는"으로 번역한다. 간단히 이유를 밝히자면 "일용할"로 해석한다면 "오늘[날] 우리에게 오늘의(일용할) 양식을 주옵시고"는 "오늘"이라는 용어가 불필요하게 중복되었다. 이 단어의 헬라어 어원이 "오늘"에 사용된 적이 없고 미래를 묘사하기 때문에 개역개정에서 그 여백에 "내일"으로 볼 수도 있다는 것을 밝힌다("오늘 우리에게 내일 양식을 주옵시고"). 그런데 이것은 주님께서 "내일 일은 내일 염려하라"(마 6:34)는 말씀과 조화되지 않는다. 따라서 필자는 오리겐의 해석을 따라 "[하늘로부터] 오는", 곧 "하늘 양식"을 지지한다(이에 대한 자세한 논의는 최석, 『산상수훈 강해: 나를 따르라』 [서울: CLC, 2018], 138-141을 참고하라).

서 그 장소의 이름을 "기브롯 핫다아와"(탐욕의 무덤)라고 부르게 되었다(민 11:33). 비록 이 재앙이 무엇이었는지 분명하지 않으나, NIV, NASB, NKJ와 같이 필자도 일종의 "전염병"으로 본다.

(2) 모세와 아론에 대한 시기(16-18절)

민수기 16:1-3에서 레위 지파 고라와 르우벤 지파 도단과 아비람이 250명의 이스라엘의 지도자와 함께 모세와 아론의 제사장 직분에 도전했다. 여기에 고라가 빠진 이유는 고라 자손이 당시에 범죄하고 심판을 받았으나 이들은 후에 회개하고 제사장 직분을 성실하게 감당했기 때문이며, 사건의 본질이 제사장 직분에 대한 시기이기 때문에, 르우벤 지파인 도단과 아비람을 더욱 문제 삼은 것이다. 본문에서도 모세보다도 아론이 제사장 직분을 감당했기에 아론에게만 "여호와의 거룩한 자"라는 수식이 붙었을 것이다(15절). 이때 땅이 갈라져 고라에게 속한 모든 사람과 그 소유를 삼키고, 분향하던 250명은 여호와로부터 나온 불에 타서 죽었다(민 16:30-35).

(3) 금송아지 숭배와 모세의 중보(19-23절)

이 사건은 모세가 하나님의 율법을 받으려고 호렙산에 머무는 동안 백성이 아론을 부추겨 금송아지를 만들고 이것을 숭배했던 일을 말한다(출 32:1-33:23; 신 9:7-29). 이들은 여호와의 형상과 영광을 동물의 모양으로 바꾸고 그것을 섬겼으니 십계명의 첫 번째와 두 번째의 계명을 어겼다. 이때 레위 자손은 백성 중에서 삼천 명 가량을 죽임으로 여호와의 복을 보장 받았다(출 32:29).

모세는 백성을 위하여 중보로 기도하면서 만일 백성을 용서하지 아니하시려면 자신의 이름을 생명책에서 제외하여 달라고 간구하였다(출 32:32). 그의 간구를 들으셔서, 여호와께서 그의 백성에게 자비를 베푸셨다. 그는 여호와께서 그 백성과 함께 약속의 땅까지 가시겠다는 보증으로 여호와의 영광을 보여 달라고 간청했고 이에 대한 응답도 받았다(출 33:21-23; 34:5-7).

(4) 가데스바네아에서의 불신과 광야에서 죽음(24-27절)

이스라엘은 가데스바네아에서 가나안 땅을 치기 전에 열두 지파에서 한 명씩 열두 정탐꾼을 보내어 그들의 보고를 들었다(민 14:1-45; 신 1:19-30). 여호수아와 갈렙 외에 다른 열 명의 정탐꾼의 부정적 보고에 백성은 마음이 크게 낙담했고 "장막들에서 투덜거"렸다(25절; 신 1:27). 본문에서 그들의 불평의 본질은 백성이 하나님께서 주시는 귀중한 땅을 멸시하고 언약 자체를 불신하였기 때문이라고 했다. 이 일로 말미암아 애굽에서 나온 세대 중에 여호수아와 갈렙 이외의 모든 사람이 광야에서 죽임을 당하였다.

(5) 우상숭배와 음행과 전염병(28-31절)

민수기 22-24장에는 모압과 미리안 장로들이 이방 선지자 발람에게 가서 뇌물을 주며 이스라엘 백성을 저주해 달라고 부탁했다. 하지만 발람이 이스라엘 백성을 저주하지 않고 오히려 축복하여, 그들이 목적을 이루지 못했다. 그런데 25장에 나오는 이스라엘 백성의 우상숭배와 음행은 발람의 조언에 따른 모압과 미디안 족속이 이스라엘 백성을 멸망시키기 위한 계략에 빠진 것이었다.

이스라엘 백성은 브올이라는 지방의 바알숭배에 동참하였으며, 이 과정에서 백성이 모압과 미디안 여자들과 음행을 하였다. 아론의 손자 엘르아살의 아들 비느하스가 한 이스라엘 남자가 미디안 여인을 진중에 들어와 행음하는 것을 보고, 여호와를 향한 열정으로 두 사람을 죽임으로 그의 분노를 잠재우고 그와 그의 백성 사이에 화평을 이루게 했다. 그러므로 그와 그의 후손은 화목하게 하는 직책인 제사장 직분을 영원히 약속받았다(민 25:13).

본문 31절에는 마치 아브라함의 언약에 대한 믿음이 그가 의롭다고 인정받게 한 것처럼(창 15:6), 비느하스의 이러한 행위가 그를 의롭다고 인정받게 했다. 이때 전염병으로 말미암아 이스라엘 백성 이만 사천 명이 죽임을 당했다(민 25:9).

(6) 므리바 반역과 모세와 아론의 불신앙(32-33절)

므리바 사건 만큼이나 논란이 심한 사건은 없다. 먼저 민수기의 므리바 사건(민 20:1-13)이 출애굽기의 므리바 사건(출 17:1-17)과 동일한 사건인지 그렇지 않는지 논란이 있다. 필자는 이것이 서로 다른 사건으로 본다. 그 이유로 광야 40년 동안 이스라엘 백성이 물에 관하여 한 번 밖에 원망했다고 보기 어렵고, 민수기 사건에서 모세의 잘못을 발견할 수 있으나, 출애굽기 사건에서 그것을 발견하기 힘들기 때문이다. 다음으로 논쟁이 되는 문제는 모세가 가나안 땅에 들어가지 못한 이유에 관한 것이다.

많은 이가 가나안 땅과 천국을 동일시하는데 이러한 견해는 문제가 있다. 일례로 가나안 땅에 들어간 그 백성은 낙원에서 안식한 것이 아니며, 그 땅을 얻기 위하여 끝없는 전쟁을 치러야 했다. 더구나 그 백성이 그 땅을 다 차지하고 나서도 그 땅을 계속 유지하기 위해는 하나님의 말씀에 대한 순종이 요구 되었다.

사실상 모세는 헤스본과 시혼을 정복했기에 가나안 땅에 이미 들어가 있었다(신 2:24-3:17). 단지 요단강을 건너가지 못했을 따름이다. 하지만 하나님의 언약의 성취적 면에서 온전한 성취를 맛보지 못했다는 점에서 모세의 잘못에 대한 신학적 고찰은 필요하다. 민수기에는 모세가 가나안 땅을 얻지 못한 이유를 이렇게 밝힌다.

모세와 아론이 여호와의 말씀을 불신했다는 것과 그들의 행동을 통하여 여호와의 거룩함을 나타내지 않았다는 것이다(민 20:12). 민수기 20:8에서 하나님은 "반석을 명하여 물을 내라"라고 말씀하셨다. 그런데 모세는 자신의 혈기를 이기지 못하여 반석을 두 번 쳐서 하나님의 명령에 불순종하였다.[35]

---

35 이 반석을 그리스도라고 생각해서 모세의 행동은 그리스도를 두 번 쳐서 십자가에 못 박는 것이라고 말하는 것은 알레고리적 해석이며 아무런 정당성이 없다.

다음으로 모세가(물론 아론과 함께) 여호와의 거룩함을 나타내지 않았다는 사실은 그의 말을 통해 알 수 있다. 여호와께서 반석에서 백성에게 물을 주시는데 그는 마치 그와 아론이 물을 주는 것처럼 "우리가 너희를 위하여 이 반석에서 물을 내랴?"(민 20:10)라고 하였다.

모세의 말에 잘못이 있다는 사실은 본문 33절이 백성이 모세를 거역하였기에, 모세가 성급히 말하여 입술로 범죄하였다고 기록하는 것에서 입증이 된다.

4) 가나안 땅에서 백성의 범죄와 하나님의 은총(34-46절)

하나님께서 많은 땅 중에서도 가나안 땅을 조상들에게 언약하신 이유는 그 땅이 그의 동산 에덴처럼 아름다워서 이스라엘에게 주시려는 것(신 9:7-10)과 그에 반하여 그 땅의 백성들의 죄악은 관영해서 그는 이스라엘을 통해 그들을 심판하시려는 것이다(창 15:16). 그러므로 그는 이스라엘 백성에게 가나안 땅의 모든 족속을 진멸하고, 어떠한 언약도 맺지 말라고 명령하셨다. 만일 그들이 그 백성들을 남겨 두면 그들에게 올무가 되어 이방 신을 섬기고 이방의 풍습을 따르게 될 것이라고 경고하셨다(신 7:2-4).

그런데 우리가 사사기 1-3장에서 보는 것처럼 그들은 이방인들을 쫓아내지 않았고 마침내 이방인들의 삶에 동화되어 갔다. 그들의 우상숭배와 온갖 범죄들로 인하여 그들 자신 뿐 아니라, 그 땅이 더러워져서 이제는 그들이 하나님의 추방과 심판의 대상이 된 것이다. 결국, 하나님께서는 그 백성을 그 땅에서 추방하고, 원수들의 손 아래 억압을 당하게 하셨다. 그러나 하나님께서는 그 백성에게 은총을 거두지 않으셨다. 그 이유 중 하나는 그 백성이 고통 가운데 그에게 간구했기 때문이다(44절).

그는 이집트에서 그의 백성이 고통 가운데 부르짖을 때 그 음성을 들으셨고(출 3:7), 사사 시대에도 아무리 그의 백성이 사악하였다고 할지라도, 그는 그들의 부르짖음에 응답하셨다(삿 2:18; 3:9, 15; 4:3; 6:6; 10:10). 본문에서 특별히 그의 백성의 구원을 위한 중보자 역할이 강조되어 있다. 시인은 과거에 하나님의 진노 가운데 모세가 백성을 위해 중보했다는 것(23절)과, 브올에서 비느하스가 중보한 일을 크게 칭송하고 있다(30절). 그의 이러한 중보 기도의 능력에 대한 믿음은 하나님께 이 시를 통하여 중보 기도를 하게 한다(6, 47절).

또 다른 이유는 하나님은 그의 언약에 대해 신실하시고 그 백성을 사랑하시기 때문이다. 하나님께서는 모세에게 이스라엘 민족을 택하신 이유는 그들이 다른 민족보다 뛰어나고 수가 많아서가 아니라, 그의 사랑과 조상들에게 하신 맹세를 지키려 하심이라고 말씀하셨다(신 7:7-8).

마찬가지로 그가 오늘날 성도들을 택하신 것은 오직 믿음의 조상들에 대한 하나님의 언약과 성도들에 대한 그의 무조건적 사랑 때문이다. 하나님은 자신의 명예를 인하여 성도들을 지금도 붙들고 계시고 궁극적으로 그들의 구원을 완성하신다. 유다서 24절에서 유다는 하나님께서 능히 우리를 보호하사 거침이 없게 하시고 우리로 그 영광 앞에 흠이 없이 기쁨으로 서게 하실 것이라 말한다.

5) 마지막 간구와 감사(47-48절)

47절의 시인의 간구에서, 우리는 그가 포로 후기 사람이라는 것을 알수 있다. 그가 바라는 구원은 하나님께서 이방 나라들 가운데로 흩어진 그의 백성을 다시 모아 그들의 본토로 보내 주시는 것이다. 그는 하나님께서 과거에 행하셨던 그의 크신 기사들을 다시 한번 체험하여, 그의 거룩한 이름을 높이고 그의 찬양받으실 일을 자랑하기 소원한다. 그 구원을 이루실 하나님을 주의 모든 백성이 함께 찬양할 것을 권하며 이 시를 마친다. 고난 가운데 하나님 백성의 찬양은 원수들에게 가장 강력한 무기다. 칼과 창이 아니라 찬양이 원수들을 무찌르고, 하나님의 백성을 구원으로 이끈다(시 149:6-9).

우리는 구약의 성도들로부터 삶 가운데 어려움에서 구원을 받았기 때문에 감사하고 찬양한 것이 아니라, 구원을 베푸실 것을 바라보며 감사하고 찬양한 것에서 교훈을 얻어야 한다.

시편 106편은 이스라엘 역사상 그의 백성의 끊임없는 범죄에도 하나님께서는 그들과 맺은 언약을 인하여 그들을 진멸하지 아니하고 계속해서 은혜를 베푸셨음을 찬양한다. 따라서 당시 본토에서 추방당한 백성에게는 이와 같은 언약을 향한 하나님의 신실하심이 그들도 구원을 받으리라는 소망이 된다.

3. 주변 시들과의 관계

시편 106편은 105편과 마찬가지로 "할렐루야"로 끝난다. 두 시 모두 이스라엘의 역사 가운데 나타난 하나님의 행사들을 찬양하고 있다. 그런데 시편 105편은 그 백성을 향한 하나님의 능하고 자비로운 행사들에 그 초점이 있는 반면에, 106편은 그의 백성의 죄악 된 행동들이 강조되어 있다.

본문이 양식을 구하는 백성의 탐욕을 강조하였다면 시편 105:40은 여호와께서 그들의 간구에 응답하셔서 하늘의 양식으로 만족케 하셨던 은혜를 강조하였다. 본문이 므리바에서의 반역으로 그 재앙이 모세에게까지 미친 것을 언급했다면 시편 105:41은 반석에서 물을 풍성하게 주신 하나님의 은혜만을 언급하였다. 서로 다른 관점에서 같은 사건을 바라보는 것이다.

그렇다고 해서 두 관점이 서로 모순되지 않고 조화를 이루고 있다. 두 시 모두 하나님께서 이스라엘 역사 가운데 은총과 큰 기사들을 행하신 것은 그가 족장들과 맺으신 언약에 있다. 그러므로 당시 신앙 공동체가 직면한 포로된 상황에 오직 희망은 하나님 언약의 신실함에 있다(시 105:5-6, 42; 106:8, 45). 다윗 언약이 여기에 언급되지 않은 것은 다윗 언약은 완전히 파기된 것처럼 보이기 때문이다. 다윗 언약의 핵심은 다윗 왕조는 영원하고 그 후손 중에 하나님의 아들이 나와서 성전을 짓는 것이다(삼하 7:12-13).

그런데 다윗 왕조는 이미 사라졌으며, 하나님의 성전은 파괴되었기 때문에 다윗 언약의 성취를 도저히 기대할 수가 없다. 그래서 시인이 모세를 의존하고 아브라함과 맺은 언약의 성취를 소망하는 것이다.

4권이 완성된 당시 백성의 신학적 고민은 시편 제3권의 제일 마지막에 위치한 시편 89편에 나온 것처럼 하나님께서 다윗 언약이 영원한 언약이라고 했는데(4, 36절), 그 언약은 파기되어 성전은 훼파되고 다윗 왕조는 끊겨버렸다는 것이다.

> 주여 주의 성실하심으로 다윗에게 맹세하신 그 전의 인자하심이 어디 있나이까 (시 89:49).

시인이 외치는 것은 이러한 신학적 문제를 반영한 것이다. 여기에 대하여 시편 제4권의 마지막에 위치한 시편 106편은 그 답변을 내놓고 있다. 이스라엘 역사 가운데 언약을 파기한 것은 하나님이 아니라 그 백성에게 있다는 것이다. 그들은 조상 때부터 모세와 맺은 하나님의 언약과 율법을 계속 어겨왔다. 그 결과 바벨론 땅으로부터 추방당해 온갖 고초를 겪고 있다. 하지만 그들은 절망적 상황에서도 족장들과 맺으신 하나님의 언약과 창조에서부터 이스라엘에서 나타난 하나님의 행사들을 기억하면서 다시 한번 하나님의 은총과 능력으로 그들을 구원으로 인도해 주실 것을 믿고 하나님을 찬양하였다.

참고 문헌

Allen, Leslie C. *Psalms* 101-150. WBC. Waco: Word Books, 1983.

Berlin, Adele. *The Dynamics of Biblical Parallelism*. Bloomington: Indiana University, 1985.

Briggs, G. A. *Psalms*, vol 2, ICC. Edinburgh: T. & T. Clark, 1979.

de Beaugrande, Robert-Alain and Wolfgan Ulrich Dresser. *Introduction to Text Linguistics*. London and New York: Longman, 1981.

Enns, Peter E. "Creation and Re-Creation: Psalm 95 and Its Interpretation in Hebrews 3:1-4:13". *Westminster Theological Journal* 55(1993), 255-80.

Freedman, David Noel. *Pottery, Poetry, and Prophecy*. Winona Lake: Eisenbrauns, 1980.

_____. "Another Look at Biblical Hebrew Poetry". *Directions in Biblical Hebrew Poetry*. Elaine R. Follis, ed. Sheffield: JSOT Press, 1987.

Gammie, John. "Alter versus Kugel". *Biblical Review* 5(1989), 27-33.

Kugel, James L. *The Idea of Biblical Poetry: Parallelism and its History*. New Heaven: Yale University, 1981.

Kuntz, J. Kenneth. "Recent Perspectives on Biblical Poetry". *Religious Studies Review* 194/October(1993), 321-27.

_____. "Biblical Hebrew Poetry in Recent Research, Part 1". *Currents in Research: Biblical Study* (1998), 31-64.

Perdue, Leo G. *The Collapse of History*. Minneapolis: Fortress Press, 1994.

VanGemeren, Willem. *A. Psamls*. The Expositor's Bible Commentary 5. Grand Rapids: Zondervan, 1991.

Weiser, Arthur. *The Psalms*, trans. Herbert Hartwell. London: SCM Press, 1962.

Wendland, Ernst R. "Structural Symmetry and its Significance in the Book of Ruth". *Issues in Bible Translation*, Philip C. Stine, ed. 30-63. London, New York and Stuttgart: United Bible Societies, 1988.

불록, 하젤. 『시편 총론: 문학과 신학적 개론』, 류근상 역. 서울: 크리스챤출판사, 2003.

최석. 『산상수훈 강해: 나를 따르라』, 서울: CLC, 2018.